LOS ENIGMAS DE LAS CIVILIZACIONES EXTRA-TERRESTRES

Edición reservada a
LOS AMIGOS DE LA HISTORIA
Calle Valportillo Primera n.º 81
Polígono Industrial - ALCOBENDAS (Madrid)

JUAN JOSE ABAD

LA TIERRA ¿ PLANETA EXPERIMENTAL PARA LOS EXTRA-TERRESTRES ?

CIRCULO DE AMIGOS DE LA HISTORIA

I

EL FENOMENO DE VIDA EXTRATERRESTRE VISTO A TRAVES DE LA CIENCIA

A finales de la década de los cincuenta el mundo científico sufre una gran conmoción. Dos hombres de indudable prestigio profesional, los físicos Philip Morrison y Giuseppe Cocconi, sugieren desde las páginas de la revista *Nature* la posibilidad de que seres inteligentes ajenos a nuestro sistema solar estén intentando comunicarse de alguna forma con nuestro planeta.

Esta extravagante noticia, aunque apoyada, como se puede suponer, en años de investigación y en la profesionalidad de estos dos hombres, fue recibida con excepticismo por el mundo de la investigación, acogiéndose con desconfianza y burlas la proposición de Morrison y Cocconi de que los radiotelescopios existentes se enfocaran hacia las estrellas relativamente más cercanas a nosotros en espera de los mensajes que pudieran enviar hipotéticos hermanos inteligentes.

Las declaraciones, que estuvieron a punto de desvirtuar la prestigiosa carrera de estos dos autores, se convirtieron, con el paso del tiempo, en un gran éxito profesional para éstos y en un gigantesco paso adelante para la ciencia.

Pasemos ahora, antes de describir minuciosamente las teorías de Morrison y Cocconi, a hacer una pequeña historia —siempre desde un punto de vista científico— de los pasos que ha dado el hombre hasta llegar a la esperanzadora situación en que se encuentra en estos momentos con respecto a la tecnología.

El presentimiento de que exista vida fuera de la Tierra, en Marte y la Luna sobre todo, preocupa al hombre desde antes que la tecnología hubiera avanzado lo suficiente como para poder ayudarle en este sentido; así en el siglo pasado, antes de ser descubiertas las radio-ondas, el matemático Karl Friedrich Gauss idea un sistema para llamar la atención de los supuestos viajeros extraterrestres que, visto desde nuestros días puede mover a la hilaridad, pero que, no cabe duda, fue un paso adelante.

Gauss eligió Siberia para realizar su proyecto. Este consistía en formar un triángulo rectángulo con árboles de gigantesco tamaño y en el interior sembrar cebada que daría al conjunto un color uniforme. Presentó otras variantes sobre este proyecto, siempre dándole extrañas formas geométricas, por lo que se supone que este señor, además de presentir seres inteligentes fuera de nuestro planeta, imaginó que debían saber geometría.

Similar al de Gauss es el proyecto presentado en Viena por el astrólogo Joseph Johann von Littrow; éste sugirió la conveniencia de abrir canales en el desierto del Sahara, formar con ellos gigantescas figuras geométricas (aproximadamente 30 metros por lado), y al llegar la noche verter petróleo en ellas y encenderlo. No hay duda de que a cualquier viajero nocturno le llenaría de asombro ver, en la inmensidad del desierto saharahui, la ilustración en fuego del famoso teorema de Pitágoras, por ejemplo.

Dentro de todos los proyectos ideados antes del descubrimiento de la radio-onda por los hombres de ciencia para intentar la comunicación con los posibles seres inteligentes de otros planetas, podemos considerar como el más avanzado el propuesto al gobierno francés por Charles Cros.

Olvidando sistemas de tan poco alcance como los antes descritos, reflejos de color y de fuego, o quizá reuniendo estos dos sistemas, propuso a las autoridades francesas la construcción de un espejo de inmensas dimensiones para reflejar en éste los rayos del Sol y enfocarlos hacia Marte. Más adelante perfeccionó su idea construyendo un sistema de espejos en continua rotación, con lo cual pretendía ampliar el área de señales a otros planetas.

Estos sistemas de comunicación que acabamos de describir resultan tan primitivos que, evidentemente, como decíamos al principio del capítulo, pueden causar risa, pero no se olvide que lo que pretendemos con este libro es hacer una pequeña historia de la tecnología, y que, visto así, tienen un indudable interés en la actualidad, pues nos sirven para medir el gigantesco, casi increíble, avance de la ciencia en poco menos de un siglo, y sirvieron, en su tiempo, para mantener despiertos en el hombre el interés y la curiosidad por lo que pueda existir más allá de nuestro planeta e impulsar a los investigadores en este sentido.

Pasemos ya a lo que podríamos llamar, siempre dentro del marco de la tecnología, «una nueva era», es decir, el tiempo inmediatamente posterior al descubrimiento de las radio-ondas. El descubrimiento de éstas ofrecía tantas posibilidades para la comunicación interplanetaria que entusiasmó al hasta entonces anémico mundo científico.

Los pioneros en este campo fueron dos hombres que después gozarían de merecida fama: hablamos de Marconi y Tesla, los cuales llegaron a sentir tal entusiasmo por este sistema de comunicación, que incluso llegaron a declarar que habían percibido claramente señales llegadas de otros mundos.

Nikola Tesla poseía un genio inventor tan creativo y una imaginación tan fuera de serie, que bien merece hagamos un pequeño repaso a su obra. La contribución de Tesla para la aplicación de la energía eléctrica fue de vital importancia para su posterior desarrollo. Así, por ejemplo, y a pesar de la oposición de Edison, gran inventor y mejor hombre de negocios, fue el primero en aplicar correctamente un medio para la utilización de la corriente alterna, que más tarde sirvió para el aprovechamiento de la energía de las cataratas del Niágara. Algunos de los primeros experimentos sobre radiocomunicación se deben a su ingenio, siendo el primero en utilizar antenas emisoras y receptoras sintonizadas a la misma frecuencia; a todo esto debemos añadir que la idea original de algunos de los aparatos que nos son fundamentales para sobrevivir en una gran ciudad de nuestros días se la debemos a la imaginación de Tesla, aunque más tarde fueron perfeccionados por otros genios de la electrónica.

Su fantasía le hacía concebir imágenes como las que expresa esta frase: «Despojaremos al océano de sus terrores iluminando al cielo y evitaremos así las colisiones en el mar.»

Siguiendo por un camino que roza casi con la ciencia-ficción, Tesla ideó la siguiente teoría: supuso que el mundo tenía una carga eléctrica, y que por lo tanto podía generar oscilaciones en su interior. Su sistema consistía en suprimir el campo magnético terrestre, y montado en esta intuición en el año 1899, contando con la colaboración financiera de John Pierpont Morgan, instaló un laboratorio en Colorado Springs. En este laboratorio tenía a su disposición una torre de trasmisión de 60 metros de altura y un equipo de alta tensión. Una de las noches en que se encontraba trabajando en el laboratorio, Tesla creyó percibir ondas eléctricas que después tradujo como señales. Veamos cómo explica esto:

«Pude observar que las variaciones eran periódicas y con una tan clara sugerencia de número y orden imposible de ser atribuible a ninguna de las causas que me son conocidas. Yo estaba, desde luego, familiarizado con las perturbaciones eléctricas como las producidas por el Sol, la aurora boreal y las corrientes terrestres —es evidente que Tesla tenía conocimientos sobre perturbaciones eléctricas— y estaba seguro, como jamás lo había estado, que estas variaciones no eran debidas a ninguna de estas causas... Fue al cabo de mucho tiempo cuando mi mente se iluminó y me di perfecta cuenta de que las perturbaciones que había observado podían proceder de algún control inteligente... Me invadió la sensación de que había sido el primero en recibir la felicitación de un planeta a otro.»

El 7 de enero de 1900, cuando fue invitado por la Cruz Roja americana a predecir los posibles acontecimientos de los próximos cien años, Tesla contestó:

«A pesar de lo desalentadoras, por lo inciertas que eran —las señales— me han producido una profunda convicción y presciencia de que tarde o temprano todos los seres humanos de este globo levantarán su mirada hacia el firmamento con sentimientos de amor y reverencia, embargados por la nueva: "¡Hermanos! Tenemos un mensaje de otro mundo desconocido y lejano. El mensaje dice así: uno... dos... tres".»

Más adelante, al describir las teorías de Morrison y Cocconi, veremos de nuevo la predicción de Tesla, desarrollada ya de forma precisa por estos autores y con una acogida mucho menos escéptica por parte de la ciencia que la que provocó el informe que el año 1900 presentó Tesla.

La extravagancia de este personaje —que declaró creer en la telepatía mental, y mostraba un apasionado amor por las palomas y en especial por una blanca «...del color más blanco que nunca he visto»— pesó mucho en su credibilidad científica, a pesar de que ésta, rememorando lo hasta ahora escrito, es evidente.

En efecto, ya en sus últimos años de vida Tesla declaró haber tenido unas relaciones con su paloma blanca mucho más intensas y comunicativas que con cualquier ser humano, advirtiendo que cuando ésta muriera, su capacidad creativa desaparecería.

Bryant Park, en el centro de Manhattan, recibía diariamente la visita de nuestro hombre, cargado de comida para las palomas, y cuando por razones propias de su avanzada edad le fue imposible desplazarse, subvencionó a un mensajero de la Western Union para que continuara llevándolas el alimento.

Debemos recordar, para terminar de definir la personalidad de Tesla, que fue muy admirado por los espiritistas, pero en ningún momento debemos encuadrarle dentro de este movimiento, ya que su gran mérito y la causa de sus grandes descubrimientos puede residir en haber sabido navegar en el gran vacío que existe entre la ciencia y el espiritismo.

En 1959 aparece en el mercado un libro bajo el título de *Return of the Dove (El retorno de la paloma)*, cuya autora, Margaret Storm, toma el personaje de Tesla como protagonista de su historia, describiéndole como a un ser nacido en una nave espacial durante una travesía de Venus a la Tierra en el año 1856, siendo, siempre según el libro, depositado en una lejana y montañosa provincia de la actual Yugoslavia, nación donde, efectivamente, nació Nikolas Tesla.

En la misma época en que Tesla trabajaba en su laboratorio de Colorado Springs, otro hombre, el físico italiano Guglielmo Marconi, experimentaba sobre las posibilidades intercomunicativas de las radio-ondas con gran éxito, logrando la comunicación inalámbrica desde Gran Bretaña, isla en la que residía, al Continente —Francia, para ser más exactos—.

En el año 1901 logró que sus ondas radioeléctricas traspasaran el Océano Atlántico; esta proeza sirvió de punto de partida para la revolución que más tarde se desarrollaría en los medios de comunicación, pues a partir de los descubrimientos de Marconi la tecnología avanzó a pasos de gigante, siendo así que durante la Primera Guerra Mundial la comunicación transatlántica por radio era pura rutina.

Al contrario que Tesla, personaje de naturaleza excéptica como ha podido comprobar el lector, la personalidad de Marconi se define por su gran agilidad mental y por un concepto sumamente materialista de lo que le rodeaba; ahora bien, en 1920, Guglielmo Marconi pasó un informe a las agencias de información manifestando que en las estaciones de su compañía, situadas a ambos lados del Atlántico, se percibían con regularidad extrañas señales. Algunas de ellas parecían seguir un código aparente, aunque sin significado concreto. Concretó que la letra que se percibía con mayor asiduidad era la «V» (tres puntos y una raya); esta letra es la que se utiliza con más frecuencia por los telegrafistas para sintonizar equipos.

Aunque el informe causó gran expectación, Marconi se mostró huidizo a la hora de hacer comentarios sobre el asunto; aun así, respondiendo a una pregunta de un periodista americano sobre si consideraba que estas señales podían venir de otro planeta, el científico contestó afirmativamente.

Un año más tarde, el 2 de septiembre de 1921, *The New York Times* reproducía en su portada una declaración de un colaborador de Marconi, según la cual el gran físico estaba convencido de que algunas de las señales que había escuchado procedían de Marte, advirtiendo que la frecuencia de dichas señales era de tono diez veces inferior a las empleadas por los terrícolas.

La noticia del *New York Times* provocó comentarios para todos los gustos; algunos comentaron la posibilidad de que se tratara de interferencias con comunicaciones transoceánicas en combinación con las perturbaciones eléctricas que las manchas solares producen; Tesla sugirió que podría tratarse de «tonos bajos» de señales emitidas desde la Tierra, algo parecido a los armónicos de las notas musicales. Como era costumbre en él, Marconi rehuyó cualquier comentario sobre las declaraciones de su colaborador. No podemos descartar la posibilidad al enjuiciar la parquedad del científico a la hora de airear el resultado de sus investigaciones, de que éste tratara de evitar de esta manera el apelativo de «loco» que con tanta facilidad se aplicaba en aquel tiempo a los hombres de ciencia.

No obstante lo arriesgado de una afirmación de vida inteligente fuera de nuestro planeta, la teoría de Marconi fue recibida con respeto e interés por parte de la ciencia, llegando incluso a recibir una proposición por parte de la Sperry Gyroscope Company, que se hizo famosa en sus especialidades durante la Primera Guerra Mundial, poniendo a su disposición sus nuevos reflectores de gran potencia, uniendo los cuales se podría generar un haz concéntrico suficientemente intenso, como para que resultase visible desde Marte.

Aprovechando el paso del planeta Marte sobre la Tierra en el año 1924, fueron innumerables los proyectos ideados encaminados a llamar la atención, o a recoger llamadas de atención de nuestros hipotéticos hermanos del planeta visitante. Entre ellos podemos considerar como más interesante el ideado por David Todd, ex jefe del departamento astronómico del Amherst College de Massachusetts.

Todd, contando con la ayuda financiera de un adinerado colaborador, B. McAfee, y enterado del abandono de una mina chilena situada de tal forma que el paso de Marte coincidía milimétricamente con la boca de ésta, propuso convertir el pozo en un gigantesco telescopio.

Para llevar a cabo su proyecto, el ex jefe del departamento astronómico del Amherst College propuso colocar en el fondo de la mina (que contaba 18 metros de diámetro) un recipiente cubierto de mercurio —y a modo de espejo— de unos 15 metros de diámetro aproximadamente, éste debería girar con rapidez suficiente para imprimir al conjunto una forma cóncava.

«El telescopio aproximará la superficie de Marte, que debe pasar a unos 55.512.000 kilómetros de la Tierra, a menos de treinta kilómetros del instrumento.»

La teoría de Todd fue considerada por los astrónomos de Yale y Harvard como «absurda y descabellada», advirtiendo que este «estúpido» proyecto no serviría sino para provocar una confusión innecesaria. Pero este desalentador suceso no minó la moral de Todd que, olvidando su anterior proyecto y recurriendo esta vez a la opinión pública, ideó una nueva forma de acercarse a Marte.

Con la siguiente proposición, Todd consiguió llevar a su terreno a gran parte de la opinión pública, como hemos dicho antes, y a algunos estamentos oficiales. Sugirió la posibilidad de una civilización en Marte más avanzada que la nuestra; argumento que despertó curiosidad e impresionó las mentes humanas.

Gozando de nuevo de la credibilidad perdida en su anterior experimento, manifestó la necesidad de que todas las estaciones de radio dejaran de emitir durante el paso de Marte por nuestro planeta y centraran su atención a la escucha de señales por parte de éste. El jefe de operaciones navales de la Armada de los Estados Unidos manda un mensaje a las estaciones de mayor potencia que se encuentran bajo su mando ordenando eviten cualquier transmisión innecesaria y se mantengan a la escucha de señales extraordinarias. Similar fue el mensaje recibido en las estaciones dependientes del Ejército de Tierra. La posibilidad de que Marte, a su paso por la Tierra, pudiera mandar algún tipo de mensaje, entusiasmó de tal modo a las gentes que incluso el cuerpo de señales del Ejército nombró oficialmente al jefe del departamento de códigos como traductor del ansiado mensaje. Unicamente el gobierno y las emisoras comerciales, de las cuales solamente dos interrumpieron sus emisiones cinco minutos por hora como se había recomendado se hiciera durante el paso de Marte, se mantuvieron escépticos al respecto.

No es difícil predecir el resultado de esta masiva escucha, pues ya sabemos todos que «el deseo es el padre de la imaginación». Hubo señales para todos los gustos y estilos, producto de la imaginación unas —alucinaciones debidas a la atenta escucha— y otras, como las «pulsaciones o trazos» escuchados en una de las estaciones receptoras más potentes, ocasionadas por accidentes naturales.

En fin, después de todos estos catastróficos ensayos la curiosidad por saber qué hay más allá de nuestro planeta decreció sensiblemente, hasta que, mediado ya el siglo, dos importantes descubrimientos —el nacimiento de la radioastronomía y la rápida evolución del radar— dieron al fenómeno una nueva dimensión y un mayor grado de credibilidad y consiguieron levantar una nueva oleada de curiosidad al respecto.

El año 1935, vísperas de la Segunda Guerra Mundial, fue autorizada por el ministro británico del Aire la construcción *top secret* de cinco estaciones de radar a lo largo de la costa británica; estas estaciones estaban destinadas a recoger del espacio cualquier señal de ataque por sorpresa por parte de la aviación alemana. Dos años más tarde eran veinte las estaciones en funcionamiento. Estos equipos mostraron tal utilidad e importancia durante la Segunda Guerra Mundial que, al término de ésta, se optó por concentrar esfuerzos en beneficio de la investigación electrónica; el resultado de estos esfuerzos masivos no pudo ser más alentador: en 1946 se pudieron captar por vez primera señales de radar reflejadas en la Luna, y en el final de la década de los cincuenta, diez grupos de investigadores, pertenecientes a seis países, observaban por medio de ecos de radar las características de la superficie lunar, cosa imposible de lograr con la ayuda del más potente telescopio óptico.

Al contrario de lo que pueda ocurrir con otras ramas de la ciencia, para las que la guerra constituye un paréntesis catastrófico, la tecnología se ve impulsada por estos acontecimientos bélicos a un mayor esfuerzo investigador, debido a la gran importancia que los medios de comunicación adquieren dentro de estos funestos acontecimientos.

Sabido es de todos el apoyo prestado por las instituciones militares —tanto económico como moral— a las investigaciones electrónicas; así, por ejemplo, las Fuerzas Aéreas de los Estados Unidos, cuerpo que deseaba proyectar equipos para prevenir a la población norteamericana de posibles ataques por sorpresa, financiaron, casi por completo, un programa de trabajo encaminado a resolver este problema. Uno de los instrumentos más potentes de este proyecto fue una antena parabólica, en forma de plato, de 26 metros de diámetro, apoyada sobre una torre en las cercanías de Westford, Massachusetts. Esta antena era dirigida por el Lincoln Laboratory, dependiente del Massachusetts Institute of Technology. Con la intención de obtener ecos de radar de otros planetas, se comenzó a trabajar en ella por vez primera en 1958, eligiéndose para tal experimento el planeta más cercano a la Tierra después de la Luna, es decir, Venus. Los análisis y comprobaciones de las cintas grabadas dispuestas al efecto parecían demostrar la existencia de un eco. Los científicos, estimulados por este experimento, concentraron todo su interés en lograr que la potencia de los transmisores terrestres fuera acrecentada. A pesar de que hoy día se ha podido comprobar que el informe sobre el análisis de las cintas no era correcto, el programa financiado por las Fuerzas Aéreas gozó de un clamoroso éxito e incluso el mismísimo Presidente Eisenhower envió personalmente un telegrama de felicitación al equipo del Lincoln Laboratory.

La nueva «visita», en 1959, de Venus a la Tierra volvió a centrar la atención de los astrólogos sobre el planeta. De nuevo se programaron equipos de captación, esta vez en las Islas Británicas, y con la ayuda de la antena de mayores dimensiones que existía entonces sobre la Tierra. Los resultados de esta operación fueron nuevamente dudosos e inconcretos pero, en la primavera de 1961 —marzo-abril concretamente—, varios países, Estados Unidos, Inglaterra y Rusia, informaron que en algunas de sus estaciones provistas de antenas receptoras se habían captado ecos.

La estación situada en el desierto de Mojave —una de las tres dispuestas por la NASA alrededor del mundo con el objeto de registrar de modo continuo la trayectoria de las naves espaciales norteamericanas— está equipada por dos antenas de gran potencia separadas unos 11 kilómetros aproximadamente una de la otra; el equipo de investigadores, que allí trabajaba, sugiere enfocar las dos antenas hacia Venus, preparando una como transmisora y la otra como receptora de señales. Al cabo de varias semanas de preparación y ensayos el equipo queda listo para transmitir. Pasados unos seis minutos de conexión, el punteo registrador del ruido captado, aplicado sobre papel, se mueve ligeramente, signo evidente la llegada de un débil eco.

El mecanismo de ambas antenas se maniobra de tal forma que éstas, a pesar del continuo movimiento de Venus por el espacio, se mantienen constantemente orientadas hacia el planeta. Como prueba de seguridad para saber si las señales recibidas son auténticas, se procedió a interrumpir el movimiento de la antena transmisora, con lo cual Venus fue saliendo lentamente de su haz de ondas. A pesar de todo el punteo registrado, la antena receptora captó, seis minutos y medio más tarde, un nivel de intensidad similar al señalado al principio del experimento. Este tiempo es el que invierte la onda en llegar a Venus y regresar reflejada a la Tierra.

Durante los meses siguientes a este acontecimiento se registraron ecos en diversos observatorios. Millstone-Hill volvió a examinar las cintas grabadas con anterioridad descubriendo, semiocultos entre otros fenómenos sonoros, ecos procedentes de la superficie de Venus, esto no hubiera sido posible sin la ayuda de instrumentos altamente revolucionarios: los *maser* y amplificadores paramétricos. La función primordial de este aparato es recoger y amplificar los sonidos procedentes del espacio eliminando al mismo tiempo el zumbido producido por el receptor.

Por medio de la utilización del amplificador paramétrico, conjuntamente con la antena de Goldstone, se llegó a obtener ecos de radar del Sol y otros astros del sistema solar; este hecho evidenció las posibilidades de la radio para las comunicaciones a larga distancia, ya que se pudo demostrar que la facilidad de las radioondas a la hora de atravesar el espacio es infinitamente mayor a la de las ondas luminosas. De esta manera quedó señalada, eventualmente —estamos hablando de la ciencia radioastronómica— como la única con posibilidades de éxito a la hora de obtener señales de otros planetas, debido esto a su gran poder y longitud de onda.

La radioastronomía surgió de manera totalmente fortuita gracias a la inquietud de Karl G. Jansky, empleado de los Bell Telephone Laboratories, que se interesó por la causa de las interferencias en las comunicaciones transoceánicas ocurridas en su compañía.

Decidido a investigar los motivos causantes de la estática de alta frecuencia que provocaban las interferencias en las comunicaciones transoceánicas y sin ningún apoyo económico de círculos oficiales o privados, alquiló una pequeña finca rural en Holmdel (Nueva Jersey). Apropiándose de los despojos de un antiguo Ford abandonado, colocó sobre las cuatro ruedas del coche una armazón de madera de 30 metros de longitud montando sobre ésta una combinación de antenas. Un motor hacía girar el aparato una vez cada veinte minutos. Jansky llamó a su artefacto *Merry-Go-Round* (algo así como «Mary da vueltas»).

En agosto de 1931 comenzó a trabajar en él, disponiendo de una longitud de onda de 14,6 metros (20.000 kilociclos); al cabo de dos semanas de trabajo descubrió dos de los motivos por los cuales se producía la estática: los relámpagos de las tormentas cercanas era uno de ellos, el otro Jansky lo atribuía a tormentas muy alejadas de la Tierra cuyas radioemisiones eran probablemente desviadas hacia nuestro planeta por las regiones ionizadas de las capas altas de la atmósfera.

En 1932 Jansky añadió a las motivaciones antes citadas una tercera; se caracterizaba ésta por un silbido de altavoz cuya intensidad ascendía-descendía lentamente durante el transcurso del día, informando al Proceedings of the Institute of Radio Engineers que «la dirección de este silbido se pasea por los puntos cardinales de la rosa de los vientos cada veinticuatro horas. En el pasado mes de diciembre y en enero su dirección coincidía generalmente con la del Sol, no pudiendo detectarse con precisión su fuente». Y añadiendo que «en marzo precedía en tiempo a la dirección del Sol aproximadamente una hora».

Jansky dedujo que aquella señal se debería sin duda a algún efecto producido por los rayos del Sol en la atmósfera terrestre; explicando la desviación del sonido con respecto al astro rey por causas naturales ya que, según las estaciones, el Sol dista mayor o menor distancia de la Tierra.

No obstante esto Jansky, como buen investigador, recogió la sugerencia hecha por un compañero conocedor de la astrología animándole a que revisara sus datos y aplicara a éstos coordenadas celestes para designar la dirección diaria del sonido. Sugerencia que motivó el sorprendente descubrimiento de que la señal sonora permanecía fija entre las estrellas.

El asombro del ingeniero ante tal descubrimiento fue mayúsculo ya que, a primera vista, le pareció observar en sus registros un salto inexplicable, pero más tarde pudo comprobar que la aparente incongruencia de sus anotaciones se explicaba convirtiendo el tiempo normal (civil) en tiempo sidéreo (latitud-longitud).

Karl G. Jansky dio a conocer sus conclusiones en una reunión celebrada el 27 de abril de 1933 por la sección norteamericana de la Internacional Scientific Radio Union.

La conclusión básica era ésta:

«Las radio-emisiones parecían venir de más allá del sistema solar.

»Podían proceder de una fuente única o de un gran número de fuentes diseminadas por todo el firmamento, siendo la dirección a la que pudo comprobarse el máximo de intensidad, el centro de actividad de la fuente. Se pudo asimismo comprobar que esta dirección, hacia la constelación de Sagitario, es la del centro de nuestra galaxia.»

En la actualidad estas dos sugerencias se tienen como ciertas.

Aunque el informe de Jansky acaparó las portadas de periódicos y revistas de todo el mundo, los profesionales de la astronomía (con la excepción de dos jóvenes estudiantes de la Universidad de Harvard) mostraron una indiferencia hiriente ante las señales recibidas de más allá de nuestro sistema solar —debemos aclarar aquí que Jansky nunca aseguró que estas señales fueran ciertas, insinuando discretamente en todas sus conferencias la posibilidad de que se debieran a algún origen artificial.

Hubo de ser, pues, un aficionado el encargado de dar el siguiente paso en esta materia. Grote Reber, ingeniero de radio, instaló en el jardín de una pequeña casa que poseía a las afueras de Chicago una antena parabólica de 9,5 metros de diámetros, el plato de ésta ocupaba prácticamente todo el jardín. Fue el primer aparato de esta especie orientado hacia el firmamento. A pesar de lo miserable del material —costeado por él mismo— los resultados obtenidos no pudieron ser más halagadores, ya que éstos indicaban que la Vía Láctea es una fuente de «sonidos» de radio con varias zonas de gran intensidad de emisión (estos datos fueron publicados en 1940).

Estamos en febrero de 1942, la Segunda Guerra Mundial impide —por razones fácilmente comprensibles— cualquier progreso en el campo de la radioastronomía. Este penoso acontecimiento que podemos calificar de desastre tanto para la ciencia como para la humanidad en general, significó sin embargo un nuevo estímulo para Reber, como más adelante podremos comprobar.

Las estaciones de radar construidas por los ingleses en 1935 al objeto de denunciar cualquier ataque por sorpresa por parte de la aviación alemana, señalan una nueva forma de obstrucción ideada por los alemanes. Efectivamente, éstos intentaron anular el sistema de alarma inglés inundando los receptores de radar con señales semejantes a las de sus frecuencias de eco. El asunto fue puesto inmediatamente en conocimiento de J. S. Hey, del Army Operational Research Group; éste pudo comprobar fácilmente que los alemanes no eran en este caso los motivadores de las interferencias ya que todas las fuentes apuntaban un nuevo enemigo: el Sol. En aquella época el astro rey lucía una gran mancha negra, que el genuino humor de Hey relacionó con la forma de Cruz Gamada, anunciando la conveniencia de aliarse con la Luna ya que el Sol se había pasado a las filas de Hitler.

En aquel mismo año se registraron emisiones solares en los Estados Unidos, aunque debido a las circunstancias del momento todo lo relacionado con la investigación era considerado como secreto militar; por tal motivo no pudieron realizarse radiobservaciones del Sol hasta la terminación de la guerra.

A diferencia de lo que ocurría a los científicos norteamericanos, los cuales se veían forzados a encaminar sus esfuerzos de investigación en favor de la guerra, los holandeses podían navegar libremente por todas las vertientes de la ciencia.

La noticia de las observaciones realizadas por Reber llegó hasta la Holanda ocupada por las fuerzas nazis, éstas fueron recogidas por Jan H. Oort director de un observatorio, el cual ordenó la formación de un equipo con el propósito de estudiar las deducciones de Reber.

Por medio del espectro de la radioonda, se descubrió que en el firmamento hay cuerpos luminosos imposibles de ver sin la ayuda de este medio, lo cual significa que en el terreno de las investigaciones especiales se había abierto un horizonte totalmente nuevo.

Uno de los inconvenientes del radioespectro parecía ser, según Oort, la ausencia de líneas de emisión agudas (o de absorción) que tanta importancia tenían en astronomía. Estas líneas, elementos auxiliares de varios procesos atómicos, podrían utilizarse, para registrar el movimiento relativo hacia el observador o en sentido contrario y muchos otros fenómenos más.

Tomando esto como base, Hendrick Christoffel van de Hulst, discípulo de Oort, propuso la posibilidad de que las nubes de átomos de hidrógeno individuales emitieran radioondas de veintiún centímetros de longitud, al contrario de lo que sucede con los pares de átomos de gas de hidrógeno.

La composición del átomo de hidrógeno consta de los siguientes elementos: un electrón y un protón, ambos describiendo órbitas reales y por tanto actuando al modo de delgadísimas varillas magnéticas; al igual que ocurre con los imanes contiguos, los extremos se repelen, siendo la posición más natural de aquéllos cuando sus polos señalan direcciones opuestas.

Cuando el átomo se encuentra en la posición antes descrita está recibiendo constantemente energía por parte de sus dos polos; energía que emplea en desprenderse del electrón, de modo que su polo positivo queda unido al polo positivo del protón. Cuando al electrón es liberado emite energía en forma de radioonda, con una longitud de veintiún centímetros (en medidas terrestres).

Esta descripción de la composición del átomo la creemos necesaria ya que este libro no va dedicado al lector versado en astronomía y, teniendo en cuenta que los métodos empleados para lograr la comunicación extraplanetaria pueden parecer en este momento demasiado técnicos, la explicación de algunos puntos la creemos, como ya hemos dicho, precisa.

Aclarado este punto centraremos de nuevo nuestra atención en el propósito que hemos querido dar a este primer capítulo del libro, es decir, repasar la historia de la astronomía a través de sus más importantes investigadores.

El siguiente paso, una vez se hizo evidente que el espacio a través de sus «habitantes» mandaba señales a la Tierra, fue buscar tales emisiones.

Muchos fueron los años que invirtió Edward M. Purcell en el estudio de la resonancia de radiofrecuencia de los núcleos atómicos. Este investigador de la Universidad de Harvard inventó una fórmula con la que poder medir los extraordinariamente diminutos centros magnéticos originados por la rotación de estos núcleos; para esto se valió de una bobina de alta frecuencia, la cual podía ser adaptada según la conveniencia a la frecuencia de resonancia del núcleo de experimentación. Estos trabajos hicieron acreedor a Purcell —junto con su colega de la Universidad de Stanford, Félix Bloch— del Premio Nobel de Física en el año 1952.

Las emisiones de veintiún centímetros fueron otro de los descubrimientos que impulsaron de manera formidable el avance de la radioastronomía, ya que gracias a esto se pudo determinar de manera correcta la temperatura de la superficie lunar, registrar erupciones en el Sol, tanto en tiempo nuboso como, obviamente, en tiempo claro; se determinó asimismo la temperatura de los planetas más cercanos a la Tierra después de la Luna, es decir, Marte y Venus; y se pudo comprobar la existencia —en lejanos campos magnéticos— de partículas atómicas atrapadas y girando furiosamente, similares a las franjas de radiación que rodean a nuestro planeta y a Júpiter, o como sucede en las nubes gaseosas de Cáncer.

Antes del descubrimiento de las radioondas de veintiún centímetros, en Jodrell Bank (Inglaterra), se trabajaba en la construcción de un telescopio de gigantescas dimensiones; la terminación de éste fue posterior al descubrimiento de las emisiones de veintiún centímetros. Sobre una base giratoria de un peso superior a las dos mil toneladas, se montó una antena de 76 metros de diámetro y aproximadamente ochocientas toneladas de peso. Para lograr la rotación del bastidor, éste se desliza sobre unos carriles circulares dobles; asimismo, para conseguir la inclinación del conjunto del «plato», los ingenieros ingleses adaptaron el mecanismo de gobierno de la torreta principal del acorazado *Royal Sovereign.* De esta forma la antena del aparato podía ser orientada con facilidad hacia el punto deseado del firmamento. En la parte superior del plato se colocó un mástil de unos 19 metros, éste mantiene el equipo receptor en el punto focal. Este telescopio gigante fue proyectado especialmente al objeto de reflejar ondas de larga longitud aunque, más tarde, después de revisar minuciosamente los planos, se adaptó para que pudiera registrar ondas tan cortas como las anteriormente descritas de veintiún centímetros.

En la azotea del Naval Research Observatory está instalado el único «plato» (antena parabólica) que existe en los Estados Unidos capaz de reflejar ondas de tan pequeña longitud. Cuenta éste con quince metros de diámetro, es decir, es cuatro veces menor al monstruo de Jodreel Bank.

Así estaban las cosas en el campo de la astronomía en 1959, año histórico en esta ciencia, como recordará el atento lector, ya que por vez primera se planteó con toda seriedad la conveniencia de iniciar una investigación en busca de señales inteligentes procedentes de otros mundos. Efectivamente, hora es ya de desmenuzar —como habíamos prometido al principio del capítulo y a modo de cierre de éste— las teorías de Giuseppe Cocconi y Philip Morrison, ambos profesores de la Universidad de Cornell, en Ithaca (Nueva York).

En abril de 1959 Cocconi comenzó a trabajar en el desarrollo de una tesis que pensaba presentar en una conferencia internacional sobre rayos cósmicos, convocada hacia finales del verano en Moscú. El punto principal de esta tesis emitía la opinión, por parte de Cocconi, de que algunos de los cuerpos que pueblan el universo eran potentes emisores de rayos gamma; estas emisiones superpotentes de dichos rayos son conocidas con el nombre de radiación sincrotrónica. Si alguien no versado en electrónica se pone a manejar imprudentemente el sincrotrón del California Institute of Technology, por ejemplo, que desarrolla en su potencia normal 11.000 millones de electrón-voltios, percibirá inmediatamente una luz similar a la del flash fotográfico; podemos imaginar el asombro de dicha persona ante esta situación, más esto no es sino el efecto óptico de la radiación sincrotrónica, efecto que produce le energía desprendida de los electrones, con la ayuda de imanes, a describir trayectorias circulares. (Hasta aquí la descripción de la radiación sincrotrónica.)

Uno de los cuerpos celestes que Cocconi ponía como ejemplo de generador de rayos gamma era la nebulosa de Cáncer. Efectivamente, tanto las emisiones de luz como las de radio, procedentes de dicha nebulosa, demuestran ser producto de radiación sincrotrónica. Aparte de estas comprobaciones técnicas se han obtenido —a través de naves espaciales lanzadas especialmente con este propósito— impresionantes fotografías de la parte del firmamento ocupada por la constelación de Cáncer, en las que se puede apreciar una especie de llamarada o explosión que, a decir de los entendidos, son los restos de lo que en su día fuera una Supernova. Este fenómeno fue visto por vez primera —cuando todavía se podía apreciar desde la Tierra, incluso durante el día— en 1054. Estos restos, gases encendidos, se pasean por el firmamento a velocidades celestes; evidentemente, los campos magnéticos que se encuentran dentro de dichos gases atrapan, en su constante viajar, electrones rotativos, que son, por otra parte, los productores de la radiación.

Una noche que Cocconi había invitado a cenar a su colega Morrison, expuso a éste y a Vanna, su esposa, profesora de física en la Universidad de Cornell, su perplejidad ante el hecho de que los rayos gamma procedentes de la nebulosa de Cáncer se mantuvieran con tan audaz firmeza en el espacio. El descubrimiento, desconocido por su invitado, resultó ser sumamente interesante, ya que se debe tener en cuenta que las emisiones fijas por parte del firmamento son más bien una rareza. El presentimiento de que las señales descubiertas por Cocconi fueran enviadas por seres inteligentes brilló por un momento en la mente de los tres físicos.

El paso siguiente debía ser, pues, conocer el lugar de procedencia de dichas señales. Cocconi expuso la necesidad de construir un detector de rayos gamma, con el cual poder determinar de un modo aproximado el lugar de procedencia de dichos rayos.

No era la primera vez que Cocconi había discutido con su colega Morrison —del que debemos decir a modo de curiosidad que fue el jefe del equipo que se instaló en Los Alamos con el propósito de fabricar la primera bomba atómica— sobre la posibilidad de vida inteligente en otros planetas; aunque sí fue aquella noche la primera vez que Morrison acogió con entusiasmo la idea de su colega, admitiendo que si todos los esfuerzos de investigación se hubieran encaminado hasta este momento a buscar las deseadas llamadas, hora era ya de transmitirlas.

No obstante, la proposición hecha por Cocconi sobre la construcción de un detector de rayos gamma resultó ser escalofriantemente cara, por la dificultad a la hora de generar dichos rayos. Hubo que conformarse con la ayuda de un transmisor de radioondas, eligiéndose para tal ocasión el más potente que se podía encontrar en aquellos momentos, es decir, el instalado en Jodrell Bank.

El 29 de junio de 1959 Cocconi escribió al director y fundador de este gran observatorio radioastronómico, Sir Bernard Lovell, comunicándole sus propósitos e impresiones, que merecieron en un principio la calificación de «frívolos» por parte de Lovell. Conozcamos algunos puntos de la carta que Cocconi envió al director de Jodrell Bank:

«Estimado Dr. Lovell:

Es posible que mi nombre le sea desconocido; séame, pues, permitido empezar diciéndole que hace ya un año que estoy en el CERN (se refiere al Centro Internacional de Investigaciones Atómicas, en Suiza) después de dejar la Cornell University, donde soy profesor de física.

Hace algunas semanas, mientras discutía con algunos colegas de Cornell la emisión de radiación sincrotrónica por cuerpos astronómicos, comprendí que el radiotelescopio de Jodrell Bank podría ser utilizado para un programa lo suficiente serio que fuera merecedor de su consideración, aunque a primera vista puede más bien parecer «ciencia-ficción».

Sería mejor que relacionara los argumentos:

1. La vida en los planetas parece no ser un fenómeno muy raro. De los diez planetas que conocemos, uno de ellos está lleno de vida, y Marte podría también estarlo. El sistema solar no es único; se confía en que otras estrellas de características similares tengan un número equivalente de planetas.

Hay una gran posibilidad de que entre las, digamos, 100 estrellas más próximas al Sol, algunas tengan planetas en los que puede que haya vida en cierto grado de evolución avanzada.

2. Hay buenas posibilidades de que en algunos de estos planetas existan seres mucho más evolucionados que los mismos hombres terrestres. Una civilización avanzada unos cien años más que la nuestra, tendría muchas más posibilidades técnicas que las que poseemos nosotros en la actualidad.

3. Admitiendo que exista una civilización en alguno de los planetas, por ejemplo, en los que se encuentran a unos 10 años-luz de nosotros, el problema sería el siguiente ¿Cómo establecer comunicación con "ellos"?

Según nuestros últimos conocimientos, parece ser que la única posibilidad de establecer comunicación son las ondas electromagnéticas, capaces de atravesar los plasmas magnetizados y llenar los espacios interestelares sin sufrir distorsión alguna.

Por todo lo expuesto, es de suponer que los seres de estos planetas están enviando continuamente a las estrellas de sus proximidades haces de ondas electromagnéticas moduladas de un modo racional, como, por ejemplo, en trenes de ondas correspondientes a los números primos, en la confianza de recibir señales de vida, esto es, respuesta...»

Más adelante Cocconi señalaba algunas de las dificultades que podrían aparecer en el caso de que su proyecto fuese aceptado, haciendo observar a Lovell que los planetas que giran en órbita, incluidos los que lo hacen alrededor de las estrellas más próximas, aparecen, observados desde la Tierra, tan cercanos a éstas que cualquier señal procedente de dichos planetas se perdería entre las radiaciones de las estrellas, a menos que la longitud de onda se encontrara en una parte del espectro donde la estrella estuviera en relativa calma.

«Por este motivo —continúa Cocconi— las señales transmitidas deben ser lo suficientemente intensas para que se destaquen claramente de las emisiones de fondo del firmamento, debiendo ser además lo suficientemente potentes para poder sobrevivir en su larguísimo viaje hacia el sistema solar.»

Después de explicar algunos de los aspectos técnicos por los que consideraba el aparato de Jodrell Bank como el más indicado para realizar los trabajos de investigación por él propuestos, Cocconi concluía su carta en la forma siguiente:

«Como ya manifesté anteriormente —decía— es posible que todo esto sea una fantasía, aunque sería mucho más interesante que no lo fuera. Dejo en sus manos juzgar la posibilidad de semejante investigación.»

El fundador de Jodrell Bank no se hizo esperar a la

hora de emitir su opinión sobre el proyecto de Cocconi, haciéndole llegar una carta fechada el 1 de julio en la cual calificaba dicho proyecto como «innecesario» ya que, entre las tareas que desarrollaba el equipo del observatorio, se encontraba la de «examinar ciertos fulgores y estrellas magnéticas». Añadiendo no obstante: «Cuando se hayan realizado todos estos trabajos es posible que dispongamos de tiempo para realizar otras investigaciones.»

(Dos años más tarde Lovell se convertiría en un gran seguidor de las ideas de Cocconi. El 24 de diciembre de 1961 publicó un artículo en *The New York Times Magazine* en el cual expresaba la dificultad que él mismo experimentaba a la hora de justificar la utilización de los telescopios para trabajos tan especulativos como son la búsqueda de señales extraterrestres: mas, «no obstante —continuaba—, durante los dos últimos años, aproximadamente, la discusión del problema general de la existencia de vida extraterrestre parece haber adquirido ya respetabilidad e importancia». La carta que Cocconi le mandara— y que acabamos de transcribir— fue publicada íntegra, a modo de apéndice, en una de sus obras.)

A pesar de la respuesta que Lovell dispensó a la carta de Cocconi —que él mismo calificó como de «breve y más bien desalentadora»—, ni éste ni su colega Morrison abandonaron su «innecesario» proyecto. Tal como tenían planeado, ambos científicos asistieron a la conferencia sobre rayos cósmicos celebrada en Moscú, ocasión que sirvió a Morrison para desarrollar una idea que contribuyó enormemente a precisar el proyecto que, junto con Cocconi, debía exponer en dicha conferencia. Efectivamente, como ya había discutido con algunos colegas de Harvard, uno de los grandes inconvenientes que planteaba la proposición original de Cocconi era la inmensidad del espectro que debía investigarse. Encontrar señales inteligentes en el espacio sin tener la menor idea de dónde pueden estar situados los hipotéticos transmisores, es una empresa de una complicación varios millones de veces superior al ya difícil hecho de encontrar el teléfono de nuestro amigo Pepe Pérez en la guía telefónica, evidentemente. Lo que Morrison quería hallar era el «único camino racional» para las comunicaciones interestelares.

Según informó a Cocconi, este camino, afortunadamente, existía; se podría encontrar un «lugar de cita» en el espectro de radio y éste fue el punto principal del informe discutido conjuntamente en la conferencia convocada en Moscú.

A su regreso a Suiza, lugar de residencia de Cocconi, los dos científicos enviaron por escrito el mencionado informe al director de la prestigiosa revista *Nature,* siendo publicado el 19 de septiembre de 1959.

«Justamente en la región de radio más favorecida —escribieron ambos— se encuentra un único patrón objetivo de frecuencia que tiene que ser conocido por todos los observadores del universo: la prominente línea de radioemisión de 1420 megaciclos (21 centímetros).»

Después de pasar revista a algunos de los argumentos originales de Cocconi (recuerde el lector la carta que éste enviara al director del Jodrell Bank), los dos físicos manifestaban las siguientes consideraciones: «Teniendo en cuenta que la edad o duración típica de las civilizaciones de cualquier parte del universo nos es desconocida, no es irracional suponer que algunas de dichas civilizaciones perduran desde tiempos inmemoriales, en comparación con el tiempo de historia humana, incluso desde tiempos geológicos».

Siguiendo estas sugerencias, es lógico pensar que los seres creadores de estas antiquísimas civilizaciones hayan alcanzado un perfeccionamiento «técnico» superior a la más audaz especulación imaginativa de cualquier hombre terrestre, por lo cual «debemos suponer que desde hace muchísimo tiempo tienen establecido un canal de comunicación que algún día llegaremos a conocer y que continúan esperando pacientemente las señales de respuesta de nuestro sistema solar, lo que les anunciaría que una nueva sociedad ha entrado a formar parte de la comunidad de la inteligencia».

Un mes antes de que el informe que acabamos de transcribir parcialmente fuera publicado, se mandaron algunas copias a distintas personalidades científicas, entre ellas el eminente físico inglés P. M. S. Blackett, amigo personal de Morrison, en la confianza de que, pese al sensacional contenido de éste, su posterior publicación en *Nature,* revista que como ya hemos dicho gozaba de gran prestigio en los círculos científicos —ya que desde ella habían sido lan zadas ideas de revolucionario sentido (como por ejemplo la tesis sobre los vestigios fósiles de vida en los meteoritos)—, pudiera causarle una agradable impresión.

El paso siguiente consistía, pues, en saber de qué forma y naturaleza serían las señales enviadas por aquella civilización investigadora. Morrison y Cocconi sugirieron que éstas podrían tener la forma de impulsos emitidos, a razón de uno por segundo, con números primos o bien «por simples sumas aritméticas», como sistema para llamar la atención. A partir de este punto entramos en la parte más «alucinante» del proyecto de estos dos científicos; sin la afirmación que el tiempo transcurrido —de 1959 a 1976— ha supuesto para las teorías de Morrison y Cocconi, éstas podrían haber sido calificadas, perfectamente, como literatura de ciencia-ficción.

Para encontrar una estrella con luminosidades y duración de vida comparables a las de nuestro Sol, hay que recorrer una distancia de aproximadamente quince años-luz. Según el informe de Morrison y Cocconi, las señales deben proceder de alguno de estos sistemas solares de manera que, una vez localizados, el mensaje por parte de la Tierra de dichas señales (un año-luz es la distancia que recorren las ondas de radio o luminosas en un año, a una velocidad de 300.000 kilómetros por segundo) tardaría en llegar

Algunos Foo-Fighters (aviones fantasmas) fueron observados en distintas ocasiones por los pilotos militares en el invierno 1944-1945. A pesar de las investigaciones realizadas por los aliados y los alemanes, no pudo explicarse nunca la naturaleza de estos discos luminosos. Después, se observaron fenómenos análogos en Japón.

a su lugar de destino unos 15 años, aproximadamente; en un intercambio de mensajes se invertirían, pues, 30 años.

En discusiones subsiguientes, Morrison manifestó que esta enormidad de tiempo se podría acortar intercalando señales de atención y «lecciones de idiomas», ya que no creía que a una civilización altamente desarrollada la representara un problema el mantener sus aparatos transmisores y receptores constantemente sintonizados. Como es lógico suponer, la «lección de idioma» no sería dada en la forma que todos conocemos; ésta consistiría en un sistema de símbolos, especialmente concebidos, para relacionar la información con las ideas. Morrison compuso un cuadro de tiempo para mandar información continua al planeta receptor; sugirió un período de un minuto para la señal de llamada (atención), seguido de diez minutos para la «lección de idioma» y cincuenta minutos para información general sobre nuestro planeta; el ciclo se completaría cada diez horas, para luego volver a repetirse durante el mismo período de tiempo. Admitiendo la posibilidad de que el planeta receptor dispusiera de un equipo técnico más avanzado, se transmitirían también instrucciones sobre el modo de construir mejores transmisores, receptores y accesorios. De esta forma, a la hora de mandarnos sus mensajes que como ya hemos dicho tardarían en llegar treinta años a nuestro planeta la nueva civilización inteligente dispondría de una abundante información sobre la forma de vida del hombre terrícola.

Como el lector ha tenido ocasión de comprobar, Morrison y Cocconi no olvidaron el más mínimo detalle a la hora de desarrollar sus ideas; no obstante, y una vez se hubo resuelto el obstáculo que supuso el escepticismo con que éstas fueron acogidas por los círculos científicos, los problemas que se plantearon a nivel técnico fueron del todo insalvables.

Morrison y Cocconi informaron que: «para enviar mensajes a planetas alejados unos diez años-luz, se necesitará una antena como la proyectada por la Navy for Sugar Grove en Virginia occidental, siempre y cuando la antena receptora sea de las mismas dimensiones que la emisora y se utilicen transmisores no más potentes que los que actualmente se emplean en la Tierra».

En Sugar Grove, situado a unos 48 kilómetros de Green Bank, se trabajaba en la construcción de un radiotelescopio de características similares al instalado en Jodrell Bank, con la diferencia de que el *plató* en construcción contaría con un diámetro de 183 metros, en comparación con los 76 metros de anchura de la antena inglesa. Una de las tareas principales que se quería encomendar a este radiotelescopio era, como ya se informó a los medios de comunicación, «fisgonear» en las radioemisiones soviéticas domésticas reflejadas a la Tierra desde la Luna. Este proyecto, debido a sus grandes dimensiones (en conjunto pesaría más de 36.000 toneladas), tropezó con grandes dificultades tanto económicas, como de ingeniería, difíciles de superar. En consecuencia, se suspendieron los trabajos de construcción de esta potentísima antena, con la consiguiente desilusión de todos los que consideraban su empleo como un receptor de enorme potencia para las investigaciones científicas, incluyendo también los que habían tenido a este aparato como de vital importancia para la búsqueda de señales procedentes de otros mundos.

En un artículo escrito al respecto, Morrison y Cocconi manifestaban la siguiente opinión: «Si otra civilización hubiese establecido ya contacto con muchos hermanos de cualquier lugar de la galaxia, con toda seguridad que serían más pacientes y persistentes en sus investigaciones de tecnología depuradas.»

Los dos científicos trataron de reducir al mínimo las investigaciones, eliminando blancos adecuados para un programa de escucha, desarrollando un nuevo y meticuloso programa, pero de nuevo tropezaron con dificultades técnicas que impidieron la práctica de sus ideas.

Morrison y Cocconi recurrieron de nuevo a los lectores de *Nature,* que como ya hemos dicho contaba con lo más selecto de la ciencia y la investigación, instándoles a que no consideraran sus proyectos como una forma de ciencia-ficción, arguyendo la siguiente consideración:

«Nos permitimos exponer nuestra opinión, manifestando que la línea de argumentos que antecede demuestra que la presencia de señales anterestelares es del todo real, dentro de lo que actualmente sabemos, y que si existen señales y no las captamos es porque los medios necesarios para realizar esto no están del todo a nuestro alcance. Muchos serán los que negarán la profunda importancia, práctica y filosófica, que tendría la percepción de comunicaciones interestelares. Por esto creemos que una búsqueda intensa de señales merece un esfuerzo considerable. Las posibilidades de éxito son difíciles de determinar, pero si no investigamos, si no lo intentamos, estas posibilidades quedarán reducidas a cero.»

II

EL PRIMER PROYECTO QUE UNIO A LA CIENCIA CON LA BUSQUEDA DE SEÑALES INTERPLANETARIAS

Por una de esas coincidencias que con tanta asiduidad aparecen en la historia de la ciencia, en el mismo momento en que Morrison y Cocconi precisaban la necesidad de iniciar investigaciones, para detectar mensajes enviados por seres inteligentes de otros mundos, se trabajaba secretamente en la preparación de un plan encaminado a realizarlas. La sorpresa de estos dos físicos, una vez que se hizo público el plan, fue mayúscula, como se puede suponer.

Un joven norteamericano, Frank D. Drake, astrónomo del National Radio Astronomy Observatory, graduado en la Universidad de Cornell —la misma en que cursaran sus estudios Giuseppe Cocconi y Philip Morrison— en 1952, era el realizador de la búsqueda o exploración, que estaba siendo preparada en aquellos momentos.

A partir del momento en que se interesó por conocer detalles del asunto extraterrestre, Drake vivió obsesionado con la idea de encontrar vida fuera de nuestro planeta. Cuando, a finales de los cincuenta, se encontraba cursando estudios en Cornell, cayó en sus manos un informe sobre los trabajos de investigación realizados por Otto Struve sobre astronomía y el significado de las estrellas de giro lento, que evidenciaba la existencia de una multitud de sistemas solares. El hecho de que una personalidad científica como el astrónomo Otto Struve compartiera sus ideas entusiasmó a Drake.

Después de graduarse en astronomía, Frank D. Drake pasó a cumplir su servicio militar durante tres años, ingresando como oficial de electrónica a bordo del crucero *USS Albany;* estos tres años de servicios fueron altamente provechosos para la experiencia práctica de Drake, experiencia que le serviría mucho más tarde, cuando comenzó sus trabajos para lograr comunicaciones de muy largo alcance, aún no realizadas por la Armada. Una vez hubo terminado sus servicios a la patria, ingresó en Harvard, donde se doctoró en astronomía.

Su entusiasmo por la radioastronomía era cada día mayor; de este modo logró ser empleado en la Ewem-Knight Corporation, una de las firmas electrónicas que gozaba de mayor popularidad en la región de Boston, este empleo le brindaba la oportunidad de trabajar al lado de Harold I. Ewen, codescubridor de las emisiones de veintiún centímetros, el cual había decidido dedicarse por cuenta propia a los negocios, fundando la compañía antes citada. Estudió en profundidad las emisiones de veintiún centímetros, como base para plantearse problemas astronómicos de mayor envergadura.

Se puede decir que Drake fue el primero en descubrir los círculos de partículas giratorias que rodean a Júpiter, similares a los que rodean la Tierra, aunque de una intensidad 1.000 veces superior, y productores de potentes radiaciones sincrotrónicas.

Tanto en su estancia en Harvard, como en Green Bank, tuvo ocasión de desarrollar diversas actividades orientadas hacia el terreno de la comunicación con otros mundos. En abril de 1958 comenzó a trabajar en Green Bank, como miembro de la plana mayor del observatorio, encontrando éste en un estado deplorable. Sin edificación permanente, el observatorio era un fango de barro y nieve; las personalidades que allí trabajaban vivían en una casa no muy alejada del punto donde estaba situado aquél. No obstante, las posibilidades que ofrecía aquel puesto nacional de escucha eran interesantes; su situación geográfica, por ejemplo, era perfecta. El observatorio se encuentra situado en un valle rodeado de montañas que le inmuniza de cualquier tipo de radioseñales de origen humano. La zona astronómica de Virginia occidental resulta perfecta para obstruir cualquier interferencia no conveniente. Drake manifestó la necesidad de establecer una «zona de actividad nula», alrededor del observatorio de 160 por 190 kilómetros, que pudiera desviar las señales autorizadas de interferencia, cosa que no le fue difícil conseguir, ya que esta zona protegía al mismo tiempo un puesto de la Armada en Sugar Grove. La Federal Communications Commission se encargó de la supervisión de la zona.

A pesar de todas estas medidas preventivas, el jefe de construcción del observatorio, Richard M. Embersom, observó que se podrían sufrir interferencias por parte de aeronaves, explicando su temor ante este peligro a través de la revista *Science,* de la siguiente forma:

«La superficie metálica de un avión puede, a modo de espejo, reflejar las radioseñales de procedencia Humana en el radiotelescopio, incluso en el caso de que el radio transmisor se encuentre oculto detrás de montañas. Si, además, la aeronave se encuentra transmitiendo, la situación resulta bastante grave.

»Las transmisiones puede que no se realicen directamente a la frecuencia de las señales cósmicas, pero aun así sus efectos marginales pueden perturbar o apagar las débiles emisiones del espacio. En particular, hay que hacer observar que las emisiones de veintiún centímetros se encuentran comprendidas precisamente en una banda destinada a la navegación aérea. De esta forma —profetiza— las espúreas señales procedentes de una aeronave que vuele por las proximidades de Green Bank serán captadas con esta importante banda de observación astronómica, incluso en el caso de que la frecuencia primaria del transmisor de la aeronave se mantenga cuidadosamente alejada de la frecuencia del hidrógeno.»

Volviendo de nuevo a Drake, diremos que en el tiempo en que se llevaban a cabo los trabajos para construir la primera gran antena de Green Bank, un amigo le presentó —en uno de esos restaurantes auto-servicio, tan abundantes en Norteamérica— el director ejecutivo del observatorio y jefe principal de las Associated Universities, Lloyd V. Berkner. La anterior entidad representa una asociación de las nueve universidades que existían en el nordeste norteamericano, siendo su principal tarea instruir el National Radio Astronomy Observatory, por medio del cual la intervención del gobierno en el proyecto de investigación espacial quedaría justificada por el hecho de que era demasiado costoso para ser financiado por una entidad privada.

Drake aprovechó el encuentro antes citado para exponer a Berkner sus ideas sobre las investigaciones espaciales, ideas que más tarde se verían «reflejadas» en el informe que Morrison y Cocconi enviaron a *Nature*.

Muchos han sido los años que el hombre ha dedicado a especular sobre las posibilidades de vida fuera de nuestro planeta, sin esperanza alguna de poder comprobar esta hipótesis; parecía que el asunto no daba para más que una buena obra literaria o cinematográfica. Mas, como anunciara Drake, la situación, a finales de los años cincuenta, estaba cambiando por momentos. El registro de ecos de radar de Venus en las cintas grabadoras del observatorio de Millstone Hill (aunque más tarde quedó probado que el análisis de éstas había sido un poco precipitado), da una idea de la enorme capacidad intelectual del género humano. El descubrimiento de aparatos de amplificación, tales como el amplificador paramétrico, ha aumentado en menos de un año la capacidad sensitiva de los radiotelescopios en un cincuenta por ciento.

Apoyado por su prestigioso *curriculum vitae,* Drake no tardó en adquirir renombre universal como «administrador de la ciencia», no en vano éste había sido un pionero de la radiociencia, proponiendo por vez primera la celebración del año internacional geofísico, en 1957.

Mientras les preparaban sus correspondientes hamburguesas con cebolla, el astrónomo propuso a Berkner —como ya hemos dicho, habían sido presentados en un restaurante— la conveniencia de acoplar un amplificador paramétrico a la antena de veinticinco metros, que estaba instalado en el observatorio de Green Bank. Este «plató» se había montado sobre una estructura metálica de tres apoyos. Visto en perspectiva, daba la imagen de un gigantesco *robot* presentando su escudo al firmamento.

Movido más por motivos prácticos que por el deseo de encontrar un «camino racional», como el que indicara Morrison, Drake ordenó se mantuvieran los receptores del observatorio a la escucha de las emisiones de veintiún centímetros, procedentes del espacio. Observar esta longitud de onda era la finalidad principal de la antena de veinticinco metros instalada en el valle de Green Bank; asimismo una de las posibilidades, que entusiasmaba a Drake en el proyecto de investigación, era que el llamado «efecto Zeeman» podría observarse en el espectro de radio de las ondas de veintiún centímetros.

(Pieter Zeeman es el descubridor del efecto que lleva su nombre. En 1896, el físico holandés descubrió que cuando la luz es emitida por átomos en un campo magnético, las líneas de su espectro se dividen y cada una de las partes resulta polarizada. El alcance o extensión del efecto indica la intensidad del magnetismo que lo produce.)

El costo del equipo montado para mantenerse a la escucha de señales inteligentes procedentes de otro sistema solar no fue excesivamente caro: 2000 dólares de material (receptores, transmisores, etc.), más los gastos de mano de obra constructora; no obstante, y como predijera Berkner, la oposición y burla por parte de algunos círculos científicos conservadores fue inevitable. Como nota curiosa podemos decir que este proyecto motivó la publicación de una obra literaria que encuadraba más con la astrología que con la astronomía. Su autora, la española Angela Pénea, apoyaba las investigaciones basándose en alucinantes consideraciones:

«La necesidad de iniciar investigaciones encaminadas a descifrar los mensajes que los extraterrestres mandan a sus hermanos instalados desde hace millones de años en nuestro planeta es urgente, y los medios económicos que se pongan a disposición de estas investigaciones no serán sino una inversión que evitará catástrofes mayores aún a las que la Tierra ha tenido que sufrir a lo largo de su historia —hundimiento de la Atlántida, guerras napoleónicas, I y II Guerra Mundial, etc.— motivadas por el egocentrismo de algunos de los extraterrestres instalados en nuestro planeta. De este comentario no se debe deducir que todos los seres que nos visitan y habitan entre nosotros sean de naturaleza agresiva, Leonardo da Vinci y Julio Verne aterrizaron en nuestro planeta de forma pacífica, utilizando sus poderes en bien de la comunidad terrícola, mas es evidente que estos poderes han sido empleados en algunas ocasiones de forma catastrófica para el hombre.

»La capacidad de adaptación de estos seres extraterrestres es, tanto en su forma intelectual como física, incomprensible; todos hemos podido observar el parecido físico de Napoleón con los habitantes de Córcega, isla en la que aterrizó, en una nave de forma octogonal, hacia finales del siglo XVIII. No tan perfecto era el aspecto exterior que ofrecía el tristemente famoso Adolfo Hitler, que podemos calificar de "visitante negativo", observando con atención su mirada, sus movimientos esperpénticos y su cabello, evidentemente postizo. Se pueden descubrir en él formas ajenas por completo a las del hombre terrícola.»

Evidentemente, la escritora dejó volar su imaginación a la hora de observar el fenómeno de la comunicación extraplanetaria, navegando más por el terreno de la historia-ficción que por el de la ciencia. No obstante, todos los beneficios económicos que le proporcionó su obra, los donó a la institución de Green Bank.

Volviendo de nuevo a la narración del proyecto de Frank D. Drake, que más tarde él bautizaría con el nombre de «Proyecto Ozma», —en recuerdo de la joven princesa del lejendario país de Oz— (un lugar muy alejado, difícil de alcanzar y habitado por seres extraños), debemos decir que, a pesar de la mofa por parte del sector conservador de la ciencia, Berkner alentó a Drake para que siguiera adelante con su idea. En una asamblea celebrada por el personal directivo del observatorio, Drake explicó con todo detalle su proyecto a Otto Struve; éste fue nombrado el 3 de mayo de 1959 director principal del observatorio, por lo cual las investigaciones que allí se desarrollaban pasaron a ser de su total responsabilidad; este importante puesto, no era sino la natural culminación de la extraordinaria carrera de investigación desarrollada por este hombre nacido en la Rusia zarista, y del interés demostrado durante toda su vida por la posibilidad de vida extraterrestre. Cuando Otto Struve emigró a Norteamérica, había estudiado ya, junto con su padre, todas las especulaciones de Percival Lowel con respecto a la vida en Marte. Las investigaciones que más tarde llevó a cabo sobre las estrellas de rotación lenta, le persuadieron de que el número de planetas existentes en el universo era inmenso; poco después de estas investigaciones, en 1960, pudo establecer de forma concreta que únicamente en nuestra galaxia, cuyo borde es la Vía Láctea, existían cincuenta millones de sistemas solares, aproximadamente; como respuesta a las ideas que Drake le expusiera acerca de la existencia de vida inteligente fuera de la Tierra, Struve dijo: «Un simple acontecimiento intrínseco improbable puede convertirse en altamente probable. Las posibilidades pueden ser mínimas, una entre diez millones, pero en tal caso, es probable que en gran parte de los millones de planetas de la Vía Lactea haya formas inteligentes de vida. Para mí esta conclusión es de gran interés filosófico. Creo que la ciencia ha alcanzado un desarrollo tal, que ya resulta necesario tener en cuenta la acción de seres inteligentes además de las clásicas leyes inamovibles.»

Con la ayuda moral y práctica de sus colegas, Drake se decidió a llevar adelante el «Proyecto Ozma». Aunque, tanto él como sus compañeros, mostraron una natural reserva en lo que se refería a dar a conocer a los medios de información detalles sobre su sensacional plan. Por este motivo, pese a que las investigaciones se iniciaron en abril de 1959, éstas se mantuvieron en secreto hasta finales de dicho año, es decir, hasta que Morrison y Cocconi hicieron público su proyecto a través de las páginas de *Nature,* como recordará el lector.

Cuando el equipo que trabajaba en el «Proyecto Ozma» se decidió a dar a conocer su plan, la comunidad científica se dividió mostrando de un lado efusivo interés, de otro réplicas contundentes. Este encuentro de opiniones resultó especialmente «embarazoso» para Struve, pese al cargo que ocupaba como presidente de la International Astronomical Union y a su reputación mundial; no obstante, el astrónomo salió inmune de este trance, que puso en peligro su impecable carrera. Cuando los amigos se calmaron escribió un artículo, del cual extractamos el siguiente párrafo:

«El "Proyecto Ozma" ha hecho las críticas más saturadas de vitriolo y los comentarios más laudatorios que jamás se conocieran en ningún reciente plan de aventura astronómica, logrando dividir a los astrónomos en dos bandos: el de los que abogan por completo por este proyecto y el de los que le consideran como el peor y más endemoniado de nuestra generación. Hay personas que nos compadecen por la publicidad que hemos recibido y otras que nos acusan de haber inventado el proyecto para fines publicitarios.»

Además de aclarar la «situación escandalosa» que el proyecto había provocado, Struve admitía en su artículo que las posibilidades de interceptar señales de seres que habiten las cercanías de las dos o tres primeras estrellas semejantes al Sol y que pueden ser vistas desde la Tierra, eran «casi nulas», mas no obstante «los instrumentos creados para este proyecto beneficiarán notablemente a la radioastronomía». Agregando, para finalizar la exposición de sus ideas, que «hay razones suficientes para creer que el experimento Ozma alcanzará a la larga resultados positivos, cuando el muestrario accesible de estrellas del tipo solar sea lo suficientemente voluminoso».

Estas aclaraciones de Struve evidencian que no consideró nunca el «Ozma» como un proyecto cerrado en sí mismo, sino como el comienzo de una investigación continua en busca de vida en otros mundos; evidentemente, habría períodos en que la investigación se detendría; estas pausas serían beneficiosas para reconsiderar los métodos y medios técnicos, mas una vez puestos éstos al día, se volvería a persistir en el intento hasta lograr el contacto.

Sky and Telescope fue la encargada de recoger la opinión de Frank D. Drake sobre el «Proyecto Ozma»; esta revista era publicada por el Harvard Collage Observatory y algunos de sus artículos iban firmados por prestigiosas figuras de la ciencia. Drake declaró que «fundándonos en el cálculo más optimista (haciendo aquí una irónica alusión a la opinión de Harlow Shapley, calificada por Drake de «altamente conservadora», quien consideraba que la vida inteligente existía en una estrella de entre cada millón) debemos esperar señales de comunicación de una cuarta parte de todas las estrellas. La verdad —dijo— debe de hallarse más bien en un término medio». Después de algunas consideraciones sobre los medios técnicos que tenían a su disposición en Green Bank, Drake predecía en *Sky and Telescope* que: «Dentro de unos cincuenta años habremos alcanzado un grado tal de desarrollo en la radiotecnología que cualquier otra mejora futura ya no influirá más sobre nuestra capacidad para comunicarnos con otros mundos. Las limitaciones serán, en el futuro, el ruido de fondo del espacio y otros factores naturales. Como nuestra actual radiotecnología se encuentra atrasada unos cincuenta años —continúa Drake— esto significa que las civilizaciones saltan de forma característica, en el breve intervalo de un siglo, de una ausencia de capacidad comunicativa interestelar hasta el máximo de esa capacidad. En una escala astronómica, una civilización pasa dificultosamente de un estado de capacidad de radio nula a otro de perfecta capacidad. Si pudiéramos examinar gran número de planetas donde hubiera vida, cabría esperar hallar, en virtualmente cada caso, ya sea una completa ignorancia de las técnicas de radio, o un grado máximo de maestría en esta especialidad». Según esto, es sumamente difícil que cualquiera de las civilizaciones hermanas se encuentren en el mismo estado de transición que nosotros y que, como el mismo Drake expusiera en una asamblea de físicos convocada para tratar de la finalidad de su esfuerzo por la escucha, la continua formación de estrellas hace pensar en un constante surgir de civilizaciones técnicamente avanzadas.

El tiempo invertido por la Tierra hasta alcanzar el estado de desarrollo en que ahora se encuentra, ha sido de miles de millones de años; el tiempo que invertirá hasta alcanzar una tecnología altamente sofisticada se reducirá, sin embargo, sensiblemente; de esta forma, si algunas de las civilizaciones que habitan planetas de otros sistemas solares pasaron por el período de transición en que en estos momentos se encuentra la Tierra hace un millón de años, por ejemplo, su tecnología sea probablemente superior a las más audaces historias de ciencia-ficción inventadas por el hombre.

Poco después de hacer las declaraciones que anteriormente hemos transcrito, Drake se dispuso a comenzar su experimento, eligiendo como blanco dos de las estrellas más frecuentemente discutidas como candidatas, sus nombres: Tau Ceti y Epsilon Eridano. En sus anotaciones figuraban también los nombres de Epsilon Indi y Sigma de la constelación del Dragón, pero más tarde pudo comprobar que éstas se hallaban demasiado alejadas hacia el Sur en el cielo, y a unos cinco grados por debajo del horizonte de Green Bank. Sigma de la constelación Dragón, de características similares a las de nuestro Sol, era, sin embargo, la que se encontraba a mayor distancia de nuestro planeta; Tau Ceti pertenece a la constelación de la Ballena y Epsilon Eridano se halla en la constelación de Eridiano; ambas estrellas se encuentran a una distancia de la Tierra de unos 11 años-luz.

El astrónomo calculó que los mensajes procedentes de los planetas que se encontraban cerca de estas estrellas podrían ser captados con la ayuda de una pantalla de 26 metros, si eran generadas por un transmisor de un millón de vatios que emitiera con una antena de 183 metros. En aquel tiempo la Armada estaba construyendo una antena de similares características, en Sugar Grove, pero más tarde abandonó el proyecto.

Eliminar las interferencias de fondo era un asunto sumamente delicado; con este propósito, Drake hizo montar sobre el mismo foco de la pantalla de 26 metros dos aparatos receptores. El primero se encargaría de reflejar las señales emitidas por la estrella elegida (o por sus planetas); el otro reflejaría las emisiones de origen humano y ruidos infiltrados de otras partes del firmamento. Un conmutador eléctrico de rápida maniobra conectaba alternativamente los «cuernos» al receptor central; de esta forma, las emisiones recogidas por el primer aparato serían supuestas señales procedentes del sistema solar hacia el que se había enfocado más «ruido cósmico» de la galaxia situada por detrás de la estrella; las del segundo serían consideradas interferencias, más ruido cósmico; comparando un «ruido» con el otro sería más fácil descubrir las débiles señales.

Para aumentar el volumen de éstas, Drake sugirió la conveniencia de colocar un amplificador paramétrico ya que, el otro instrumento con que se contaba para amplificar señales débiles de radio, *el maser* (cuyo sistema de manipulación explicaremos en el próximo capítulo), aunque de una sensibilidad superior al amplificador paramétrico, resultaba terriblemente costoso; para que funcione debidamente debe mantenerse a una temperatura de cientos de grados bajo cero. Dana W. Atchley (hijo), entusiasmado por el proyecto de Drake, donó el amplificador paramétrico. Atchley, presidente de la Microwave Associates, Inc. y fabricante de equipos de esta clase en Burlington (Massachusetts), fue más tarde uno de los pocos invitados que asistieron a la conferencia convocada en Green Bank para estudiar la manera de establecer contacto con seres de otros planetas.

«El amplificador paramétrico iba equipado con un oscilador que debía mantenerse constante en frecuencia, dentro de un margen de una parte en mil millones, lo que se lograba utilizando un oscilador de cuarzo especial dispuesto dentro de una estufa mantenida a una temperatura constante de 38° C. Esta estufa estaba colocada dentro de otra, con objeto de proteger así los vidrios de las mismas contra las más ligeras variaciones de la temperatura.

El equipo se mantenía constantemente sintonizado para poder observar cada 100 ciclos de banda por minuto, cubriendo así un total de unos 400.000 ciclos del espectro de radio, centrándose en la frecuencia de 1420,4 megaciclos (1.420,405,752 ciclos) por segundo.» (Walter Sullivan, *No estamos solos.)*

No obstante la perfección del equipo —dentro de los medios con que se contaba en el momento—, ni Drake ni sus colaboradores se hacían demasiadas ilusiones cuando concentraron sus observaciones en el primer blanco elegido; sabían que las posibilidades de éxito eran más bien escasas. A pesar de esto, los

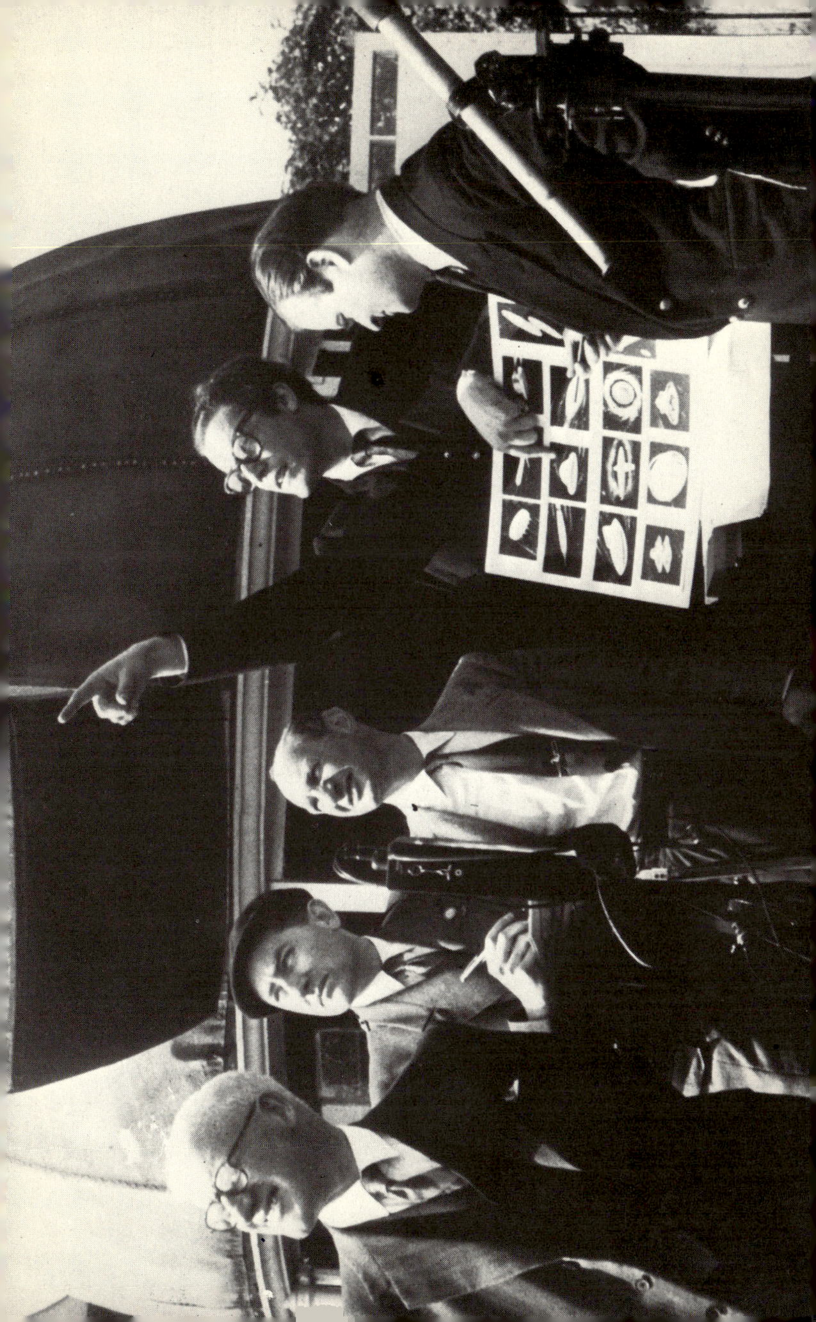

En esta foto asistimos a una lección de identificación de platillos volantes... Vemos a un grupo de astrónomos, reunidos en Greenwich (Gran Bretaña) en 1953, examinando el cielo. Uno de ellos lleva un cartel en el que están representados las diferentes formas de platillos volantes que han podido observarse.

ánimos de los científicos estaban un poco tensos cuando se inició la investigación; no debemos olvidar que ésta podía conducir al descubrimento más importante de la historia del ser humano.

Por el sudoeste del puesto de observación de Green Bank, que como ya hemos dicho se encontraba amurallado por altísimas montañas, hizo su aparición, hacia las cuatro de la mañana del día 8 de abril de 1960, Tau Ceti; era la estrella elegida en primer lugar. Inmediatamente entraron en acción los equipos instalados en el edificio de control, orientando la antena en forma de escudo, que desde lejos simulara un gran *robot,* hacia la estrella; sincronizó debidamente el mecanismo de relojería, a fin de que la antena siguiera constantemente el movimiento ascendente de la estrella por el firmamento; seguidamente, los receptores fueron conectados.

Después de largos años de divagaciones, más o menos convincentes como ha podido comprobar el lector en el capítulo anterior, ésta fue la primera vez que el *homo sapiens,* equipado con los mejores medios que tenía a su alcance, trató de descubrir mensajes emitidos por seres de otros mundos y de características desconocidas.

En la tarde del 8 de abril Tau Ceti, invisible ya a la luz del Sol, se escondía hacia poniente; las señales de la estrella habían brillado por su ausencia. Drake ordenó dirigir las observaciones hacia la segunda estrella elegida, es decir, hacia Epsilon Eridano, de la constelación de Eridano. La potencia de salida del equipo se comprobaba de la forma siguiente: se conectaba un altavoz y al mismo tiempo se registraba sobre una cinta móvil de papel. Poco tiempo después de que la antena hubiera sido orientada hacia Epsilon Eridano, y sin que hubiera dado tiempo a conectar el amplificador paramétrico, el punto registrador sufrió «un brusco desvío fuera de la escala», según palabras del propio Drake; la fuerza del impulso se redujo y el plumín comenzó a registrar sobre el papel impulsos a una velocidad de ocho por segundo, tan matemáticamente espaciados, que sólo podían ser obra de seres inteligentes. Drake ordenó la inmediata conexión del amplificador paramétrico, pudiendo de esta forma percibirse las señales con una precisión perfecta.

El desorden reinó por un momento en el recinto de control, en el que —según Drake— «flotaba cierto espectro pandemónico», ¡Se estaba registrando una señal de gran potencia! ¿Se podía creer que el deseado mensaje se hubiera captado a las veinticuatro horas de iniciarse el intento? Verdaderamente aquello hubiera sido un triunfo extraordinario.

Drake supo dominar su emoción, mostrándose cauteloso, aunque resultaba difícil imaginar que aquella potente y clara señal pudiera proceder de otro lugar que no fuera la diminuta luz que brillaba en el espacio.

Una sencilla forma de comprobar si esto era cierto, consistía en separar la antena de su punto de enfoque hacia Epsilon Eridano. Si la señal se debilitaba, era una prueba de su procedencia extraterrestre, por el contrario, si ésta mantenía su intensidad significaría que el aparato transmisor se encontraba sobre la Tierra o, como muy lejos, en alguna de las aeronaves que navegaban por el espacio. No hubo tiempo de comprobar esto: antes de que la antena fuera desviada de su posición de enfoque, la señal había desaparecido repentinamente. La emisión había durado cinco minutos, aproximadamente.

Drake observaba con escepticismo el acontecimiento, negándose rotundamente a que éste fuera anunciado a la prensa. En efecto, cuando quince días más tarde se volvió a insistir en la escucha, se pudo percibir de nuevo la señal; inmediatamente se desenfocó la antena de Epsilon Eridano, los impulsos siguieron percibiéndose con la misma intensidad, lo cual demostraba que la transmisión era de origen terrestre. Las interferencias continuaron de modo intermitente durante seis meses, siendo registradas también por el Naval Research Laboratory. Más tarde se pudo comprobar la relación de estas señales con un experimento sobre contramedidas de radar, que un organismo militar estaba realizando en secreto. Los temores que Richard Emberson, jefe de construcción del laboratorio, expusiera en *Science,* sobre la posibilidad de interferencias en las ondas de veintiún centímetros por parte de aeronaves, se hicieron realidad.

Durante los meses de mayo, junio y julio se invirtieron 150 horas en la exploración de Tau Ceti y Epsilon Eridano, sin que durante este tiempo se registrara ningún acontecimiento que merezca ser tenido en cuenta. La investigación fue suspendida «por ser necesario el telescopio para otros proyectos», según Drake. La primera fase del «Proyecto Ozma» había llegado a su fin; era el momento de detenerse a considerar los problemas que se habían planteado durante el ensayo, ya que de esta forma consideraba Drake la primera fase de la investigación. Determinar si la radioonda de veintiún centímetros era el único medio lógico para establecer contactos interespaciales era otro de los puntos que debería estudiarse durante este paréntesis.

La cuestión económica era la que más ensombrecía el porvenir del proyecto, ya que como admitieran Otto Struve y Frank D. Drake, la continuidad de las investigaciones requeriría el empleo de costosos equipos durante un tiempo no determinado. Refiriéndose a la finalidad del «Proyecto Ozma», Drake apuntó:

«Todos los que creen que el objetivo o finalidad del proyecto justifica el gran esfuerzo requerido, continuarán llevando a cabo tales investigaciones animados por la posibilidad de que algún día, en el futuro, quizás dentro de cien años o a lo mejor dentro de una semana, la búsqueda se vea coronada por el más rotundo de los éxitos.»

III

LA BUSQUEDA DE SEÑALES DESDE OTROS CAMINOS

Durante el tiempo que Drake y sus colegas dedicaron a llevar a la práctica las teorías de Morrison y Cocconi, la atención de los astrónomos y otros hombres de ciencia se mantuvo pendiente de los resultados del «Proyecto Ozma». No obstante, y como es natural, se siguieron estudiando nuevos métodos o formas de comunicación interplanetaria.

Al poco tiempo de haber finalizado Frank D. Drake sus investigaciones, otro eminente radioastrónomo, el doctor Ronald N. Bracewell, a través de un artículo publicado en *Nature —alma mater,* como hemos podido observar, de revolucionarios proyectos— manifestaba las siguientes deducciones:

«La búsqueda en la banda de veintiún centímetros, propuesta por Morrison y Cocconi y que más tarde ensayara Drake, fue dirigida a las estrellas más próximas, en las que se presumía la existencia de vida. Pero ¿acaso no podemos confiar realmente en la existencia de comunidades superiores en estas estrellas próximas y que de momento no podemos considerarlas como positivamente descartadas? Salvo que las comunidades superiores sean extremadamente abundantes, ¿no es más verosímil que las más cercanas estén situadas por lo menos diez veces más lejos, es decir, más allá de los cien años luz?»

Bracewell sugería que aun después de haber hecho la criba de las estrellas improbables, quedaban aún más de mil con posibilidades de encontrar en ellas vida inteligente; de todas éstas únicamente se habían explorado dos, admitiendo que «el plano de exploración es, pues, inmenso, sin olvidar que la civilización buscada puede estar a su vez emitiendo llamadas a otras mil estrellas con la esperanza de obtener respuesta. Es posible que durante los miles de millones de años de existencia de la Tierra su atención hacia ella les haya resultado infructuosa».

El radioastrónomo volvía a insistir sobre el tan traído y llevado asunto de que la civilización buscada contara con unos medios de comunicación superiores a los nuestros. Según esto era lógico admitir que los seres superiores no emitieran sus mensajes desde la base de la estrella o planeta en que habitaban, sino que para esto se valdrían de naves totalmente automatizadas, parecidas a las que el hombre mantiene por el espacio, aunque de una potencia superior y un tamaño sensiblemente reducido; el impulso del Sol las haría girar alrededor de la estrella o planeta elegido, la nave —siempre según la teoría de Bracewell— irá equipada con un computador con ciertas carasterísticas de un ser inteligente y, teniendo en cuenta el reducido diseño de la nave, éste no sería mayor que la cabeza de un ser humano.

En 1962, durante el transcurso de una disertación en la Universidad de Sydney, Bracewell dijo:

«Si contemplamos los recursos de la ingeniería biológica, que todavía no hemos ni siquiera empezado a analizar, llegaremos a la conclusión de que resulta concebible la idea de que una remota comunidad pueda haber engendrado una subrraza de mensajeros espaciales, cerebros sin cuerpos ni piernas, que guardaran las tradiciones de su sociedad, la mayoría de ellos consumidos infructuosamente, aunque algunos destinados a ser instrumentos de difusión de una cultura intragaláctica.

»Alguno de estos mensajeros puede que ya se encuentre entre nosotros tratando de darnos a conocer su presencia.

»Debido a que un mensajero de éstos puede que tenga que esperar millones de años para cumplir con su tarea, lo lógico es que se encuentre bien armado contra todo peligro de radiación y los impactos de meteoritos.»

De ninguna manera pueden ser tomadas estas sensacionales sugerencias como una extraordinaria historia de ciencia-ficción, la brillante carrera de Bracewell no permite tan ligeras consideraciones; en 1962 era uno de los astrónomos más prestigiosos del momento, ocupaba el puesto de profesor auxiliar en la Stanfor University y era coautor de una obra sobre radioastronomía.

Bracewell informó también sobre cúal podría ser el método de intercomunicación utilizado por el «cerebro» de la aeronave. El mensajero se encontraría situado dentro de la zona habitable que rodeara a la estrella elegida, de esta forma podría vigilar constantemente las emisiones de radioondas transmitidas en banda estrecha; una vez hubiera captado estas emisiones comunicaría a su planeta, o estrella de procedencia, el descubrimiento de una nueva civilización, seguidamente repetiría con exactitud las señales captadas; si el planeta transmisor repitiera a su vez las señales, el mensajero comprendería que había sido reconocido y empezaría a comunicar. Según Bracewell, no sería sorprendente que el principio del mensaje fuera una imagen televisada de una constelación.

Durante los años de 1927, 1928 y 1936 fueron registrados en un laboratorio situado en Holanda ecos extraños procedentes del firmamento. En efecto, el noruego Carl Störmer, junto con un grupo de científicos, informaron que habían captado señales de radio desde su puesto de observación y que éstas eran repetidas al cabo de tres a quince segundos de su transmisión original. Esta información desencadenó —como otras muchas, tanto posteriores como anteriores— comentarios para todos los gustos; algunos creyeron que habían sido reflejadas por las nubes de gas ionizado que se encuentran distribuidas alrededor del sistema solar, otros sugirieron que podría tratarse de interferencias motivadas por algún experimento mantenido en secreto, como los que a veces realizaba el Ejército del Aire; mas según Bracewell, la procedencia de estos ecos nunca pudo ser satisfactoriamente explicada.

En una discusión mantenida con los colegas de Stanfor sobre el particular, el astrónomo hizo recordar a éstos las potentísimas emisiones de Júpiter, que como en 1955 comprobaron Bernard Burke y Kenneth Franklin, de la Carnegie Institution, contenían una potencia de salida de 1.000 millones de vatios por megaciclo y que pudieron percibirse durante algún tiempo. Es fácil imaginar —dijo Bracewell— que estas señales y los ecos percibidos por Carl Störmer hayan sido emitidos por la misma fuente. (Las emisiones de Júpiter, aunque no claramente calificadas como producidas por seres inteligentes, continúan, aún hoy, siendo un debate científico de primerísima actualidad.)

Siguiendo con el informe de Bracewell diremos que éste manifestó que no creía que la Tierra fuera un punto importante de comunicación para la probable superraza, ya que ésta puede hallarse comprendida dentro de una «amplia cadena galáctica de comunicación». Esta «asociación» de seres inteligentes de distintos sistemas solares, elegirá probablemente determinados sectores de la galaxia para la búsqueda de comunidades inteligentes, por tanto «no debe esperarse que nuestro inminente contacto sea el primero efectivo, sino que será como una introducción en la cadena de comunidades superiores, ya que cuentan con una larga experiencia en efectuar contactos con comunidades como la nuestra».

Bracewell comentó que incluso era posible que la imaginada supercivilización tuviera a nuestro planeta como perdido, ya que entre las misiones del computador «espía» podría estar fácilmente la de recoger imágenes de la Tierra; por esto el mensaje emitido incluiría sin duda escenas de la Segunda Guerra Mundial, la imagen reflejada en el receptor haría pensar a nuestros alejados vecinos que la civilización terrestre había llegado a su fin; ante esto habrían hecho girar el botón de mando de la nave, encaminándola a la busca de otro planeta.

Evidentemente, la tesis de Ronald N. Bracewell puede resultar en principio un tanto «imaginativa», mas debo decir que —antes de decidirme a escribir el libro que el lector tiene ahora en sus manos— dediqué trece meses a recoger información sobre la materia; mantuve conversaciones con astrónomos especializados en el tema, e igualmente con gentes que creían haber visto un ser no comparable a ninguno de los que pueblan la Tierra y debo decir que me resultó especialmente curioso comparar las tesis mantenidas por algunos científicos con las «historias populares». En efecto, una de las constantes que encontré en estas «historias» era que los entrevistados siempre coincidían a la hora de describir al extraño ser, mostrando a éste como un computador; la forma de la «aparición» era sensiblemente diferente según el caso, pero la unanimidad fue total en lo que se refiere en mostrar a aquélla rodeada de cables, luces y otros detalles aplicables a un computador que, según la tesis de un especialista como Bracewell, por ejemplo, es el medio utilizado por nuestro vecinos para comunicarse con los seres de otros planetas.

Estos meses de «investigación» me sirvieron también para formarme una opinión sobre cómo ve el hombre de la calle la posibilidad de que exista vida más allá de nuestro planeta, y debo decir que esta posibilidad es tomada con un sentido del humor verdaderamente increíble. Un joven con el que me puse en contacto, por que afirmaba en unas declaraciones a la prensa que había visto un extraterrestre, me enseñó una carta firmada por una mujer, ésta pedía al joven que la próxima vez que encontrara al «marciano» le diera su dirección, pues le era del todo imposible encontrar marido en el planeta. No obstante estos rasgos de humor estoy seguro de que el hombre terrícola cree ciegamente en «ellos».

Centrándonos de nuevo en el tema de las investigaciones científicas, que de algún modo han ayudado a esclarecer los misterios del firmamento, creemos interesante detallar la historia del descubrimiento del *maser*, así como su importantísima contribución al avance de la astronomía.

En 1954 cuando, después de largos trabajos de investigación, los científicos de la Columbia University: James P. Gordon, Charles H. Townes y Herbert J. Zeiger, encontraron la forma de reunir moléculas de amoníaco excitadas en una cámara resonante de paredes metálicas, se descubrió por vez primera el amplificador *maser*.

Esto fue posible —según explica magistralmente Walter Sullivan— porque las moléculas de amoníaco excitadas son repelidas por un campo electrostático, mientras que en un estado de energía bajo, las moléculas son atraídas por dicho campo. Los experimentadores hicieron pasar una corriente de gas amoníaco a baja presión a través de un campo electrostático, segregando así las moléculas excitadas, que luego eran guiadas a la cámara metálica, donde esperaban «con excitación» la llegada de una onda de frecuencia adecuada. (Para el amoníaco, esta fracuencia es de 24.000 megaciclos; se encuentra en la región de las microondas o del radar del espectro.) Cuando una de estas ondas penetraba en la cámara y se encontraba con una de las moléculas, emitía una onda idéntica, produciéndose de este modo dos ondas de una sola. Estas, a su vez, actuando entre sí con otras moléculas, desprendían más ondas que chocaban contra las paredes de la cámara; de este modo se iban produciendo más y más ondas de esa misma frecuencia.

El contacto entre ondas y moléculas resultó ser, pues, una *microwave amplification by stimulated emission of radiation,* es decir, una ampliación de microondas por emisión estimulada de radiación. Recogiendo las iniciales de este resultado, los científicos hicieron llamar al aparato descubierto *maser.*

A pesar de que el descubrimiento del *maser,* así como el de su símil óptico, el *laser*, produjo un enorme entusiasmo en gran número de científicos, entre los que se contaban N. G. Basov y A. M. Prokhorov, de la Unión Soviética, y Joseph Weber, de la Maryland University, etc., el primitivo *maser* contaba con una limitación bastante importante. Debido a la gran ampliación de la microonda que éste podía alcanzar, su utilidad se reducía a un margen de frecuencia muy estrecho, centrado en los 24.000 megaciclos.

Nicolás Blemberger, de la Harvard University, fue el encargado, junto con algunos colegas, de dar el paso siguiente en el perfeccionamiento del aparato. El científico observó la posibilidad de conseguir una ampliación similar en un número de frecuencias, incrementando los estados de energía de los electrones libres en una estructura de cristal; de esta manera fabricó algunos aparatos con cristal de sílice; este mineral cuenta, en su composición, con átomos de fósforo; al encajar éstos en la trama del cristal se desprenden del electrón, que a su vez queda disponible para entrar en contacto con microondas, aunque la frecuencia de éstas y la de aquél sean diferentes. Una vez conseguido el contacto, y por medio de la excitación que esto supone, el electrón desprende ondas a su frecuencia normal. En otras palabras, el *maser* estaba preparado para amplificar cualquier tipo de radioondas.

Cuatro años más tarde, el 15 de diciembre de 1958, Charles H. Townes —uno de los padres del *maser*— y Arthur L. Schawlow, demostraron, desde las páginas de *The Physical Review,* las posibilidades que ofrecía la aplicación del principio del mencionado aparato a las ondas luminosas, para producir una clase de luz única. Su teoría era la siguiente:

«Proponemos la construcción de una cámara resonante con espejos enfrentados en cada extremo, cuya distancia entre sí sea miles de veces mayor que la longitud de onda que debe generarse, pero cuidando que aquéllas sean un múltiplo de la mitad de la longitud de onda, lo que permitirá la resonancia de la luz entre los espejos. Las ondas luminosas generadas a lo largo del eje del *maser* se desplazarán de un lado a otro entre los espejos, aumentando constantemente de intensidad, a medida que los electrones del cristal central vayan suministrando su energía acumulada. Una transparencia parcial en uno de los espejos permitirá que algunas de estas ondas escapen en forma de haz que, no sólo será intenso y estará bien orientado, sino también muy bien concentrado en una estrecha banda de frecuencias y será además coherente.»

El descubrimiento del *laser* no fue anunciado hasta el verano de 1960, por el director de la Hughes Aircraft Company, Theodore H. Maiman. En principio estos aparatos tenían que ser maniobrados a impulsos, pero un año más tarde, en febrero de 1961, los Bell Telephone Laboratories anunciaron la manera de conseguir un funcionamiento continuo, utilizando para ello una mezcla de helio y gas neón. Al igual que ocurriera con el *maser* —su compañero auditivo— el nombre de este aparato amplificador de la onda luminosa, el *laser,* se formó recogiendo las siglas de su principal misión *(Light amplification by stimulated emission of radiation).*

El descubrimiento de los rayos *laser* causó un gran impacto en los círculos científicos: sus múltiples aplicaciones, cirugía, nuevas formas de comunicación, etc., hacía vislumbrar un extraordinario avance en estos campos. En 1962 un grupo de científicos del Massachusetts Institute of Technology, utilizó por vez primera un haz de *laser,* generado por un cristal de rubí del tamaño de un lápiz de unos 15 centímetros, para iluminar una pequeña mancha que oscurecía un trozo de la superficie lunar. El éxito acompañó al experimento; con la ayuda de los aparatos instalados en el Instituto de tecnología, brilló, reflejada en ellos, aquella parte oscura de la Luna.

Este suceso acaparó la atención de los astrónomos y especialistas de la comunicación interestelar, ya que las posibilidades que el *laser* ofrecía en este campo eran verdaderamente inimaginables hasta aquel momento. Charles Townes sugirió que quizá fuera el medio elegido por los seres de otras galaxias para intentar atraer nuestra atención (recordemos que Townes fue el coinventor del *maser* y del *laser):* éste, junto con otro científico, Robert N. Schwartz, publicaron un artículo en *Nature* manifestando su opinión al respecto:

«Parece ser un "accidente histórico" que los *laser* no fueran inventados antes que la radio, como medio para comunicaciones de largo alcance. Puede ser que otra civilización haya invertido nuestra propia historia y se haya aplicado mucho más en el uso de *masers* ópticos o infrarrojos, que en las técnicas de las radioondas. En nuestro caso, sin embargo, los *laser* se encuentran en una etapa rudimentaria de desarrollo. Hace tan sólo un año no se conocía ni un solo instrumento de éstos funcionando aunque la tecnología en este campo promete avanzar a pasos agigantados, con mayores éxitos en la próxima década. De todos modos, no estamos lejos de la creación de *lasers* apropiados para comunicar, en longitudes de onda de luz visible o bien en proporciones adyacentes del espectro, entre planetas o estrellas separados varios años-luz unos de otros. Además es probable que nuestros actuales telescopios y espectrógrafos sean apropiados para captar señales de otras civilizaciones, no más capaces de lo que somos nosotros.»

A continuación exponían dos métodos para la comunicación interestelar con la utilización del *laser,* que denominaron «Sistema A» y «Sistema B». El «Sistema A» consistía en dejar pasar un rayo *laser* a través de un aparato óptico de grandes proporciones, como por ejemplo el de Monte Palomar, en California, que era el mayor construido hasta el momento en el mundo y que contaba con un reflector de 508 centímetros de diámetro. De esta forma se conseguiría un haz de luz similar al diámetro del reflector, en lugar del estrechísimo haz característico del *laser*. Desde una distancia de miles de millones de kilómetros, esta dispersión del haz resultaría más reducida que si no se hubiera utilizado el telescopio.

Para el «Sistema B» no se requería ningún aparato óptico; se utilizaría una batería de veinte rayos *laser*, convenientemente agrupados para que pudieran producir un haz de luz de diez centímetros de diámetro. No obstante, la propagación del haz resultaría cinco veces superior al anterior sistema. La ventaja de este sistema sobre el A era que aquél corría peligro de dispersión por los efectos del aire.

Poco después de haber hecho estas aclaraciones, Townes y Schwartz comenzaron a trabajar en la construcción de un observatorio espacial montado en un globo aerostático a gran altura —si esta idea hubiera sido expuesta cuatro años antes solamente, nadie hubiera podido salvarles del calificativo de «locos visionarios»—; mas, en 1963 se pudo demostrar el perfecto funcionamiento de un telescopio suspendido en el espacio por medio de globos aerostáticos. El instrumento tenía un plató de 91 centímetros de diámetro, era manejado a distancia y su peso total era de tres toneladas; se le denominó «Stratoscope II». No obstante, entre este plano y el propuesto por Townes y Schwartz, el más grande que existía en aquel momento en el mundo era de 508 centímetros de diámetro, había una diferencia más que notable.

Por las investigaciones llevadas a cabo resultaba evidente que por medio del «Sistema A» podrían enviarse a las estrellas o planetas elegidos, emisiones de luz de una potencia superior en cien veces al «Sistema B», suponiendo que el equipo ideado por los dos científicos pudiera elevarse a gran altura; mas éstos tuvieron que admitir que el único sistema que el hombre estaba preparado para poder utilizar, era el B.

A pesar de todos estos preparativos, después de largas discusiones técnicas, se llegó a la conclusión de que los *laser* podían mandar emisiones e incluso recoger fotografías de planetas alejados diez años-luz de la Tierra, pero que no podrían ir más allá de estas distancias —enormes, por otra parte—: por lo tanto el «único camino racional» seguía siendo el de las emisiones de radioondas de veintiún centímetros. Townes y Schwartz supieron disculparse por haber discutido la primacía de este sistema. «Puede que sea una alentadora ampliación de posibilidades —dijeron— y al mismo tiempo una desagradable complicación. Nuestro rápido progreso en la ciencia demuestra que otra civilización más avanzada que la nuestra en sólo unos miles de años, puede disponer de posibilidades que nosotros aún no tenemos. Puede que incluso sean capaces de enviarnos una tentativa exploratoria instrumentada. Como hasta ahora no se ha visto ninguna —continuaron— quizá fuera conveniente examinar el aspecto estelar de alta resolución, en busca de líneas anormalmente angostas a frecuencias insólitas o variables en intensidad.»

Cuando se hizo pública la utilización del *laser* para la búsqueda de señales interplanetarias, todos los que creían en las radioondas de veintiún centímetros como único vehículo posible, manifestaron su opinión en contra de tal experimento; entre éstos se encontraba el pionero de las investigaciones interestelares, Frank D. Drake, el cual argumentó que antes de que los *laser* pudieran ser utilizados para las comunicaciones interplanetarias, debería ser aumentada y perfeccionada su potencia de salida. Bernard M. Oliver, vicepresidente del departamento de investigación y proyectos de la Hewlett-Packard Company, firma especializada en la fabricación de aparatos electrónicos, manifestó su opinión al respecto en términos similares a los de Drake.

Recurriendo de nuevo a Sullivan, trataremos de

explicar los inconvenientes que un determinado grupo de científicos encontraban al proyecto *laser:*

«Los espejos empleados para captar señales luminosas deben ser de mucha mayor precisión que los que se utilizan en los radiotelescopios, ya que el error admisible es controlado por longitud de onda. La producción de un espejo o reflector de 508 centímetros de diámetro para el telescopio de Monte Palomar fue una proeza de la tecnología óptica que jamás ha sido superada hasta la fecha, pese a que el plató de radiotelescopio de Jodrell Bank es de 76,20 centímetros de ancho y uno construido en un profundo valle de Puerto Rico, de unos 609,60 centímetros de lado a lado. Se puede analizar el problema recurriendo a las leyes físicas, que, por ser universales, influirán en el ánimo de los ingenieros de cualquier planeta del universo. La elección de la longitud de onda está en parte supeditada a la flexibilidad de los metales y demás sólidos que se empleen en la fabricación de los espejos para ondas de radio y ópticos. Tal flexibilidad, determinada por las propiedades esenciales de ligazón o unión de los sólidos, se inclina por las longitudes de ondas más largas (radioondas), es decir, para aquellas por las que podría construirse los platos o pantallas de mayor diámetro. Las limitaciones que surgen en las estructuras de antenas no nos son peculiares, sino comunes a todas las civilizaciones.»

El problema del *laser* en su aplicación espacial era mucho más extenso y complicado, mas para no cansar al lector con argumentos fuera del propósito de este libro, podemos concluir el asunto diciendo que, a pesar de que a Townes no le impresionaron en absoluto los argumentos en contra de su proyecto, éste se postergó indefinidamente.

Muchos han sido los proyectos imaginados y llevados a la práctica desde que Morrison y Cocconi dieron el primer paso en este sentido, aunque en honor a la verdad el empeño de estos hombres de ponerse en contacto con nuestros «vecinos» —ya sea por razones técnicas, ya por otras causas— parece ser sumamente dificultoso. La tarea requiere una infinita paciencia y perseverancia y una fe ciega, evidentemente. A lo largo de todo el continente europeo y americano, funciona una organización encaminada a recoger fondos y datos que puedan ayudar a esclarecer el misterio que encierra el firmamento, en esta entidad internacional —A. D. M. (Asociación Democrática de Marcianólogos)— militan todo tipo de gentes interesadas en el asunto. El autor de este libro asistió a una asamblea celebrada en Madrid, bajo el título de: «¿Están "ellos" entre nosotros?», y pudo comprobar con suma satisfacción que el conferenciante podía ser lo mismo un reputado profesor de astronomía, que un oficinista que afirmaba haber visto a uno de «ellos».

Poco después de que se hubiera zanjado el proyecto *laser*, Bernard M. Oliver —defensor como ya hemos dicho del sistema de radioondas de veintiún centímetros— propuso la construcción de una gran antena, de unos 32 kilómetros de largo, aproximadamente, y en forma de abanico; sería montada alrededor del ecuador, de modo que la Tierra, en sus movimientos rotativos, pudiera «barrer» con ella todas las estrellas del firmamento. El tiempo de observación de cada estrella sería mínimo, un segundo por día aproximadamente; no obstante, de esta forma se exploraría simultáneamente un gran número de éstas. El propósito de la exploración masiva era, según opinión de Oliver, recoger de entre todas las estrellas los blancos más dignos de tener en cuenta para un más detenido examen.

Hubo muchas más sugerencias por supuesto; Philip Morrison, por ejemplo, sin desechar las emisiones de veintiún centímetros, hizo observar que el verdadero camino lógico podría estar aún sin descubrir; éste podría ser el de las ondas «Q» que «descubriremos dentro de diez años. O bien —continúa— se hallará un medio para manipular neutrinos y utilizarlos como portadores de mensajes. Si bien se sabe que las esquivas y paradójicas partículas atómicas se trasladan a la velocidad de la luz y pueden pasar directamente por el mismo corazón de un planeta, nadie conoce un medio factible de generarlas, registrarlas o modularlas para que sean portadoras de mensajes».

Pero la palma de la originalidad en el terreno de las discusiones sobre cómo comunicarse con seres de otros planetas, o éstos con nosotros, le pertenece, sin lugar a dudas, a la proposición presentada por Leslie C. Edie, de Belmore, Long Island. *Sciencie,* en su número del 13 de abril de 1962 recogía las sugerencias de Edie. Son las siguientes:

«Las moléculas de larga cadena, que ahora se extraen de ciertos meteoritos (condritas carbonáceas), podrían haber sido depositadas allí por una remota civilización y lanzadas hacia nosotros en gran cantidad. La pregunta es ¿Podrían contener estas moléculas información en clave?»

Desde luego nadie puede dudar que, si no otro caso, el esfuerzo imaginativo desarrollado por el científico para la elaboración de su tesis, bien merece un aplauso.

De todas las teorías propuestas, la única que se pudo llevar a la práctica con resultados esperanzadores fue la expuesta por el inglés Freeman J. Dyson, del Instituto for Advanced Study, en Princeton, Nueva Jersey.

Hacia finales de la década de los cincuenta, Dyson había comentado la forma en que las lejanas civilizaciones podían haber utilizado su tecnología. Como demuestran las teorías de Thomas Robert Malthus (hacia el final del siglo XVIII), la población —dijo— de estos mundos habrá ido aumentando hasta agotar las posibilidades de subsistencia. En tal situación —continuaba Dyson—, los factores limitativos serían el material y la energía disponibles. Cualquiera de estos déficits puede presentarse disgregando uno o más planetas de este sistema solar y utilizando el material para construir un caparazón o envolvente para rodear por completo la estrella más próxima. La energía total irradiada por la estrella quedaría así disponible y sería 40 billones de veces superior a la de la energía que llega a la Tierra.

Los cálculos de Dyson suponían que del material de un planeta similar en tamaño a Júpiter, se podría construir un caparazón conteniendo la energía irradiada por el Sol en 800 años aproximadamente; este período observado en la escala del tiempo resulta brevísimo, aunque como se sabe ésta se encuentra sujeta a discusiones. El caparazón tendría un grueso de 15 a 25 centímetros y rodearía a la estrella, aunque estaría separado de ella por una distancia dos veces superior a la que separa nuestro planeta del astro solar. Según Dyson: «La parte exterior de un caparazón de esta clase, debido a su elevada temperatura, irradiaría con tanta intensidad como la estrella central, aunque totalmente en la región del infrarrojo del espectro con el centro cerca de una longitud de onda de 10 micrones, que penetra con facilidad en la atmósfera terrestre.» Dyson concluía su teoría proponiendo el inicio de una investigación en busca de señales de intensa radiación en la longitud de onda por él descrita.

Science, a través de sus lectores —que como le ocurre a *Nature* son, en su mayoría, investigadores y hombres de ciencia— hizo algunas observaciones al plan de Dyson, una de las preguntas era: ¿Podría soportar el caparazón las tensiones gravitatorias y la tendencia del material a moverse en el plano ecuatorial de rotación? El científico replicó a esto que aquél no sería una masa unida y compacta, sino una «colección o enjambre de objetos moviéndose en órbitas independientes alrededor de la estrella».

La idea de Dyson empezó a ser desarrollada hacia finales de 1962 por el astrónomo ruso I. S. Shklovsky, de comprobado prestigio internacional. En principio su opinión con respecto a la posibilidad de una multiplicidad de civilizaciones en el espacio era más bien pesimista; aun así los argumentos de Dyson le hicieron considerar la posibilidad. En una entrevista que mantuve con él, durante un corto viaje que hice a Moscú con este propósito, me comunicó las siguientes reflexiones:

«Una civilización capaz de tales proezas —se refería a la idea de Dyson sobre el avanzadísimo estado tecnológico de estas civilizaciones— no pensaría jamás en asignar el 1 ó 2 por ciento de su energía solar para una "baliza" que transmitiera en una longitud de onda clave, como la de veintiún centímetros, en especial si dicha "baliza" ofreciera la posibilidad de llamar la atención de otra civilización.»

Con respecto a la existencia de seres inteligentes en otros planetas, obtuve de él la desalentadora opinión que sigue:

«Hace ya probablemente unos 700 años-luz, por término medio, que no hemos tropezado accidentalmente con señales de algunas de dichas civilizaciones. Si una de ellas pudiera destinar un uno o dos por ciento del total de la energía de salida de su estrella para una longitud de onda apropiada, ello sería una "marca" o "señal" por excelencia. Hallar una de estas marcas o señales en nuestra propia galaxia sería seguramente una tarea larga, ya que disponiendo de toda la esfera celeste, para una búsqueda de tal envergadura resultaría muy difícil saber por dónde comenzar. Mi proposición es explorar primeramente la gran nebulosa espiral de Andrómeda, que es la galaxia más próxima a la nuestra. Como sea que se encuentra a dos millones de años-luz de nosotros, toda la galaxia queda encuadrada en el campo de visión de un radiotelescopio. Una "baliza" tan brillante resultaría perceptible incluso desde tan enorme distancia. Si percibiéramos una de estas señales en la nebulosa espiral de Andrómeda, ello significaría que hace unos dos millones de años hubo allí una supercivilización y quedaría justificada una paciente búsqueda por nuestra galaxia.»

A pesar de esto, las investigaciones llevadas a cabo por el equipo dirigido por Shklovsky, sobre la idea de Dyson, no tardaron en dar unos emocionantes resultados. En febrero de 1964 la revista científica *Astronomicheskii Zhurnal*, de la Academia de Ciencias de la Unión Soviética, caracterizado por su tendencia conservadora, dentro del campo de la ciencia, publicaba una entrevista con Nikolai S. Kardashev, miembro del equipo de Shklovsky, el cual insinuaba que se habían captado dos fuentes de radioemisión procedentes del espacio que muy bien podrían ser jalones o balizas de supercivilizaciones. Efectivamente, estas señales fueron captadas asimismo por el California Institute of Technology, que las catalogó bajo la denominación de CTA-21 y CTA-102.

Lo que más asombró al equipo de investigadores que se mantenían en contacto con estas señales era la particular forma de su espectro, en comparación con las hasta entonces conocidas. Las respectivas emisiones de ambas concentraban una potencia extraordinariamente alta: 900 megaciclos aproximadamente.

Las emisiones —según informó Kardashev— se encontraban situadas en la parte del espectro más indicada para las comunicaciones por el espacio y, mencionando los cálculos realizados por su compañero V. I. Slish, dijo que estas fuentes procedían de una distancia infinitamente superior a las percibidas hasta el momento.

Las diferentes potencias de emisión de las señales podrían obedecer —según Kardashev— a los distintos niveles tecnológicos de las supuestas civilizaciones, que el astrónomo calificó en los siguientes puntos:

1.° El llamado «tipo A», comparable en cierto modo al de la Tierra y que puede generar en conjunto una potencia de 4.000 millones de vatios.

2.° Calificado como «tipo B» y que podría ser el estilo de civilización imaginado por Dyson, con una potencia de emisión similar a la energía irradiada por su estrella más cercana, esto es: unos 400 cuatrillones de vatios.

3.° El «tipo C», que dispondría de un volumen

energético equivalente al generado por toda nuestra galaxia.

Kardashev opinaba que las emisiones CTA-21 y CTA-102 podrían proceder de civilizaciones con un nivel tecnológico equivalente a los tipos «A» y «B». Informó, asimismo, que con el aumento de un 3-4 por ciento anual en la producción de fuerza energética, nuestra civilización se convertiría al cabo de unos 3.200 años en una del «tipo B».

Pero lo que causó un verdadero revuelo mundial fue el informe aparecido en *The Information Bulletin on Variable Stars,* revista que financiaba la Internacional Astronomical Union, y que firmaba otro de los colegas de Shklovsky, el profesor Gennady B. Sholomitsky, del Instituto Astronómico de Sternberg. Este manifestaba haber observado fluctuaciones rítmicas en las señales procedentes de CTA-102; según el informe redactado por el astrónomo, durante varios meses había estado comparando repetidamente la intensidad de las emisiones procedentes de CTA-102 en las de CTA-21 e igualmente hizo con las de otra fuente (3C-48), aparentemente invariable. Las emisiones de estas últimas —informaba Sholomitsky— resultaron inalterables, mientras que el plumín que recogía los impulsos emitidos por CTA-102 describía a intervalos aproximados de cien días, un dibujo que parecía recordar una operación de sumas y restas: un impulso incontrolado, tres rectángulos abiertos en la base, de nuevo el impulso seguido de dos rectángulos, después de un impulso más eran cinco los rectángulos que aparecían... aquello parecía una suma evidente.

A pesar de que Sholomitsky no hacía en su informe ningún tipo de comentario sobre la fuente de los impulsos captados, el 12 de abril de 1965, la agencia rusa de información TASS difundió la siguiente noticia:

«Se ha comprobado que la fuente emisora de las potentes señales recogidas en diversos observatorios, que todos conocemos con el nombre de CTA-

102, es una "baliza" construida por una supercivilización. Esto constituye una evidencia de que no estamos solos en el universo.»

La extraordinaria reacción provocada por esta noticia hizo que Shklovsky y sus colegas Sholomitsky y Kardashev, tomaran medidas urgentes contra el posible desmadre informativo, convocando una rueda de prensa para el día siguiente, a la que fueron invitados todos los periodistas que trabajaban en revistas especializadas en el tema y a los cuales informaron que «era algo prematuro» afirmar que las señales percibidas tenían un origen artificial, pero que no obstante aquello estaba dentro de lo posible.

Poco a poco y con la ayuda de nuevas investigaciones como las que se llevaron a cabo en Monte Palomar cuyos resultados fueron el hallazgo de un objeto de brillo azulado en el preciso lugar donde se encuentra CTA-102, la idea de que esta emisión podría proceder de una baliza construida por seres inteligentes fue adquiriendo consistencia. Maarten Schmidt, del observatorio californiano de Monte Palomar, descubrió asimismo que las líneas espectrales de la luz de estas emisiones eran desviadas tan radicalmente hacia el extremo del espectro, que el objeto debía alejarse del sistema solar a una velocidad de unos 183.500 kilómetros por segundo; esto significaba que CTA-102 era uno de los objetos más alejados —junto con otros cuerpos de reciente descubrimiento, los denominados *quasars*— que jamás haya podido observarse. En los círculos científicos la actividad y agitación general persistió durante algún tiempo, aunque hasta el momento ha sido del todo imposible descifrar si las fluctuaciones observadas en la salida de energía de la emisión CTA-102, están controladas por seres inteligentes o su origen es natural. El misterio envuelve el asunto.

[illegible]

IV

¿EXISTE LA POSIBILIDAD DE QUE SERES DE OTROS PLANETAS HAYAN ATERRIZADO EN LA TIERRA?

Eran las cinco de la tarde. Estaba trabajando en el campo cuando, de repente, del horizonte nuboso que amenazaba tempestad, vimos surgir una especie de nube luminosa de un azul violeta cuyas formas regulares evocaban las de un cigarrillo o una zahahoria (sic). Esta nube luminosa tenía un aspecto rígido. Cada una de sus maniobras (que no tenían ninguna relación con el movimiento propio de las nubes) se realizaba en conjunto, como si se hubiera tratado de una gigantesca máquina rodeada de vapores (...). Cuando alcanzó la posición vertical se inmovilizó.

»Era un espectáculo extraordinario. Lo contemplamos intensamente.»

Esta fue la descripción que me proporcionó un agricultor castellano de su visión y que incluyo aquí por ser la más desapasionada de todas las que pude oír durante mi investigación sobre el tema. A mi pregunta sobre si creía que aquello podía ser una nave espacial, me respondió que lo ignoraba, ya que no tenía la menor idea de cómo podrían ser éstas. Además —continuó— mi información sobre el tema de los extraterrestres es nula. Antonio Pataldo me recordó que llevaba treinta y cinco años trabajando a cielo descubierto y que ésta era la primera vez que había observado un fenómeno semejante.

A pesar de esto, la pregunta formulada al principio del capítulo no tiene respuesta por el momento. Verdad es que tanto en Oriente como en Occidente hay eruditos que, basándose en pasajes de textos antiguos como *La Biblia,* el *Libro de los Muertos,* etc., sostienen y defienden la hipótesis de que en el pasado se efectuaron invasiones de origen extraplanetario. En el capítulo anterior de este libro, por ejemplo, Bracewell hacía referencia a los mensajeros autómatas. Pero, ¿qué puede decir la ciencia de estos viajes intergalácticos? Es fácil imaginar que «ellos» hayan detectado las emisiones de radioondas procedentes de la Tierra y que éstas les revelaran la existencia de vida inteligente en nuestro sistema solar. Teniendo esto en cuenta ¿debemos esperar su visita? Las hipótesis de numerosos científicos afirman que en el caso de que existan civilizaciones en otras galaxias, éstas tendrían un nivel técnico muy superior al nuestro; si tenemos en cuenta que el hombre ha podido visitar ya dos planetas de su galaxia, no resulta difícil creer que aquellos superseres, en el caso de que existan, hayan traspasado hace tiempo los límites de la suya.

En épocas remotas las investigaciones para crear unas alas con las que poder volar hasta la Luna, se llevaban a cabo diariamente en los círculos más «avanzados» de la ciencia. Julio Verne contribuyó a descartar esta idea, por la de emplear globos aerostáticos. Mas este método quedó del todo postergado al descubrirse que la atmósfera no existe prácticamente a una altura superior a los 32 kilómetros. La idea de utilizar cohetes para remontar el firmamento y posarse sobre uno de sus planetas no fue concebida por el hombre hasta 1896, año en que fueron publicadas las obras del escritor ruso Konstantin Eduardovich Tsiolkovsky, en las que hacía mención a los cohetes para este tipo de viajes. En su obra más conocida, publicada cuando el escritor contaba 39 años y cuyo título es *Exploración del espacio por medio de aparatos de reacción,* se discuten muchos de los problemas que se presentan hoy a la hora de realizar viajes espaciales. Hasta que le llegó la hora de su muerte, ocurrida en 1935 (había nacido en 1850), Tsiolkovsky se dedicó a escribir abundantemente acerca de la posibilidad de vida en otros mundos. La correspondencia mantenida entre el escritor y el que fuera el primer estudiante graduado en el Instituto de la Academia de Ciencias de Kiev, contratado en la actualidad por el departamento de biofísica de la Stanford University of California, Alexis N. Tsvetikov, da una clara imagen de la inquietud científica e intelectual de este gran personaje. En una de las cartas que Tsiolkovsky enviara a su amigo y compañero de inquietudes, Tsvetikov, escrita pocos meses antes de su muerte, manifestaba las siguientes reflexiones:

«En el sentido bioquímico, la vida en la Tierra parece una unidad relativamente separada. Los individuos mueren. Sin embargo —continuaba—, la cantidad total de materia viva persevera e incluso aumenta. Podemos imaginarnos un organismo esférico con los ciclos de procesos físiológicos completamente cerrados en sí mismos. Un organismo así sería inmortal y fotosintético e incluso podría desarrollar una conciencia más elevada... La actividad principal de los organismos vivientes más elevados en el universo puede ser también la colonización de otros mundos; tales seres no podrían ser, probablemente, de forma esférica y no serían inmortales.

»En los últimos meses he estado con frecuencia enfermo de gravedad...»

Entre las muchas hipótesis sobre las formas de vida que Tsiolkovsky desarrolló se encuentra la de la vida compuesta totalmente de hidrógeno, que más tarde sirvió de idea a Fred Holey para escribir su novela de ciencia-ficción *The Black Cloud (La Nube Negra),* en la cual cuenta cómo una nube de plasma viviente invade el sistema solar y se alimenta del Sol. La fantástica imaginación del ruso llegó incluso a crear seres de formas incorpóreas, que morarían en el espacio como en una isla de conciencia pura. A los seres vegetales, por creer que carecían de sentimientos y que esto les hacía invulnerables al dolor y otras desgracias, les alistó Tsiolkovsky en el mundo de los seres perfectos; aunque hay que decir que en esto se equivocó el escritor totalmente ya que, en investigaciones desarrolladas en 1970, se pudo comprobar que los vegetales también tienen sentimientos.

En efecto, en febrero de 1970, un grupo de científicos instaló, en un invernadero, un pequeño laboratorio con el propósito de estudiar la vida de los vegetales; los resultados de esta investigación, aireados cuatro meses después, fueron verdaderamente sorprendentes: se comprobó, por medio de unos aparatos especialmente diseñados para esto, que al sacudir con violencia las ramas de los ejemplares allí cultivados o presionar sobre su tallo, el receptor conectado a éstos registraba unas vibraciones que los científicos aseguraron se debía al miedo de la especie al ser atacada.

Volviendo a las teorías de Tsiolkovsky, debemos decir que algunas de ellas parecen empañadas por el siniestro aliento nazi; así, por ejemplo, consideraba a los animales como «etapas primitivas en el penoso proceso de la evolución».

«Una raza superior los eliminaría sin dolor, antes que dejarles soportar los innecesarios sufrimientos de la evolución y la lucha por la existencia. Al igual que los buenos jardineros, estos seres superiores exterminarían las especies inferiores de animales, bacterias dañosas y plantas sin valor, excepto las necesarias para ensayos de laboratorios (sic).»

Lo mismo que le ocurriera a Nikola Tesla, la fantástica imaginación desarrollada por Tsiolkovsky fue la causa de que sufriera duros ataques por parte de un gran sector de la ciencia conservadora. Se dice que el escritor se consideró siempre un marginado en su país, ya que su casi misticismo no encajaba bien en el materialismo dialéctico de la sociedad marxista en la que tuvo que vivir y desarrollar sus ideas. No obstante, después del éxito alcanzado por los soviéticos en 1957 con su primer *sputnik,* Tsiolkovsky fue elevado a la categoría de héroe nacional y su hogar, en la ciudad de Kaluga, fue convertido en museo.

Entre las muchas obras que escribió, ayudado por su imaginación e inteligencia, se encuentra la publicada en 1925 bajo el nombre de *Monism of the Universe (Monismo del Universo),* que terminaba con varias verdades indiscutibles, por comprobadas. Una de ellas estaba expresada en los siguientes términos:

«Por lo menos en un planeta situado en un lugar cualquiera, los seres han alcanzado ya una tecnología que les permite vencer la fuerza de gravedad y colonizar el universo. Por tanto, la perfección y el dominio han estado difundiéndose por todo el cosmos. Esto fue iniciado en épocas remotas, siendo actualmente la colonización el modo normal de difusión de vida. La evolución, con todos sus sufrimientos, es rara —opinaba—. A pesar de que creo en los viajes interestelares, considero a la radio como medio principal para las comunicaciones. En un futuro no lejano las ondas cortas de radio penetrarán en nuestra atmósfera y se convertirán en el medio principal de las comunicaciones estelares.»

Con la construcción del primer *sputnik* (o el inicio de la era espacial), que levantó oleadas de entusiasmo, volvió a renacer el interés por los viajes entre sistemas solares. Se habló mucho sobre la forma de equipar los cohetes para que pudieran hacer su largo recorrido; una de estas formas era, por ejemplo, utilizar energía atómica como propulsora de los cohetes y guiar éstos por la presión de la luz.

Sobre el problema que representaba en aquellos momentos la realización de viajes espaciales —finales de los cincuenta— hizo un minucioso análisis el prestigioso científico John R. Pierce, director ejecutivo del departamento de Principios de Investigación y Comunicación de los Bell Telephone Laboratories. Los resultados obtenidos fueron desmoralizadores; la terrible distancia que nos separa de las estrellas, incluso de la más próxima y con características similares a nuestro Sol, era insalvable dentro de un tiempo cronológicamente humano; por lo tanto, la única forma de realizar este viaje era alcanzar una velocidad próxima a la de la luz (300.000 kilómetros por segundo), Por tal razón —explicó Pierce— resulta inconcebible que un cohete propulsado a nivel de la luz pudiera llevar suficiente combustible para alcanzar tan elevada velocidad, aun en el caso de que se pudiera lograr una completa conversión del combustible de energía. Si se utiliza la energía para «empujar» un objeto macizo, como por ejemplo la Tierra —continuaba— en este caso sería más fácil alcanzar una velocidad tan elevada; en cambio, resulta difícil de concebir el modo de aplicar este sistema a los viajes espaciales.

En un informe aparecido en una revista científica en el verano de 1959, John Pierce escribía sobre las posibilidades de un nuevo método para alcanzar la velocidad deseada; su idea era que la nave, durante el viaje, recogiera hidrógeno del espacio y lo utilizara como combustible para autoabastecerse; para esto sería necesario equipar el cohete con un amplio «recolector» de hidrógeno, de 100 metros cuadrados aproximadamente, que pudiera absorber dicho elemento en ruta. Parece ser que las nubes de este gas se pueden encontrar con frecuencia por toda la galaxia, y algunas de ellas se cree que contienen hasta 1.000 átomos por centímetro cúbico. Este dispositivo colector —comentó Pierce, refiriéndose a su idea— consistiría, sin duda alguna, en campos de fuerza, como el magnetismo, más bien que en una sustancia material. No obstante, pronto se pudo comprobar que, aun utilizando una nave de peso «ligero» (el cohete más reducido que se pudo construir para este tipo de viajes pesaba 18 toneladas), por el procedimiento antes descrito no se podría alcanzar una velocidad superior al 9,3 por ciento de la velocidad de la electricidad. En conclusión: estaba claro que utilizando materia interestelar como combustible, no se alcanzaría nunca una velocidad próxima a la de la luz.

Otro informe desalentador fue el dado a conocer un año más tarde por Edward Purcell, descubridor de las radioondas de veintiún centímetros, en el Brookhaven National Laboratory, en Long Island. En este informe Purcell desmenuzaba minuciosamente todos los problemas que, según él, se presentarían a la hora de realizar el ansiado viaje intergaláctico; discutió punto por punto el desarrollo de éste: desde el despegue del cohete en la Tierra, su viaje por el espacio, «aterrizaje» en la estrella elegida; nuevo despegue, nueva entrada en el espacio y su vuelta a nuestro planeta, y la conclusión que ofreció a los científicos allí presentes fue la siguiente:

«Pues bien, todo esto es absurdo, dirán ustedes. Este es exactamente mi punto de vista: *Es realmente ilógico.* No deben olvidar que nuestras conclusiones están afectadas por las leyes fundamentales de la mecánica.»

Del informe leído por Purcell ante sus colegas del Brookhaven National Laboratory se desprende la intención evidente de anular cualquier idea que pudiera rondar la mente de aquellos sobre viajes a otros sistemas solares, aunque como veremos más abajo, no todos salieron desalentados de allí.

No obstante, Purcell apoyó las investigaciones encaminadas a lograr comunicaciones interplanetarias calificando el Proyecto Ozma, de Frank Drake, de imaginativo. En lo que se refiere a estas investigaciones, formuló la opinión que sigue:

«Todavía no hemos crecido lo suficiente —dijo—. Se trata de un proyecto que debe ser consolidado por el siglo y no por el año fiscal. Además se trata de un proyecto con muchas posibilidades de que fracase por completo. Si después de gastar un montón de dinero se presenta uno cada diez años para decir: "Todavía no hemos podido oír nada", ya podemos imaginarnos lo que le sucederá ante un comité del Congreso. De todos modos creo que no es demasiado pronto para empezar a divertirnos pensando en todo esto y también creo que la cuestión es mucho menos infantil que imaginar viajes astronáuticos. En mi opinión la mayoría de los proyectos de los cadetes del espacio no son realmente imaginativos... Todo esto de viajar por el universo en cómodas naves —exceptuando las exploraciones locales (dentro del sistema solar)— que no discuto pertenece al pasado de donde provino.»

Como ya preveníamos, Purcell no consiguió desmoralizar con su informe a toda la comunidad científica, naturalmente. Darol Froman, que fue director técnico del Laboratorio Científico «Los Alamos», en Nuevo México, propuso —poco más tarde y no sin cierta ironía—, impulsar la Tierra hacia otra parte de la galaxia. Esta alucinante idea la «soltó» apoyado por su gran carrera intelectual y práctica. Froman trabajaba en Los Alamos para la Comisión de la energía atómica (recuerde el lector que en este laboratorio se realizó la primera bomba atómica), bajo la dirección de la Universidad de California; el laboratorio era a su vez el cuartel general, o centro de investigaciones norteamericano, de reactores para vuelos espaciales. Por lo tanto el científico se encontraba preparado, evidentemente, para resistir cualquier discusión sobre su idea.

En noviembre de 1961, y durante el transcurso de una conferencia celebrada en la American Physical Society (Division of Plasma Physics), Froman hizo observar que el Sol llegaría a consumirse, de manera que era conveniente ir «discutiendo las posibilidades, en pro y en contra, de que antes de este oscuro día quizá fuera posible empujar la Tierra hacia otro sistema solar». Para poder llevar a cabo este gigantesco proyecto se podría obtener energía por reacciones de fusión y el agua del mar serviría como combustible. No obstante, como sea que el suministro oceánico de deuterio, la forma pesada de hidrógeno que se utiliza en la bomba de hidrógeno, es insuficiente para empujar la Tierra a grandes distancias, Froman opinó que sería necesario utilizar la reacción que tiene lugar en el Sol; con respecto a la Luna, el científico manifestó que no se obtendría combustible alguno de ella, ya que «no resultaría bueno para nosotros en ningún sentido».

Si la luz del Sol se extinguiera, la Luna resultaría invisible por completo.

Según Froman, su solución para propulsar la Tierra podría funcionar fácilmente durante 8.000 millones de años, lo cual permitiría a un planeta abandonar su astro solar y navegar hacia otros sistemas solares.

«De todos modos sería preferible continuar navegando por la galaxia que entrar en órbita alrededor de otro Sol —opinaba Froman—. Los océanos tendrían que ser llenados de vez en cuando, durante la travesía, con agua, que se obtendría de planetas que se encontrarían en el camino. Para muchos de nosotros —continuaba— la nave espacial más cómoda jamás imaginable sería la misma Tierra. De modo que si no nos satisface su actual posición, ya sea por uno u otro motivo, traslademonos a otro sitio, con la Tierra y todo. No tendríamos que preocuparnos por las penalidades usuales en los viajes espaciales. Por ejemplo, desaparecería el problema de la radiación, gracias a la atmósfera y porque navegaríamos a poca velocidad.»

Evidentemente, el proyecto de Froman resultaba imaginativo, pero de proporciones monstruosas. ¿Toda la humanidad estaría dispuesta a llevar a cabo este largo viaje por el espacio ? ¿Contaba el científico con que las consecuencias de su proyecto las sufriría todo el género humano? ¿Acaso pensaba Froman que era posible iniciar este viaje sin contar con la opinión de todos los seres inteligentes del planeta? Verdaderamente, estas preguntas colocan en un callejón sin salida el proyecto del científico.

En 1951 fue tratado este tema por Lyman Spitzer, director del Princeton University Observatory, aunque de una forma sensiblemente más «razonable». Spitzer sugirió la construcción de una nave de grandes proporciones (unas 10.000 toneladas), que, impulsada mediante pilas de uranio de unas 1.000 toneladas aproximadamente y capaces de generar una energía de 2 millones de CV, podría transportar grandes cantidades de seres humanos hacia otras galaxias:

«Una nave de estas características —escribió Spitzer— podría transportar miles de personas y una enorme cantidad de vituallas a cualquier punto del universo; incluso podría navegar hacia otras estrellas, aunque antes de completar este interminable viaje muchas generaciones nacerían y morirían a bordo de la nave espacial. De todos modos, lanzar una nave de tales dimensiones al espacio y colocarla en una órbita próxima a la Tierra resultaría una empresa gigantesca. Empleando algún combustible químico, el lanzamiento requeriría el uso de un cohete de más de un millón de toneladas de peso, una realidad que actualmente está lejos, muy lejos, de nuestro alcance.»

Como ha tenido ocasión de comprobar el lector, el proyecto Spitzer, en el caso de que algún día podamos superar todos los problemas de física, ingeniería y también biológicos que presenta, resultaría más plausible y razonable que el proyecto Froman, ya que no sería necesario que la humanidad entera se embarque en él y por otra parte, al quedar la Tierra sin la mitad de sus habitantes, por ejemplo, sería mucho más fructífera para los que quedaran; en resumen, Spitzer puede contar con el apoyo moral —si esto pudiera beneficiar en algo la realización de su proyecto— del autor del libro que usted acaricia en estos momentos con sus benévolas manos; pero sugiero que éste sea realizado en el plazo máximo de diez años, ya que de esta forma se evitaría la gran catástrofe que sufrirá nuestro planeta, a causa de la explotación y de la excesiva población.

Uno de los más inteligentes informes sobre la posibilidad de viajes espaciales, así como sobre las comunicaciones por medio de radioondas para entablar contacto con seres de otras galaxias, se lo debemos a Carl Sagan, de la Berkeley University of California.

El 15 de noviembre de 1962, Sagan presentó su informe a la American Rocket Society; en él intentaba demostrar no sólo que este tipo de viajes eran posibles, sino también «que otras civilizaciones mucho más adelantadas que la nuestra debían estar ya surcando los espacios interestelares».

Con respecto a las comunicaciones interestelares, manifestó que no consideraba a las radioondas como el mejor medio de poner en contacto seres de mentalidades tan enormemente diferentes como, con certeza, lo serían nuestros vecinos en relación a nosotros. Aparte de esto —proseguía Sagan— las comunicaciones por radio son difíciles de establecer entre una sociedad superadelantada en este medio y otra que se encuentra intentando dar sus primeros pasos, como le ocurre aún a la nuestra. Además, la radio no permitiría sino un intercambio de culturas:

«Los vuelos espaciales interestelares —afirmaba Sagan con ardiente entusiasmo— barren todas estas dificultades. Abren de nuevo la palestra de la acción para las civilizaciones que hayan completado las exploraciones locales; permiten el acceso a las fronteras planetarias donde las oportunidades no tienen límites.»

En lo que concierne a los problemas técnicos del sugerente viaje, Sagan estaba de acuerdo con otros colegas en que el combustible necesario para mantener el cohete en marcha se podría ir recogiendo de la atmósfera durante la travesía, es decir, se utilizaría hidrógeno. El mecanismo de este «reactor interestelar» sería parecido, aunque muchísimo más potente, al que se emplea en los vehículos de reacción; podría servir como ejemplo el misil «Bomarc», que recoge aire en un conducto muy estrecho y lo comprime. El aire se utiliza para quemar el combustible y los gases resultantes son expulsados por la parte superior del aparato. Una de las causas por las que Froman creía conveniente utilizar este medio era que una de las principales características de los aparatos movidos a reacción es que cuanto más lejano esté su lugar de aterrizaje, mayor velocidad alcanzan durante el viaje; teniendo en cuenta que lo que el científico deseaba era recorrer una distancia de varios años-luz, resulta bastante acertada su elección.

Recurriendo de nuevo a Walter Sullivan, diremos que el primer reactor interestelar fue propuesto en 1960 por R. W. Bussard, el cual, como Froman, formaba parte de la plantilla de Los Alamos Scientific Laboratory. Manifestó que esta máquina sería una «copia aproximada» de un reactor convencional. Absorbería material interestelar, que en su mayoría está formado por hidrógeno, el cual utilizaría en cantidades apropiadas como combustible para un reactor de fusión. El material residual sería expulsado por detrás, lo que permitiría una integral del sistema de propulsión.

Bussard citó las observaciones de veintiún centímetros llevadas a cabo por los holandeses en Leiden, que revelaron la presencia en varias partes de la galaxia de grandes nubes de hidrógeno ionizado —como ya hemos dicho anteriormente— que podrían ser cogidas magnéticamente. Para una nave espacial de unas 1.000 toneladas se necesitaría un área de admisión de unos 130 kilómetros de diámetro. «De acuerdo con nuestro actual sistema de medidas —dijo Bussard—, esta cifra resulta verdaderamente exagerada pero más adelante, cuando los viajes interestelares sean una realidad, con toda seguridad dejará de ser fantástica...»

No obstante, dos años más tarde, cuando Sagan leyó su informe ante los científicos de la *Rocket Society*, el problema de cómo recoger hidrógeno suficiente para este tipo de viajes estaba aún por resolver; aunque, continuando el programa presentado por Bussard, Sagan pudo comprobar que en el espacio interestelar ordinario se puede encontrar un átomo de hidrógeno por centímetro cúbico, lo cual significaba que el sistema colector del reactor se debería ampliar hasta unos cuatro mil kilómetros de diámetro. Las gigantescas proporciones que iba adquiriendo el aparato hizo que Sagan ideara un nuevo sistema para conseguir combustible:

«Debe de haber algún modo —dijo— de ionizar material en las nubes no ionizadas, que son las que predominan en el espacio, a fin de poder recogerlas magnéticamente. Cabe también la posibilidad de que la nave estelar elija trayectorias donde abunden las nubes ionizadas. Por técnicas magnéticas podrían también desviarse partículas del área de los pasajeros, con lo que se evitaría el peligro de radiación sin necesidad de tener que recurrir a un blindaje pesado. La gigantesca nave —continuaba— tendría que comenzar su viaje con la ayuda de cohetes de varias etapas, impulsados por fusión de reacción. Los cohetes interestelares de propulsión a chorro se emplearían una vez alejada la nave de la Tierra.»

Para terminar su discurso ante sus colegas, Sagan manifestó que su informe había sido desarrollado para «dar crédito a la posibilidad de que las naves interestelares pudieran dársenos dentro de los próximos siglos. Cabe esperar —agregó— que si los vuelos espaciales interestelares resultan técnicamente realizables —aunque en mi opinión sea una empresa de grandes dificultades que requiere una enorme inversión—, con toda seguridad se llevarán a cabo».

Verdaderamente Carl Sagan fue el científico que expuso unos argumentos más razonables y creíbles con respecto a los viajes intergalácticos. Con su característico entusiasmo comparó las sociedades venideras con la época del Renacimiento, cuando se enviaban mensajeros por todos los países del planeta en busca de nuevas culturas. Sugiriendo la posibilidad de que alguna civilización avanzada enviara ya expediciones espaciales en busca de nuevos planetas. Estas expediciones «saldrían», según Sagan, una vez al año y tardarían un período similar en volver a su planeta; unas regresarían con informes negativos y otras con noticias recientes de alguna civilización localizada. «La prosperidad, diversidad y esplendor de este comercio —escribió a Tsiolkovsky—, el intercambio de mercancías e información, de argumentos y artefactos, de conceptos y debates, agudizaría constantemente la curiosidad y mejoraría la vitalidad de las sociedades participantes.»

Sagan hizo unos cálculos según los cuales, en el caso de que estas civilizaciones existieran habrían visitado nuestro planeta unas 10.000 veces a lo largo de toda su historia. Aseguró, asimismo, que hace uno o dos millones de años estos exploradores habrían podido presenciar la aparición de vida en la Tierra fijando la frecuencia de sus visitas a una cada mil años, aproximadamente.

¿Es posible —preguntó Sagan— que nos hayan estado visitando desde los albores de nuestra civilización? En ningún momento hizo el científico alusión a los «platillos volantes», tan abundantes en los últimos tiempos, sin embargo sugirió un repaso a algunos mitos y obras clásicas de literatura antigua, donde se demuestra, según él, que en épocas remotas estas visitas existieron. Citó como ejemplo, *El libro de los Secretos de Enoch* (especie de «Biblia rusa»), o *El Enoch eslavo,* como se la denomina en aquel continente. La obra trata de un habitante terrestre que acompañó a los visitantes a lejanos mundos y que luego regresó a la Tierra para contar sus aventuras a sus incrédulos habitantes. Enoch, su personaje principal, explica a sus paisanos cómo se le aparecieron en sueños: «dos hombres muy altos, como jamás los había visto en la Tierra. Sus caras brillaban como el Sol, sus ojos eran dos ascuas y de sus labios brotaban llamas. Su indumentaria tenía apariencia de plumas, sus pies eran purpúreos, sus alas más brillantes que el oro, y sus manos, blancas como la nieve. Se quedaron de pie junto a mi cama y me llamaron por mi nombre. Desperté y los pude ver claramente de pie frente a mí.»

Pocas páginas más adelante Enoch asegura que estos dos alucinantes seres le dijeron que habían sido enviados por Dios para llevarlo al cielo. «Los dos hombres —continúa— me llevaron sobre sus alas y me depositaron sobre una nube. Cuál sería mi sorpresa al notar que la nube se movía, que iba ascendiendo cada vez más; pude contemplar la inmensidad de la atmósfera, más arriba el éter y finalmente me dejaron en el primer cielo.»

Enoch pudo visitar de esta forma siete cielos; en el último se encontraba Dios, el cual le descubrió los secretos de la naturaleza y el hombre, los planetas y las estrellas y le explicó cómo había sido formada la Tierra. A lo largo de su viaje pudo ver Enoch millares de escenas maravillosas: seres voladores con cabeza de león y cola de serpiente, nubes de fuego, mares de color rosa, etc... Todos los secretos que Dios le descubrió los recopiló en 366 libros con la intención de compartir su sabiduría con sus coetáneos al regresar a la Tierra.

En los primeros capítulos de Ezequiel, en el Antiguo Testamento, el profeta describe un episodio análogo al de Enoch; afirma Ezequiel haber sido visitado por cuatro seres alados, de extraña apariencia, acompañados de «ruedas vivientes», estos seres le llevaron milagrosamente junto a los israelitas cautivos.

Sagan recomendó asimismo que se examinara con atención el relato que el sacerdote e historiador caldeo, Beroso —que vivió hacia el año 280 antes de Cristo—, hizo sobre el modo en que llegó la civilización a Sumeria, la más antigua de todas las sociedades civilizadas que conocemos. Lo que resulta más curioso de estas leyendas es su increíble similitud con algunos de los casos relatados; así, por ejemplo, las explicaciones que Beroso da sobre el Diluvio y la Creación son bastantes análogas a las relatadas en el Antiguo Testamento. El lector podrá comprobar el paralelismo entre la parte que hemos transcrito del *Enoch eslavo* y el relato de Baroso sobre la civilización de Sumeria:

«En tiempos primitivos —escribe Baroso— los habitantes de este antiguo país, situado entre los ríos Eufrates y Tigris, vivían sin orden ni reglas, como las bestias del campo. Luego surgió del mar un animal dotado de razón que se llamó Oannes. Su cuerpo era de pez, pero con otra cabeza junto a ésa, y su cola tenía pies como los del hombre. Este ser viviente, que podía hablar, volvía de noche al mar, pues era anfibio.

»De día este ser viviente solía conversar con los hombres (según la leyenda) y nunca se alimentaba durante este tiempo. Les daba enseñanzas relacionadas con las letras, ciencias y todas las artes. Les habló de la necesidad de construir casas, fundar templos, recopilar leyes, y les explicó los principios de la geometría. Les enseñó asimismo a reconocer las semillas y a cosechar los frutos. En resumen, les instruyó en todos los aspectos tendentes a suavizar el modo de ser y a civilizar a los hombres.»

Evidentemente cabe la posibilidad de que estas leyendas no sean más que ciencia-ficción primitiva; igual que hoy, los autores pudieron coincidir en varios puntos de sus historias, totalmente imaginadas por otra parte, pero que en algunos casos se han convertido en realidad. Ray Bradburg, por ejemplo, describe a Venus, en su novela *El hombre ilustrado,* con una lluvia constante cayendo sobre él; esta lluvia tiene la propiedad de paralizar a los seres ajenos al planeta. Según el escritor, el primer hombre que llegó a Venus, hace millones de años, quedó maravillado al percibir de nuevo la lluvia —el hombre ilustrado, como llama Bradburg a su personaje, viajaba por el espacio desde tiempo inmemorial—. Con la intención de mojar su garganta con el fenómeno que le recordaba su lugar de origen, el hombre ilustrado elevó los brazos, inclinó la cabeza hacia atrás, cerró los párpados y abrió su boca en busca del ansiado líquido; al caer las primeras gotas de lluvia sobre su cuerpo quedó paralizado, falleciendo de esta forma... ahogado...

Verdaderamente es difícil comprobar la veracidad de estas leyendas mas, a pesar de esto, Sagan manifestó que era evidente que éstas describían el encuentro con una civilización superior. Por ello, animó a la comunidad científica a una búsqueda «arqueológica» —por todo el espacio abarcable— de restos que evidenciaran las visitas relatadas en las leyendas primitivas, e incluso llegó a sugerir que se podría descubrir una base de enlace en la cara oculta de la Luna (donde algunos jóvenes descubrieron, en sus viajes, agua rosa), cuya misión consistiría en proporcionar continuidad para el éxito de las expediciones. Sagan embalado, como era costumbre en él, manifestó la siguiente opinión al respecto:

«Se utilizaría una localidad alejada, por temor a que la base pudiera ser destruida por agentes atmosféricos y para evitar intromisiones de los habitantes de nuestro planeta. Cuando se tomen fotografías especiales de la Luna, como preludio de futuros "alunizajes", convendría tener muy en cuenta la posibilidad de la existencia de una de estas bases.»

(Al parecer nada ha sido revelado a este respecto hasta ahora, después de las numerosas tomas fotográficas de una y otra cara de nuestro satélite natural hechas para levantamientos de mapas selenográficos y elección de puntos de alunizaje. No obstante, y dentro ya de una fantasía algo heterodoxa, podrían interpretarse las abundantes inconsistencias, silencios y lagunas informativas en general, de las misiones Apolo XI y Apolo XII, como indicio de que, en efecto, algo anormal e inesperado se hubiese encontrado en los lugares explorados. Sin embargo, todo esto resulta altamente improbable y se podría, más verosímilmente, imaginar otros motivos de tipo económico y aun militar como causas de aquellos numerosos fallos y lagunas informativas.)

Frank Drake creía, sin embargo, que los rastros de aquellos primitivos habitantes —que según las leyendas antiguas gustaban de quemar las alas a las mariposas— debían encontrarse en la Tierra. Sugería el científico que los artefactos podrían haber sido enterrados por aquellos seres en cuevas de piedra caliza, para preservarlos así de la inclemencia de los agentes atmosféricos, de la senilidad destructiva que les proporcionaría el paso del tiempo y de la curiosidad de otros habitantes. Además —continuaba Drake— es fácil suponer que estos artefactos hayan sido previamente saturados de isótopos radiactivos, cuyo origen artificial resultaría evidente a cualquier investigador especializado. «El escondrijo —decía Drake— resultaría así invisible, hasta que fueran creados detectores de radiación.»

Remitiéndonos de nuevo a Drake, y teorías, en un futuro (de tiempo incalculable, por otra parte) una transmisión por radio a una estrella alejada 1.000 años-luz, costaría la ínfima cantidad de cinco centavos de dólar (unas tres pesetas) el impulso, es decir, mucho menos de lo que vale hoy una comunicación entre dos continentes. Por eso, muchos de los científicos que estaban a favor de la utilización de la radioonda, para la comunicación con otros habitantes del firmamento, criticaron duramente los argumentos de Sagan, a favor de los viajes interplanetarios; mas, después de descubrirse, que por medio de los impulsos de radio también se podían obtener muestras biológicas procedentes de otros mundos; éste era uno de los argumentos más explotados por Sagan en su informe sobre los viajes.

Verdaderamente, y de forma desapasionada, habría que preguntarse si estos viajes interestelares —que tanto esfuerzo físico e intelectual exigen del género humano— son necesarios; aunque, a la hora de responder esta pregunta, no debemos olvidar que la evolución es la que mantiene viva a nuestra especie.

En el siglo XVIII, Benjamín Franklin enviaba en una carta a Joseph Priestley (descubridor del oxígeno) la siguiente previsión:

«Es imposible imaginar a qué nivel llegará, en miles de años, la capacidad del hombre para subyugar a la materia. Es posible que aprendamos a privar de su gravedad a grandes masas, confiriéndoles una absoluta ligereza con el fin de facilitar el transporte. La agricultura podría reducir sus labores e incrementar al doble la producción; todas las enfermedades llegarían a ser curadas o prevenidas por medios seguros, incluso en personas ancianas, y nuestras vidas puede que lleguen a incrementarse a voluntad. ¡Ojalá pudiera la moral encauzarse por una senda de mejora tan diáfana! ¡Ojalá que los hombres dejaran de comportarse como lobos entre ellos y que los seres humanos llegaran a aprender y conocer bien lo que ellos llaman impropiamente humanidad!»

V

¿ES EL HOMBRE UN SER «INTELIGENTE»?

Durante el tiempo que duraron las investigaciones en el observatorio de Green Bank para «curiosear» en Tau Ceti y Epsilon Eridano —bautizadas por Frank Drake con el nombre de «Proyecto Ozma»— el científico encontró una mañana, escrita en la puerta de su despacho, la pregunta que encabeza este capítulo. Aunque el autor de la «pintada» no fuera quizá consciente de ello, la pregunta aludía a la incógnita crucial que surgiría durante el transcurso de una conferencia celebrada en el mismo observatorio en noviembre de 1961 que, como recordará el lector, era de carácter totalmente privado.

La finalidad de esta conferencia —organizada a raíz del entusiasmo despertado por el informe conjunto de Morrison y Cocconi y por el Proyecto Ozma, de Frank Drake— era discutir las posibilidades de comunicación con otros mundos. Como se recordará, el director interino del National Radio Astronomy Observatory, Lloyd Berkner, fue uno de los científicos que más alentaron a Drake; Barkner era también presidente del Consejo de la Academy Space Science. Esta Academia fue fundada en 1958, a raíz del lanzamiento del primer satélite terrestre, y su misión consistía en continuar trabajando —dentro de un marco puramente científico— en pos de los objetivos nacionales sobre el espacio. Su plantilla contaba con dos premios Nobel, profundamente interesados en la investigación de vida en otros mundos: uno de ellos era Harold C. Urey, profesor de química en el campamento de La Jolla —dependiente de la Universidad de California—, que dedicó su talento a estudiar la vida de los meteoritos, incluyendo, también, el fascinante tema de las condritas carbonáceas de color púrpura. El otro genio galardonado era Joshua Lederberg, profesor de génetica aplicada en la Universidad de Stanford y presidente del Space Science Board Panel, entidad que se dedica al estudio de la exobiología extramboica.

Con esta abundancia de genios, no es de extrañar que el Consejo decidiera reunirlos a todos y discutir las posibilidades de comunicación con nuestros «vecinos». El organizador de esta asamblea fue J. P. T. Pearman, miembro del Consejo, que consiguió reunir en Green Bank a los principales personajes de las ciencias astronómicas, presentes todos ellos en este libro. Por orden alfabético enumeraremos a estos científicos:

Dana W. Atchley (hijo), presidente de la empresa Microwave Associates, Inc., especialista en tecnología de comunicaciones y donante del amplificador paramétrico que fue el instrumento clave del Proyecto Ozma.

Melvin Calvin, que durante la Conferencia fue galardonado con el Nobel de química; explicó con todo lujo de detalles los procesos químicos a través de los que, probablemente, surge la vida partiendo de materia inanimada.

Giuseppe Cocconi quien, juntamente con Morrison, propuso trabajar en la búsqueda de señales sobre una longitud de onda de 21 centímetros.

Frank D. Drake, que de un modo independiente inició la búsqueda de señales de 21 centímetros, utilizando para ello la antena de 26 metros de Green Bank.

Su-Shu Huang, que calculó el tipo de estrella que

podría contar a su alrededor con zonas habitables, lo suficientemente extensas y duraderas para que en ellas pudieran existir mundos análogos al nuestro.

John C. Lilly, jefe principal del Communication Ressearch Institute en las islas Vírgenes, donde se hallaba estudiando la posibilidad de comunicación entre el hombre y otra especie inteligente, el delfín.

Philip Morrison, coautor, con Cocconi, de la histórica proposición de investigar en la búsqueda de señales de 21 centímetros.

Bernard M. Oliver, vicepresidente del departamento de investigación y desarrollo de la empresa Newlett-Packard Company y uno de los que estudiaron con detalle los problemas de la comunicación interestelar.

Carl Sagan, junto con Calvin, miembro del Space Science Board (Panel on Exobiology); puede considerársele uno de los más entusiastas «exobiologos». Tal como ya se indicó en capítulos anteriores, creía que viajar entre sistemas solares sería una cosa trivial.

Otto Struve, director del Observatorio, promotor y presidente de la conferencia. Las estrellas de rotación lenta le convencieron, tanto a él como a otros asistentes, de que los sistemas solares como el nuestro eran comunes.

Pearman, organizador de la conferencia, como indicábamos más arriba, escribió después en sus memorias semioficiales que: «la finalidad de las discusiones fue examinar a la luz de los actuales conocimientos, las perspectivas de otras sociedades de la galaxia con las que podría ser posible comunicarse, intentar averiguar el número aproximado de ellas; considerar algunos problemas técnicos involucrados en el establecimiento de comunicaciones, y examinar y considerar métodos con los que poder mejorar nuestra comprensión de los problemas.»

El primer orador que participó en la conferencia de Green Bank fue John Lilly, habló éste sobre las investigaciones llevadas a cabo para averiguar las posibilidades de comunicación entre diferentes especies, los científicos allí reunidos quedaron maravillados de las deducciones de Lilly. El jefe del Communication Research Institute había organizado un gran «escándalo» dos meses antes, cuando publicó su libro *El hombre y el delfín,* en el que el científico mostraba su optimismo con respecto a los posibilidades de «hablar» con el animal más doméstico de todos los que pueblan los mares: el delfín. La comunidad científica reaccionó con cierta violencia ante la obra de Lilly.

A pesar de la reacción de sus colegas, Lilly no era un «romántico imaginativo», sus credenciales no podrían ser más notables: comenzó su carrera en el Instituto de Tecnología de California y se doctoró en medicina en la Universidad de Pennsylvania; ocupó dos cátedras como profesor, una de física médica y otra de neurología experimental. Ingresó, en 1953, en el National Institute of Mental Health, como cirujano comisionado por el Servicio de Sanidad Pública, ascendiendo más tarde al puesto de jefe del departamento de integración cortical, en el laboratorio de neurofisiología del Instituto; todo este historial le hacía una eminencia en el campo de la medicina. Además de esto su respetabilidad como científico quedaba bien respaldada por su calidad de miembro en las siguientes instituciones: Scientific Advisory Board, Air Force Office, Scientific Research, Scientific Advisory Committes y Graduate School of the National Institute of Health. Las investigaciones que Lilly llevó a cabo con delfines fueron financiadas en un principio por la Armada y el Instituto Nacional de Sanidad y más tarde por la NASA y las Fuerzas Aéreas de los Estados Unidos.

El interés de Lilly por los mamíferos acuáticos y especialmente el delfín derivaba de la semejanza celulítica y nerviosa del cerebro de éstos y el del hombre considerando también las lógicas y notables diferencias. El peso del cerebro del animal con características físicas más similares a las del hombre, el mono, es de sólo la cuarta parte del humano; el de un

Las tentaciones de San Antonio, por Martín Schongaüer (s. XV). Estos horribles seres venidos de fuera, que torturaban al santo, estos vampiros, estas bestias jorobadas, produjeron gran pánico en la Edad Media. Este período «fue uno de los más ricos en apariciones extraterrestres. Debemos leer las crónicas medievales con un espíritu nuevo». (Raymond Drake.)

elefante, cuatro veces más, y el de una ballena puede tener fácilmente un peso superior en seis veces. No obstante la superioridad de peso nada tiene que ver con la inteligencia, como es fácil comprobar. Según Lilly lo más curioso del cerebro de un simpático delfín no es sólo el tamaño, de volumen ligeramente superior al de un ser humano de proporciones normales, sino igualmente el hecho de que, contemplándolo con un microscopio, la densidad de sus células nerviosas parece similar a las de un *homo sapiens.* «En realidad —decía Lilly— la corteza exterior del cerebro de un delfín es más rica en pliegues y otras estructuras que la proporción equivalente del cerebro humano.»

En su obra, Lilly intenta documentar la inteligencia de estos animales y la complejidad de su «lenguaje». Si bien en cautividad puede enseñárseles a vocalizar fuera del agua para fines de exhibición, su misión natural de comunicación está bajo el agua, realizándose a unas frecuencias muy superiores de las que puede captar el oído humano. Emiten una variedad de chirridos, silbidos y otros sonidos curiosos, a veces en rapidísima sucesión. Lilly podía conocer perfectamente la llamada de peligro (un par de silbidos) y nos cuenta un incidente que, en su opinión, sugiere la posibilidad de que estos animales tengan un lenguaje complejo que utilizan para necesidades específicas.

Se trataba de un delfín que durante un experimento se había helado, al parecer, de tal manera que no podía nadar. Devuelto al tanque principal, junto con otros dos delfines, se hundió hasta el fondo —donde estaría irremisiblemente perdido de no poder subir a la superficie para respirar—. Inmediatamente emitió la señal de peligro y los otros dos se apresuraron a subirlo a la superficie y le mantuvieron la cabeza por encima del nivel del agua, para que pudiera respirar. El delfín en apuros se sumergió de nuevo y entre los tres animales se entabló, seguidamente, un torneo de intercambio mutuo de silbidos y especie de gorjeos. Los dos delfines activos empezaron luego a nadar uno detrás del otro, de modo que sus aletas dorsales rozaron la región anogenital, a fin de causar una contracción refleja de los músculos de la aleta y de la cola: algo así como suele hacer un perro para rascarse el punto preciso en uno de sus costados. La acción resultante de las aletas hizo ascender al delfín auxiliado a la superficie y el procedimiento fue repetido durante varias horas hasta que la víctima se recuperó del todo.

Contó otros ejemplos reales en los que estos animales acudieron en ayuda de sus congéneres, e incluso relató casos de delfines que ayudaron a personas en peligro de ahogarse.

«Es probable —escribió— que su inteligencia sea comparable a la nuestra, aunque de una manera muy distinta. Quizá nos encontramos ante un caso especial de cerebros grandes tan distintos a los nuestros que posiblemente no lleguemos a comprender, en nuestro corto período de vida, sus procesos mentales. En lugar de contar con centros de habla como el cerebro humano, puede que el cerebro del delfín actúe de un modo totalmente distinto a como lo hace el nuestro. En mis muchas experiencias vividas con estos animales, tuve ocasión de observar muchos casos de comportamiento humano que contribuyen a alentar la creencia de que tenemos que llegar a comunicarnos con ellos.»

Seguidamente Lilly dio rienda suelta a su imaginación sugiriendo las ventajas que se derivarían de lograr tal comunicación. Los delfines podrían ser utilizados por un gobierno para vigilar los submarinos de otro (hay una película de Mike Nichols especialmente dedicada a este tema); introducir subrepticiamente bombas atómicas en puertos enemigos (en la cinta mencionada uno de los delfines encargado de poner la bomba bajo el barco enemigo, la hace estallar, en un descuido bajo el barco emisor); localizar conos de cohetes espaciales en el mar, ayudar en los salvamentos de aviadores de aparatos abatidos o en ataques destructivos... en fin, era todo un programa el que tenía preparado Lilly para los narigudos delfines domesticados. Por supuesto, todo este contingente de seres trabajaría con lealtad en favor de un bando. Reconoció, sin embargo, la posibilidad de defección y el hecho de que podrían mostrarse pacifistas. ¡Muerte a los objetores! A manera de guerra psicológica —dijo— podrían incluso persuadirse a los delfines para que se aproximaran cautelosamente a los submarinos hostiles «y gritasen algo en sus detectores de sonido» (¡Puercos!, por ejemplo). De mucho mayor valor —agregó— serían los conocimientos científicos que podrían adquirirse, tanto por la experiencia de aprender su «lenguaje» y métodos de reflexión, como por la información que dichos animales podrían facilitar acerca de la vida oceánica, de su propio sistema misterioso de navegación y de otras muchas cosas hasta hoy desconocidas.

Lilly manifestó asimismo que lograr un enlace entre inteligencias con otras especies de la Tierra —especies menos desarrolladas que las nuestras, al menos en sentido tecnológico—, era algo muy similar al problema de la comunicación con una determinada tecnología superior en otro mundo. Para alcanzar una mutua comprensión de otras especies terrestres, tanto como con los delfines —dijo—, serían necesario «mucho tiempo, muchas investigaciones, y ensayar el mayor número de métodos posibles». El paralelismo con la búsqueda la vida inteligente extraterrestre sería obvio.

No era de extrañar que los oyentes de Lilly se sorprendieran cuando éste manifestó: «¿Qué sucedería si un mundo se hallara totalmente cubierto de aguas y este océano global estuviera dominado por una especie muy inteligente, como por ejemplo los delfines? ¿Acaso podríamos esperar señales de ellos? Parece muy poco probable.» Hung opinaba que la tierra seca era uno de los requisitos principales para una civilización que pudiera comunicarse con otros mundos. La vida puramente acuática no podría utilizar fuego. Como Morrison indicó, en tales circunstancias resultaría imposible que se desarrollara un interés por la astronomía (hubiera sido difícil, verdaderamente), ya que los seres acuáticos no podrían ver las estrellas excepto cuando sacaran la cabeza fuera del agua. Además, sin manos no podrían construir telescopios y otros aparatos eléctricos que, en caso de que consiguieran hacer funcionar dentro del agua, daría unos calambres terribles. Puede además argumentarse que, al menos sobre la Tierra, la inteligencia apareció en respuesta a la demanda de vida sobre tierra firme. Los únicos animales marinos inteligentes son mamíferos acuáticos, cuyos antecesores fueron posiblemente mamíferos terrestres. La estupidez de los peces de gran tamaño, como por ejemplo el tiburón, pez primitivo que sólo «piensa» en comer y que dentro de esto no tiene el menor gusto, es ya legendaria. Parece como si las ballenas, delfines y demás cetáceos, hubiesen sido puestos en la senda de la inteligencia mientras vivían en tierra firme.

Después de la presentación de Lilly, Drake intentó, como verdadero científico expresar el problema central de la conferencia mediante una ecuación. La escribió en la pizarra del modo siguiente:

$$N = R^{*} f_p n_e f_1 f_1 f_c \cdot L$$

La idea que expresa esta ecuación es muy simple. La letra N *(Number)* de la izquierda, representa el número de civilizaciones de la galaxia que están en condiciones de comunicarse con otros sistemas solares.

Todas las expresiones de la derecha, en dicha ecuación, son factores que afectan este número. Si se multiplican entre sí todos estos factores, el producto será el número que deseamos conocer: esto es, el de sociedades capaces de comunicarse entre sí. Se convino en que este número es crucial, puesto que si es grande cabe esperar que hallemos una civilización en regiones próximas a nuestra galaxia, mientras que si sólo existen un puñado de estas civilizaciones, es probable que se hallen separadas por decenas de miles de años-luz; en tal caso localizarlas entre los huéspedes de sistemas solares «muertos» resultaría extremadamente difícil. Además, la distancia sería tan enorme que sólo prodríamos intercambiar unos pocos mensajes durante un período comparable a toda la historia transcurrida de la raza humana.

Los factores que componen la parte derecha de la ecuación son los siguientes:

Primer factor (R): Proporción *(Rete)* en que fueron formándose las estrellas (*) en la galaxia durante el período en que fue desarrollándose el sistema solar.

Determina el número de estrellas en la galaxia cerca de la cual la vida inteligente puede haber alcanzado recientemente madurez; «recientemente» viene expresado en el sentido de los últimos cien millones de años. En la conferencia dijeron los astrónomos que un cálculo aproximado podría ser de una nueva estrella por año.

Segundo factor (f_p): fracción de estrellas con planetas.

En esta oportunidad entró en juego la experiencia de participantes como Struve.

Si, durante la formación de las estrellas, el material residual se junta para formar una estrella doble o un sistema de planetas, la mitad de todas las estrellas tiene planetas, puesto que resulta evidente que la mitad se encuentra en sistemas binarios. Si en cambio, en el proceso de formación se emplea material residual para otros fines, como por ejemplo en esteroides, o si este material se desintegra y esparce por el espacio, la fracción de estrellas con planetas será del orden de un quinto.

Tercer factor (n_e): Número de planetas, por sistema solar, con una zona circundante *(environment)* apropiada para la vida.

Este aspecto fue investigado con cierta extensión por Su-Shu Huang. A pasar de ser muchas las dudas, se convino en que el valor o guarismo para esta galaxia debía estar comprendido entre uno y cinco.

Cuarto factor (f_1): Fracción de planetas apropiados, en los que aparece realmente vida *(life).*

Este era precisamente la especialidad de Calvin. Juntamente con Sagan defendió un argumento según el cual en estos planetas, en un período medio de miles de millones de años, la vida debía aparecer tarde o temprano. Como Sagan hizo constar en una de sus memorias, lo producción de sistemas autoproductores es un «proceso forzado» que inevitablemente se presenta «debido a la físico-química de los alrededores planetarios primitivos». Por consiguiente, la asamblea acordó que el factor f_1 debía ser igual a la unidad.

Quinto factor (f_1): Fracción de planetas en los que hay vida y en los que surge la inteligencia *(intelligence).*

La asamblea quedó impresionada por el argumento de Lilly y de que en estos planetas se había desarrollado más de una especie inteligente; el ejemplo del delfín aumenta la posibilidad de vida inteligente, pero no se orientó hacia la tecnología.

De todos modos, lo más notable parece ser la característica presión de vida que la conduce a cada rincón de los alrededores donde por alguna maravilla de adaptación pueden hallarse los medios no escritos de sustento. Si nos contemplamos nosotros mismos en el ambiente en que vivimos, podremos ver ejemplos a cada momento. Si en el medio ambiente hay que nadar para subsistir, se desarrollarán las aletas. Si hay que andar, aparecerán piernas. Si no existe más medio que el de vivir en el aire, en algunos animales aparecerán alas. Ciertos arácnidos han encontrado el medio de poder subsistir en el polo Norte. Ciertas algas viven en aguas muy calientes de fuentes termales. Tanto en la perpetua noche de las profundidades oceánicas, a 10 kilómetros por debajo de las olas. como en lo alto de la atmósfera encontraremos vida. El maravilloso proceso de la evolución ha impulsado en el transcurso de miles de millones de años, la vida en el más recóndito escondrijo que uno jamás puede llegar a imaginarse. Según mi modo de ver, la postura más conveniente para vivir en la Tierra es aprovechar todo lo que tenemos a nuestro alrededor de forma inteligente.

La bifurcación del camino que condujo a la inteligencia comenzó en tiempos remotos de la historia de la vida terrestre incluso para los seres más inferiores como los diminutos insectos con sus pequeños cerebros, no más grandes que la cabeza de un alfiler. Por esto un biólogo y un paleontólogo —Blum, de la Universidad de Princeton, y Simpson, de la de Harvard— dudan que la inteligencia sea un fruto inevitable de la evolución. En realidad, estos científicos creen que si hay seres inteligentes en esta galaxia, que en todo caso deben de hallarse muy alejados. De todos modos, en opinión de Simpson, a no ser por una larga sucesión de «accidentes» evolutivos, no seríamos ahora más inteligentes que una simple coliflor.

En su libro *This View of Life* admite que la inteligencia es una «maravilla de adaptación», que tiene «valor de supervivencia en una amplia gama de condiciones del medio ambiente». Por tal motivo, una vez que pareciera, sería favorecida por una selección actual en una variedad de plantas. «No obstante —manifestó—, los factores que produjeron una criatura pensante en la Tierra debieron ser tan extremadamente especiales, tan enormemente continuos, tan increíblemente intricados, que incluso me ha resultado en extremo difícil aludirlos aquí. En verdad, se hallan muy lejos de todos los seres conocidos y todo lo que aprendemos parece que los haga todavía más aterradoramente únicos de lo que son.»

Su libro es un clamor contra las investigaciones encaminadas a la búsqueda de vida extraterrestre, aunque a pesar de ello dedica su atención a uno de los problemas que los más entusiastas por las exploraciones espaciales consideran como un esclarecimiento en pro de esta actividad; el grado en que los caminos evolutivos de la Tierra han sido típicos de la vida en cualquier otra parte. Incluso si en la actualidad se ha extinguido la vida en Marte, el estudio de los restos o ruinas, en caso de haberlos, ayudaría a arrojar más luz sobre esta cuestión.

El libro de Simpson no apareció por las fechas en que se estaba celebrando la conferencia de Green Bank. De entre todos los que asistieron a dicha conferencia, el que probablemente más disertó sobre este problema fue Philip Morrison, físico nuclear de profesión y voraz lector de temas de muy diversas especialidades. Manifestó que la inteligencia aparecía siempre, tarde o temprano, debido a la «convergencia», que es la tendencia de las especies a evolucionar por sendas muy distintas, para converger en forma de vida que, debido a ciertas leyes fundamentales, son de gran analogía. Como ejemplo citó a tres especies fundamentales de animales, que se desarrollaron en una misma forma: un reptil, un pez y un mamífero. El reptil era el plesiosauro, que se extinguió a finales de la era Mesozónica, hace unos 100 millones de años, y fue el terror de las profundidades. El pez a que aludió Morrison fue el atún, y el mamífero, el delfín. Aunque estos animales se desarrollaron partiendo de antecesores totalmente distintos, su camino final de evolución quedó determinado por las leyes de la hidrodinámica. Por el lento y cruel proceso de mutación y supervivencia del más apto, cada una de estas ramas del reino animal produjo un ser viviente de acuerdo con su ideal. Otro ejemplo de conversión es la aparición de ojos como fruto de tres distintas líneas de evolución: en vertebrados insectos y moluscos.

En cuanto a la inteligencia, Morrison vio un ejemplo de convergencia en la aparición sobre la Tierra de dos clases de vida inteligente: hombres y cetáceos (incluyendo al delfín). Siendo mamíferos, ambas especies tienen un antecesor común adornado con piel, que amamantaba a sus crías, pero con toda certeza era de muy poca inteligencia. Aun así, las oportunidades que el medio ambiente ofrece a la inteligencia fueron el motivo de que emergiera esta característica al final de dos líneas de evolución totalmente distintas. Morrison hizo observar que otra de las peculiaridades de la evolución humana era el hecho de que ésta ha eliminado todas las especies vecinas; se encuentra sola, sin parientes en el árbol genealógico primitivo. Lo que desconocemos es si los competidores eliminaron a sus rivales a garrotazos, recogiendo alimentos con mayor eficacia, o bien por dominación y enlace o unión entre especies. Esto sucedió en épocas tan remotas que en la actualidad ni siquiera nos ha quedado un simple fósil como evidencia. De todos modos, el hecho de que así sucediera en la Tierra, sugiere la posibilidad de que los animales terrestres inteligentes como el hombre no toleraron competidores inmediatos.

En la conferencia de Green Bank se decidió asignar un valor igual a la unidad y al factor referente a la aparición de la inteligencia, admitiéndose de este modo que ésta surgiría en casi todos los planetas donde hubiera vida.

Sexto factor (f_c): Fracción de sociedades inteligentes que desarrollan la capacidad y el deseo de comunicarse (communication) con otros mundos.

En este punto los conferenciantes echaron de menos la intervención de un sociólogo, antropólogo o historiador aunque, como expuso Morrison en una de sus memorias, incluso a estos especialistas les faltan los conocimientos necesarios que pudieron ser de utilidad en aquella ocasión: «Nos hallamos temblando al borde de la convicción de que nuestra ciencia es inapropiada para ser manipulada —comentó Morrison— ya que no contamos con una teoría adecuada acerca del comportamiento social de las sociedades complejas. Nuestra experiencia, nuestra historia, no son todavía lo suficientemente ricas para permitir generalizaciones profundas». ¿Cuáles son las probabilidades —preguntó— de que las poblaciones de hombres «o cosas humanas» lleguen a desarrollar a velocidad explosiva una tecnología como la que nosotros dominamos? Junto con los historiadores y sociólogos, recomendó que se hicieran esfuerzos por hallar principios de orientación.

De todos modos, en Green Bank, Morrison arguyó que el principio de la convergencia era aplicable. Trató de demostrar específicamente que las primitivas civilizaciones de China, América y Oriente Medio se desarrollaron independientemente, pero que a pesar de ello lo hicieron de acuerdo con líneas similares; siendo así, que cuando los españoles llegamos a América Central y del Sur, encontramos una civilización miles de años atrasada con respecto a la de Eurasia en el hecho de que no habían creado un alfabeto. En realidad, estas civilizaciones desconocían el papel, si bien pudieron comprobar nuestros antepasados que para el registro de acontecimientos históricos recurrían a símbolos pictográficos en sus monumentos. Si se hubiera dejado a los incas y aztecas continuar con su sistema, manifestó Morrison, con toda seguridad que habrían progresado a formas más estilizadas, como las de los jeroglíficos del antiguo Egipto o las ideográficas de la China primitiva.

Morrison opinaba que la civilización, incluyendo la escritura primitiva, se desarrolló en Eurasia y América de un modo independiente. El aislamiento continuo de dichas regiones entre sí durante épocas remotas, que está confirmado al parecer, por el hecho de que las enfermedades contagiosas de una región eran desconocidas en la otra.

En discusiones posteriores reconoció que nuestra tecnología no hubiera existido a no ser por un notable acontecimiento de la historia humana: el Renacimiento. En este caso no hubo ninguna convergencia; hubo sólo un Renacimiento que tuvo lugar en una sola cultura. ¿Fue acaso esto un hecho caprichoso que podría repetirse en otros mundos? Citó como ejemplo la historia milenaria de la China clásica a la que debemos inventos como la pólvora, mapas, imprenta, brújula y papel, que fueron elevados a un nivel de estabilidad y perduración hasta que la «nueva filosofía» prendió la llama de la divulgación, que todavía se está extendiendo por todo el mundo.

Precisamente por el hecho de que esto acaeciera en Europa y no en China es por lo que este acontecimiento continúa siendo el tema favorito de las tesis doctorales. Morrison manifestó que si el Renacimiento no hubiese llegado a Europa, hubiera ocurrido forzosamente algo equivalente en relación con lo que sucedió en China.

Contra este argumento tan optimista hay que citar la sucesión de civilizaciones que florecieron y desaparecieron sin, ni siquiera, haber descubierto el método científico ni, con él, haber llegado al tecnicismo. ¿Hasta qué punto podemos estar seguros de que este descubrimiento es imprescindible? Además, alguién ha dicho que la vida inteligente puede haber surgido en planetas carentes de metales, sin los que nuestra tecnología actual no sería posible.

En lo que respecta al tema de si una sociedad altamente adelantada estaría interesada o no en establecer contactos con otras, parece ser que hay varias posibilidades. Si una sociedad hubiera sojuzgado la pobreza, la enfermedad, el hambre y la superpoblación, creando para sus habitantes un alto nivel de vida con un mínimo de trabajo y eliminando inquietudes, ¿cuál sería entonces su modo de pensar? ¿Se complicarían la vida con los problemas que plantea la ciencia y la curiosidad intelectual? En un análisis publicado en la revista *Science* poco después de la conferencia de Green Bank, Sebastian Hoerner manifestó que la ciencia y la tecnología progresaron en gran manera, aunque no demasiado, «por la lucha en pos de la supremacía y por el afán de lograr una vida fácil». Ambas fuerzas —agrega— «tienden a la aniquilación si no se controlan a su debido tiempo: la primera conduce a la total destrucción, y la segunda a una degeneración biológica y mental». ¿Será verdad que la humanidad acabará por vegetar frente al televisor, como sugirió Bracewell, o viviendo en ermitas automatizadas, como ocurre en algunas novelas de ciencia-ficción? Por desgracia, estos hechos parecen ya incontrolables. El hombre mecanizado abunda de manera alarmante en nuestro planeta.

En una memoria dirigida a la Philosophical Society de Washington, Morrison se mostró más lleno de esperanzas. Sugirió que las sociedades adelantadas de toda la galaxia estaban en contacto entre sí, siendo esta comunicación el principal interés de todas ellas. Dijo que ellos ya habían explorado las historias de vida de las estrellas y otras referencias a los secretos de la naturaleza. Y preguntó: «¿Cuáles son las novedades, cuáles las historias del arte, cuáles los problemas antropológicos de estas estrellas tan distantes? Esta es la clase de material sobre el que aquellos distantes filósofos han estado trabajando durante muchísimo tiempo.»

Desde luego, si esas sociedades son numerosas, deberán de estar saciadas de éstas que para nosotros serían novedades; en opinión de Morrison, así y todo resultaría interesante, para una de aquellas civilizaciones, descubrir un nuevo reino de vida: sería un verdadero golpe maestro. En cambio, si la vida inteligente es escasa, el esfuerzo para establecer contacto deberá ser mucho mayor y todo resultará más difícil.

¿Hasta qué punto es universal la curiosidad por saber de otros mundos y en qué medida es persistente? Según nuestra experiencia en la Tierra, parece ser que ella es un componente esencial de la agudización de la inteligencia, aunque alguien tenga sus dudas sobre esto.

Una sociedad superacomodada, superaburguesada, sin ningún deseo de «averiguar» qué hay más allá de su mirada es la que pronostican los filósofos existirá dentro de pocos años en la Tierra. Parece ser que éste es un mal inevitable en la evolución de las civilizaciones; la sofisticación de las culturas que han surgido en nuestro planeta ha sido la causa de su muerte en la mayoría de los casos. Por esto Morrison supuso que nuestros hermanos inteligentes de otros mundos podrían llegar a evolucionar, inmersos en una supercivilización, en seres totalmente faltos de curiosidad y sensibilidad, con seguridad se habrían convertido en otra clase de seres «al haber perdido su interés por la indagación». Esto es más posible; efectivamente, el exceso de tecnología —aunque los medios que nosotros poseemos comparados con los que parecen poseen nuestros vecinos son irrisorios— está convirtiendo al hombre en un ser totalmente mecanizado, incapaz de discurrir más allá de lo que tiene programado. Si el ser humano no pierde las capacidades esenciales que le diferencian como tal —imaginación, curiosidad, vitalidad, su capacidad de sentir, de percibir— es evidente que ya no se le puede considerar como humano; un ejemplar sin estas características pertenece ya a otra especie.

Como sugiriera Morrison, parece que la curiosidad intelectual y la inteligencia fueran compañeras inseparables; si una de ellas desaparece la otra seguirá el mismo camino. Fridjof Nansen definía esto con magistral claridad en una de sus frases: «La historia de la raza humana —decía el explorador— es una continua lucha desde las tinieblas a la luz. Por tal razón resulta inútil discutir el uso del conocimiento: el hombre quiere saber, y cuando ya no lo desea, deja de ser hombre.»

Contando con todas las consideraciones expuestas, los científicos reunidos en Green Bank estimaron conveniente asignar un valor comprendido entre una décima y un quinto al factor f_c.

Séptimo factor (L) *(Longevity):* Duración de cada tecnología en el estado comunicativo.

Este era uno de los factores de más difícil estimación, al tiempo que resultaba esencial para determinar nuestras posibilidades de establecer contacto. Fue durante la discusión sobre el factor L cuando de los asambleístas surgió la pregunta que encabeza este capítulo: ¿Es el hombre un ser inteligente? ¿Somos en realidad lo bastante inteligentes para suprimir nuestros impulsos agresivos y nuestros prejuicios para sobrevivir, superando las crisis que se presentan? Es difícil responder a esto; los suicidios físicos y mentales son abundantes en nuestros días; más si no contamos con esta capacidad, pensaba Morrison, son mayores las posibilidades de que también falten en otras civilizaciones.

Cuando el grupo de científicos reunidos en Green Bank se hallaba discutiendo sobre las posibilidades de duración tecnológica de una civilización lejana, comunistas y capitalistas (Rusia y Estados Unidos) apuntaban con sus «juguetes» atómicos a sus respectivas cabezas; el «juego» de Kennedy y Brezhnev no tendría ninguna importancia si lo hubiéramos podido observar enfundados en un mono antiatómico —el pueblo ruso se hubiera quitado un dictador de encima, los gángsters americanos no deberían un favor a su padrino y Jacqueline hubiera aumentado antes su fortuna—, pero la tecnología terrestre a lo más que ha llegado en este terreno es a sugerir la construcción de refugios subterráneos ¿Cuánto tiempo creen que puede sobrevivir un pueblo encarcelado en un túnel sin salida? ¡Llévense las cámaras, señores! Podrán tomar las mejores fotos nunca vistas: madres descuartizando a sus hijos y masticando sus entrañas, hombres tragando la lengua de sus amadas, peleas sangrientas al estilo romano, niños degollando a sus padres y sorbiendo el cotizado líquido brotante... En fin, ante este panorama la asamblea Green Bank llegó a la lógica conclusión de que la duración típica de una civilización, suficientemente adelantada como para poder destruirse a sí misma, no podría ser más que de unas pocas décadas. En este caso ¿de quién podíamos esperar llamadas?

En ocasiones anteriores, cuando el hombre no dominaba suficientemente la tecnología, las civilizaciones que aparecieron sobre nuestro planeta murieron a causa de su decadencia y senilidad, pero surgían nuevos movimientos, con poder suficiente para mantenerse durante décadas, hasta que una nueva revolución cultural les desplazara; pero amigos ¿qué ocurrirá si nuestra civilización es atacada por una catástrofe atómica? ¿Podremos sobrevivir y crear una nueva cultura desde cero? ¿Tendremos fuerza para ello? Los últimos resultados sobre Marte, de los que hablaremos más adelante, ¿son una consecuencia de un desastre nuclear?

Morrison, al que debemos todas estas hipótesis sobre nuestras vidas, hizo observar que durante una visita a Cornell, Fred Hoyle, eminente profesor de astronomía y filosofía experimental de la Universidad de Cambridge, habló del destino de las tecnologías altamente desarrolladas. Fundándose en esta idea propuso una memoria que presentó en 1963 a la Universidad de Hull bajo el título de *A Contradiction in the Argument of Malthus,* («Una contradicción en el argumento de Malthus»).

En su memoria se refirió a la teoría revolucionaria de Thomas Robert Malthus, pastor protestante inglés y profesor de economía política y de historia (1766-1834), que propuso que la población tenía tendencia a crecer con mayor rapidez que la producción de alimentos, por cuya razón la pobreza y la guerra se convertían en instrumentos para refrenar ese aumento de la población. Hoyle manifestó que esta teoría influyó sobre Darwin cuando escribió sus memorias acerca de la mecánica de la evolución y que éstas influyeron sobre su nieto, Sir Charles G. Darwin, cuando predecía en su libro *The Next Million Years,* que el hambre y la inanición serían el trágico freno sobre el incremento de nuestra población. «La humanidad actual —dijo Darwin— ha llegado ya a la cúspide; el futuro será una amarga y sucesiva lucha por los alimentos y la supervivencia.»

. El profesor de astronomía y filosofía no estaba de acuerdo con esta vieja predicción, argumentando que la teoría de Malthus no era aplicable a una sociedad como la nuestra, que no depende ya de la agricultura exclusivamente como medio de subsistencia, sino de un sistema de producción y distribución que se hace, a medida que la población mundial crece, más y más complejo.

Hoyle agregó que mientras que el número de nacimientos supere al de defunciones, la población continuará creciendo de acuerdo con una sencilla ley matemática: la de las funciones exponenciales. Lo expuesto es cierto cualquiera que sea el margen de nacimientos sobre defunciones, y hay que decir que la curva gráfica del crecimiento supera de manera notable a la de defunción. Según Hoyle, «si continúa nuestra actual proporción, dentro de unos 5.000 años la masa total de la humanidad será mayor que la masa de todos los planetas, estrellas y galaxias visibles con ayuda del telescopio de 508 centímetros de Monte Palomar».

La única manera lógica de evitar esta masa terrible para todos es igualar el número de nacimientos al de defunciones; el otro camino sería aumentar las defunciones; lógicamente lo segundo, en una humanidad sensata, no tendría razón de ser. ¿Qué necesidad tiene el hombre de reproducirse en abundancia sabiendo que sus hijos están de esta forma condenados de antemano? El problema es más difícil de lo que parece; la propaganda de algunos partidos políticos en favor de la familia numerosa; la ignorancia de algunas clases con respecto a lo que una población excesiva supone; la poca formación sexual de algunos sectores de la sociedad, etc., hacen sumamente improbable que se lleve a cabo la primera de las soluciones propuestas. La misma historia nos muestra múltiples ejemplos de que hasta ahora lo único practicado ha sido la terrorífica solución de la destrucción del hombre por el hombre. Como argumentaba Hoyle, «si hay un único caso en que las especies humanas no han mostrado ningún indicio de originalidad, este es el de su excesivo vigor reproductivo».

Su argumento se inclinó decididamente por la idea de que el factor limitativo sería un colapso de organización, más bien que el hambre o la inanición. Una de las características de las organizaciones más complejas es su tendencia al colapso, aunque otra de sus características es su poder para mantenerse en éste durante largo tiempo antes de caer definitiva-

Isla de Pascua. Las siete estatuas gigantes del «desierto de piedra». «Estas estatuas de siete metros o más, que se han encontrado en algunos puntos del globo: Perú, isla de Pascua, archipiélago de las Marquesas, Bamián, etc., podrían ser obras de tamaño natural, o al menos realizadas como homenaje, apenas exagerado, a sus ancestrales antepasados por pueblos que se sentían empequeñecidos por ellos.»

mente. Como ejemplo de estos casos, citó Hoyle el comportamiento del hielo. Se mantiene en este estado —dijo— hasta que, a determinada temperatura, el aumento de los movimientos térmicos de sus moléculas lo conducen al derrumbamiento, convirtiéndolo en agua. La fusión es un fenómeno muy común en gran número de sustancias —agregó— y parece ser que estos derrumbamientos son una particularidad característica de todas las organizaciones, están formados sus integrantes por seres humanos o por moléculas químicas.

«La sociedad humana —dijo— está llamada a convertirse en mucho más compleja de lo que es en la actualidad para alimentarse y poderse cuidar por sí misma, por lo que cuanto más compleja sea mayor será el desastre. Podría ser muy bien éste a consecuencia de una guerra nuclear —pronosticó—. Los métodos de la estrategia de guerra serán evidentemente cada vez más eficaces, por lo que resulta difícil poner en duda que una guerra total —antes o dentro de uno o dos siglos— sea capaz de producir este cambio radical que tiene que sobrevenir.»

Además de esto, Hoyle pronosticó nuevos desastres que acabarían inevitablemente con toda la humanidad. En su rama de pensador era uno de los hombres que más seguro estaba de la calamidad que todos tendremos que sufrir en breve plazo, y por si sus ideas sobre la catástrofe o la guerra nuclear no daban resultado, predijo el surgimiento de un virus desconocido contra el que no habría defensa alguna y «antes de que se pueda descubrir el modo de combatirlo se propagará por todo el globo superpoblado». A pesar de esto, Hoyle no creía que la exterminación del género humano fuera total: «Los restos de humanidad que sobrevivan se reformarán progresivamente hasta volver a establecerse firmemente en lugares apropiados.» Mas la vida de estos supervivientes sería difícil y cruel, ya que tendrían que formar una nueva sociedad partiendo del punto más primitivo. Espiando detrás de sus gruesos cristales enmarcados en concha, Hoyle explicó con cierta sorna al auditorio reunido en Hull que «si yo fuera un superviviente estaría en constante sobresalto ante el temor de que se me rompieran los anteojos. Este fútil acontecimiento sería más que suficiente para amargarme toda la existencia. El hundimiento de la humanidad significaría, asimismo, la desaparición de todos los medios de evolución».

«El caos —agregó Hoyle— contribuiría, sin embargo, al progreso de los intelectualmente dotados, puesto que pondría a su alcance todas las bibliotecas y otras reservas de información, que hubieran resultado indemnes. Es decir, todos aquellos que pudieran leer y comprendieran lo que leyeran, al asimilar experiencias, serían los mejor preparados para la supervivencia. Tendrían que ser, sin duda alguna, ingeniosos, ya que se encontrarían en un mundo totalmente falto de materia prima, muy al contrario de lo que ahora sucede cuando se procede a la fundación de un centro fabril en medio de una gran abundancia de carbón, hierro, petróleo y productos por el estilo. En una situación precaria como la explicada, los habitantes de la Tierra que se hubieran podido librar de la catástrofe tendrían que trabajar conjuntamente para poder subsistir. Los individuos que no quisieran cooperar tendrían que ser expulsados de la comunidad. Tales individuos, al preferir continuar viviendo en el caos, acabarían por extinguirse.»

Según el astrónomo y pensador, las catástrofes y resurgimientos serían repetitivos, calculando que en un período de 5.000 años podrían caber fácilmente veinte ciclos. En verdad, esto parece un poco exagerado, ya que teniendo en cuenta que cada caída significaría una vuelta a los orígenes, resulta evidente que en 250 años no habría tiempo para reponerse. Mas en opinión de Hoyle esto permitiría al hombre realizar lo que actualmente no puede lograr: suprimir la desproporción de nacimientos.

Von Hoerner, científico que trabajó con Drake en Green Bank, mostró, en un artículo publicado en

Science, una línea de pensamiento análoga a la de Hoyle. Von Hoerner comentaba en su artículo la posibilidad de que surgiera una sucesión de civilizaciones en un planeta durante la larga historia de éste, pero no creía el científico que de este resurgimiento periódico de civilizaciones tuviera que ser necesariamente protagonista el hombre, sino que imaginó que de ella, surgirían nuevas especies originales cada vez más inteligentes y sociales, considerando la posibilidad de que estos nuevos seres inteligentes procedieran de «las formas de vida inferiores que no hubieran resultado afectadas por el cataclismo». En vez del corto período sugerido por Hoyle para la ascensión y caída de cada ciclo, von Hoerner manifestó que se requerirían varios cientos de millones de años.

Estas y muchas otras son las salidas que ven numerosos científicos para nuestro planeta y sus «degenerados, decadentes y desmoralizados» seres inteligentes, y en honor a la verdad hay que decir que no parece que estos hombres anden desencaminados en sus apreciaciones.

Por todos los motivos antes expuestos, los científicos reunidos en la asamblea de Green Bank decidieron que el período de vida de una civilización técnicamente muy avanzada debía ser o muy largo o muy corto. Se consideraron improbables los períodos intermedios; y en consecuencia, se propuso que el valor correcto debía de oscilar entre menos de 1.000 a más de 100 millones de años. «No es infundado el temor de que el factor L *(longevity,* duración de la vida) en la Tierra sea muy corto», escribió Pearman en sus memorias de la conferencia. «Sin embargo, cabe al menos la posibilidad de que una resolución de conflictos nacionales abra el camino para el continuo desarrollo de la civilización por períodos conmensurables con tiempo de vida estelares.»

Si la existencia media es realmente de menos de 1.000 años, la distancia media entre civilizaciones de esta clase será enorme (unos miles de años-luz), mientras que si la longevidad es de unos 100 millones de años, la distancia de separación estará comprendida entre 10 y unos cuantos cientos de años-luz.

Por cada año-luz ganado en margen de observación, el número de estrellas accesibles aumenta rápidamente por encima de los 1.000 años-luz. El aumento desminuye luego en una determinada dirección, debido a que el margen rebasa el círculo de la galaxia. Esto queda compensado en cierto modo por el hecho de que, en el sentido del núcleo de la galaxia, la densidad estelar es mayor que la proximidad de nuestro Sol. En nuestro entorno, la distancia media entre estrellas es de 9 años-luz, mientras que por el centro de la galaxia es sólo de un año-luz.

En Inglaterra, C. M. Cade sugirió que las redes de mundos en comunicación mutua son más probables en esta región de acumulación estelar, que en nuestra región de la parte exterior de la galaxia.

Los conferenciantes de Green Bank revisaron asimismo varios medios «lógicos» para establecer comunicación. Discutieron la posibilidad de que para atraer la atención se recurriera a alguna longitud de onda obvia, como por ejemplo la de veintiún centímetros. La señal comprendería instrucciones referentes a otro canal de comunicación más eficaz. En este sentido Morrison estableció una analogía con el problema de entrar en contacto con nativos terrestres primitivos y aislados. Uno no trataría de llamarlos por televisión —dijo—.

Lo más lógico es llamarlos, en primer lugar, rítmicamente, como por medio de un tambor. Luego, más adelante, ya se intentarían otros medios de más concreta inteligencia.

Los participantes continuaron exponiendo sus respectivas ideas en relación con los métodos para llamar la atención que ya describimos en capítulos anteriores. Drake hizo observar que el empleo de naves espaciales para transmitir y recibir señales de radio no alteraría notoriamente la gama óptica de frecuencia. En el espacio, dijo, la gama oscilaría entre 1.000 y 30.000 megaciclos, mientras que en la Tierra, debido a efectos atmosféricos, estaría comprendida entre 1.000 y 10.000.

Huang, Drake y otros conferenciantes advirtieron que la búsqueda de vida en otros mundos durante cientos o miles de años no puede mantener vivo el entusiasmo por mucho tiempo. Esta advertencia iba dirigida tanto a los gobiernos, como a particulares. A este respecto mencionó Drake la experiencia vivida en el Proyecto Ozma. Manifestó que la no adquisición de ningún conocimiento durante un largo período y sí sólo la de resultados negativos, es algo altamente desalentador. Un científico tiene que lograr algunos éxitos, ya que de lo contrario su interés, desconcertado, flaquea. Por tal razón propuso que cualquier proyecto que se realizara para la detección de vida terrestre se combinara con alguna búsqueda convencional. El tiempo invertido podría quizás repartirse por un igual en ambas tareas.

Morrison incorporó una ingeniosa nota en la discusión. Manifestó que para evitar que «el vigilante» se aburriera, sería conveniente «camuflar» de vez en cuando alguna señal falsa. Podría también repartirse las tareas de escucha entre un determinado número de telescopios, con lo que descargaría el trabajo de un solo observatorio.

Cabe también la posibilidad de que, tal como manifestara Huang, los mundos alejados hubiesen considerado imposible escudriñar todas las estrellas escogidas, así como es impracticable emitir señales hacia ellas en el transcurso de tan enormes períodos de tiempo. De ser así, el único método factible sería el del «fisgoneo» propuesto por Drake. Con un magen razonable de suerte para triunfar, Drake opinaba que su programa debía reunir los siguientes requisitos:

1. Mediante un monitor apropiado deberían ser comparados, simultáneamente, cuanto menos 1.000 canales a través del radioespectro óptico.
2. El radiotelescopio receptor debería contar con una antena de por lo menos 90 metros de diámetro.
3. Debería emplearse un computador de «grandes

dimensiones» para registrar y poner en correlación la información recibida, «huroneando» con el radar por el método de la correlación cruzada que él había propuesto.

4. Escudriñar suficientes estrellas para lograr «las máximas posibilidades de éxito». El sistema debería estar en funcionamiento durante unos treinta años.

Según cálculos de Drake, el capital que habría que invertir en un proyecto de éstos sería de unos 15 millones de dólares. (En otro análisis realizado por Morrison Handelsman, de la Radio Corporation of America (departamento de Advanced Military Systems), el costo estimado para escudriñar unas 200.000 estrellas dentro de los 1.000 años-luz resultó ser de 3.000 millones de dólares. Drake llegó a la conclusión de que la «magnitud de la empresa, la escasez de personas cualificadas para participar en ella con entusiasmo, y la particular naturaleza del experimento eran factores que abogaban contra un próximo comienzo del proyecto». Struve se expresó en términos igualmente pesimistas: «A pesar del interés de muchos distinguidos científicos —dijo—, los responsables de la distribución de fondos del gobierno para fines de investigación se muestran necesariamente escépticos por la financiación de un proyecto tan caro, que no promete resultados inmediatos.» Consideró que una investigación en gran escala «no era probable» que se realizara en un futuro próximo.

Los miembros de la conferencia de Green Bank opinaron que lo que ante todo se necesitaba era más extensos conocimientos sobre fenómenos que se encontraban a nuestro alcance: número de estrellas cercanas que poseen sistemas solares y posible existencia de vida que haya podido desarrollarse en un lugar cualquiera, especialmente en Marte. También sería preciso, como manifestó Pearman en un informe, un más «profundo análisis» de los factores evolutivos y sociológicos que encierra esta cuestión.

Si se logra determinar que hay gran abundancia de planetas y que la vida existe en los de nuestro alrededor, incluso en ambientes tan desolados como el de Marte, el argumento en favor de las investigaciones de búsqueda resultaría notablemente reforzado. Ya se han realizado esfuerzos intentando hallar vida en Marte, por lo que Drake manifestó que era una cuestión urgente dedicar nuevos esfuerzos al hallazgo de pruebas de vida en planetas. Hizo observar que los métodos de correlación cruzada, tan útiles para la captación de señales débiles de radar, no sólo serían de gran ayuda para intentar el tráfico espacial de radioseñales, sino que también podrían adoptarse para la búsqueda de vida en planetas.

Se ha logrado ya detectar grandes planetas observando la presencia de movimientos ondulatorios en sus respectivas estrellas allegadas, aunque estas variaciones delatoras quedan encubiertas con frecuencia dentro de los errores de observación. Drake sugirió que se emplearan las técnicas de la correlación cruzada, para analizar la gran cantidad de datos obtenida en busca de la evidencia de «culebreos» en los errores de observación. Como en el caso de su proposición de tanteo, el método sería análogo al de sobreponer ecos de radar para que estos se destaquen del llamado «ruido» de fondo, pero con la diferencia de que si bien el código de los impulsos de retorno de radar es conocido, el ritmo del «culebreo» que refleja el período orbital de un supuesto planeta, es desconocido. Todo esto significa simplemente que hay que analizar, mediante computadores, todos los posibles períodos basados en los datos disponibles. Posteriormente, Drake aplicó este método a Epsilon Eridano, una de las metas del Proyecto Ozma, como recordará el lector, y pudo comprobar la existencia de un planeta seis veces mayor que Júpiter.

De repente, la rama de la ciencia aparentemente exenta de encanto, conocida por «astronomía posicional» adquirió un nuevo significado. Durante generaciones los que la habían practicado tomaron fotografías, hicieron minuciosas mediciones, y almacenaron toda esta información para que las futuras generaciones pudieran efectuar comparaciones. Esta lenta acumulación de datos ha sido considerada, manifestó Morrison, pasada de moda: «Nadie les ayuda; nadie pone a su disposición máquinas computadoras y nadie dispone de abundante personal trabajando en esta cuestión.»

Afortunadamente la situación está ya cambiando. Los astrónomos como Drake prevén con afán la acumulación de datos de gran precisión, obtenidos con la ayuda del nuevo telescopio astrométrico de 1,5 metros instalado por el Naval Observatory cerca de Flagstaff, Arizona. Su tarea principal consiste en adquirir información sobre la posición de las estrellas más cercanas, en particular de las más apagadas, para determinar sus distancias por triangulaciones. Al mismo tiempo, el instrumento permite apreciar el movimiento ondulatorio de las estrellas que tienen planetas.

Mientras que de esta manera podremos quizás aprender algo acerca de la plenitud de los sistemas solares y además comprobar, por aterrizajes en Marte, que la vida es abundante, no contamos, en cambio, con medios inmediatos para determinar la incógnita principal del análisis de Green Bank: la longevidad de una civilización tecnológica. Los demás factores de la ecuación de Drake pueden obtenerse experimentalmente. Drake sugirió, en efecto, que el único medio para indagar la longevidad característica sería estableciendo contactos con otros mundos. En realidad, nuestra confianza hacia el futuro aumentaría si pudiéramos pervivir mucho tiempo más. No hay en la Tierra precedente alguno de una duración o longevidad de una sociedad, necesaria para un intercambio significativo de ideas con otros mundos. Nuestra civilización tendría que perdurar durante miles de años.

Pero por mucho que hayamos hecho, la verdad es que no disponemos de precedentes para establecer nuestro propio predicamento.

VI

SITUACION DEL UNIVERSO

Cuando habían pasado pocos meses de la celebración de la conferencia convocada en Green Bank, Frank Drake comunicó a todos los que habían participado en ella un extraño mensaje. El científico opinaba que el comunicado enviado a sus colegas podría ser fácilmente similar a los que pudieran mandar seres de otros mundos y con él querían probar el ingenio de los hombres interesados en este asunto.

El citado mensaje consistía en una serie de impulsos emitidos a ritmo fijo, aunque intercalando espacios en blanco. Para hacer el descifrado más fácil a sus compañeros, Drake utilizó solamente dos símbolos: los impulsos los representaba un uno, y los intervalos, un cero; este es uno de los sistemas que se emplea con más frecuencia en los computadores.

Los compañeros de Drake aceptaron con entusiasmo este reto del astrónomo, aunque después de estudiar detenidamente el mensaje, llegaron a la conclusión de que su significado era tan complejo que resultaba casi imposible descifrarlo. No obstante, uno de estos colegas, Bernard Oliver, logró desarrollarlo con amplitud y, por consiguiente, simplificarlo.

La característica más particular que encontró Oliver en el mensaje era que constaba de —como se dice en la terminología de los computadores— 1271 «signos» de información. A cualquiera algo versado en matemáticas, el número 1271 le resultará familiar, ya que es simplemente el producto de dos números primos: 31 y 41. Oliver intentó sacar por aquí el hilo del enredado mensaje; en principio lo dividió en 41 líneas de 31 signos cada una; teniendo en cuenta que los ceros se empleaban como intervalos, dejó en blanco el espacio que éstos ocupaban una vez dispuesto el comunicado así, se pudo apreciar que resultaba nuevamente indescifrable. No obstante, Oliver no se amilanó por este nuevo contratiempo, y con paciencia digna de un buen investigador invirtió las normas, es cedir, lo «redactó» en 31 líneas de 41 signos cada una, y efectivamente, esta era la forma correcta para descifrar el criptograma enviado por Drake.

En el ángulo superior izquierdo de la página donde Oliver había dividido el mensaje, se podía apreciar un círculo que representaba el Sol, sus planetas, numerados según un código binario, de arriba hacia abajo por la izquierda, se encontraban situados por debajo de él; del tercero de los planetas, comenzando a contar por arriba, salía una línea ondulante que recorría toda la página y debajo de ella se podía apreciar un símbolo parecido a un pez; esto significaba, según Drake, que la civilización transmisora había visitado un planeta en el cual encontró vida submarina. Más abajo se apreciaba claramente una pareja de seres bípedos, sus sexos resultaban evidentemente opuestos. La mano derecha del varón apuntaba hacia el cuarto planeta, indicando con este gesto su lugar de procedencia, y la otra se encontraba unida, asimismo, como la de la hembra, a un pequeño ser que estaba situado entre ellos. Una escala situada a la derecha de la página, con una altura de once unidades, indicaba la estatura de aquellos seres, y en la parte superior derecha se apreciaban unos signos que representaban los átomos de hidrógeno, carbono y oxígeno, lo que indicaba que la base química de la vida en el planeta del que procedía el mensaje era igual a la nuestra.

Cuando por fin se hubo descifrado su comunicado, Drake informó que éste no había sido ideado simplemente como pasatiempo para él y sus colegas, sino «para estimular a algunas mentes obtusas en el problema del desciframiento». No cabe duda que la idea del astrónomo fue original e interesante, mas, según Morrison, lo que la astronomía necesitaba era una nueva especialidad: la «anticriptografía», o lo que es igual, un método o proyecto de códigos lo más sencillo posible de descifrar.

Morrison ideó un sistema para detectar seres distantes estableciendo una cadena de televisión, lo que, según opinión muy generalizada, sería de gran importancia, ya que ninguna de las dos partes en nada se parecerían. El físico basaba en las siguientes conclusiones su proyecto:

«Con lo único con que quizás podamos contar —decía— es con que todos los seres suficientemente inteligentes para establecer contactos interestelares, deben de basar sus matemáticas en números y en los simples conceptos de la adición, sustracción, división, igualdades, etc. Además deben de conocer la estructura de los diversos átomos, aunque es posible que sus matemáticas superiores, su lógica y el modo de representar la estructura atómica, difieran radicalmente de los nuestros.»

«Pero, por encima de estas diferencias, es muy probable que puedan ver. El sentido de la visión es tan importante que en muchos seres de nuestro planeta se ha desarrollado de un modo independiente, por ejemplo en las moscas, las veneras y en el mismo hombre. De ahí mi insistencia por establecer contacto por televisión, empleando, como sugiriera Bracewell, un lenguaje de signos sofisticados.»

En 1952, el matemático inglés Lancelot Hogben propuso a la British Interplanetary un sistema para establecer comunicación basado en el «radioglifo», en su memoria titulada *Astraglossa, or First Steps in Celestial Syntax.* Hogben proponía que la utilización de los conceptos matemáticos aplicados a las comunicaciones interplanetarias se utilizaran simplificándolos al máximo, es decir, tres impulsos representarían el número tres, etc; diferentes signos simbolizarían los conceptos matemáticos tales como «dividido por», «igual a», «más» y «menos».

La proposición hecha más tarde por Philip Morrison no era sino una ampliación del sistema sugerido a la British Interplanetary por Hogben. Según la versión del físico los números se representarían por impulsos de forma cuadrada, mientras que los conceptos «más», «menos», «recíproca de», etc., serían aleccionados en el modo de interpretar estos símbolos por un sistema de aritmética simple, similar al que todos los terrícolas practican en sus primeros pasos por la matemática, es decir: dos cuadrados + dos cuadrados = cuatro cuadrados. Naturalmente todo esto representado en imágenes dibujadas, ya que aunque parece seguro que nuestros vecinos pertenecen a una sociedad con una técnica mucho más avanzada que la nuestra, no hay ningún dato que haga pensar que practiquen alguno de nuestros idiomas.

Una vez que los seres del planeta con el cual se hubiera establecido contacto aprendieran a sumar, restar, multiplicar y dividir correctamente, el siguiente problema sería introducirlos en conceptos más elevados, como por ejemplo el número «pi» y la relación entre la circunferencia y el diámetro del círculo. «Pi» es un número «irracional», que no puede ser expresado directamente y con precisión por guarismos. No obstante, podría sugerirse su existencia sumando una serie indefinida de fracciones cuya suma «convergiera» en el valor «pi».

Más tarde se emitiría una serie de señales prolongadas, cada una de ellas señaladas, al principio y al final, por un movimiento con impulsos ocasionales intermedios. Todo esto entremezclado con el símbolo «pi» se enviaría a otro mundo con la esperanza de que los que allí se encontraran escuchando interpretaran su intención, ya que lo que Morrison formaría con los impulsos aparentemente iguales que describimos al principio de este punto y aparte sería una circunferencia.

Aprobado el punto anterior, nuestros queridos vecinos planetarios pasarían al curso siguiente, que sería equivalente al «primero de Bachiller». En éste se les plantearían problemas como la comprensión del teorema de Pitágoras, cosa ésta que ya le ocurrió a otro científico en el siglo pasado, como pudo comprobar el lector al principio de este libro; aunque esta vez se emplearía un medio menos rústico, naturalmente: se les emitiría el grabado por medio de radioondas. No vamos a cansar al lector con una nueva explicación técnica del asunto, mas quede claro que Morrison la tenía. Lo que habría que pensar es cómo se le ocurrió utilizar las matemáticas para comunicarse con los extraterrestres; por qué no comunicarnos con ellos por medio de un tema más sugerente y menos circunspecto; si en efecto existe la vida fuera de nuestro planeta y ésta tiene sectores inteligentes, quizás no estén intentando comunicarse con nosotros solamente los matemáticos. Imaginemos que la comunicación con otros mundos sea un medio al alcance de todos los seres de aquel lejano planeta, ¿no habrá quizás un músico intentando percibir sonidos del espacio? ¿Por qué no enviar una obra musical y esperar contestación?

¿Una hipótesis de ciencia-ficción?

Realmente pienso que es difícil establecer contacto con una civilización más inteligente que la nuestra, no porque no la haya —el autor está seguro que la hay—; mas otra seguridad que tengo es que este contacto sería catastrófico si se deja en manos de unas personas determinadas que lo enfocan con ideas preconcebidas y que además están siendo utilizadas por otros hombres de ideas también preconcebidas. El asunto de la comunicación —ya sea con seres de este planeta o de otros— está claro que no es una profesión, sino un difícil y tortuoso camino imaginativo por el que a veces te cruzas con un espontáneo que te saluda, o al que saludas tú y que nunca se sabe si es el mismo o existe más de uno ¿comprende el lector?

Hay numerosas versiones de la visión de un extraterrestre. Las más populares son sin duda aquellas que le describen a bordo de la nave recogida de las visiones de las novelas de ciencia-ficción, inspirada por completo en los primeros satélites que se enviaron desde la Tierra, y que es la que la ciencia proclama como más razonable. Sí, efectivamente, esta nave puede existir, mas, ¿por qué iban los extraterrestres a utilizar un solo modelo de nave para viajar?; hay numerosos testimonios, también, de formas de viajar por el espacio sin necesidad de utilizar aquéllas.

A María le visitó un ser alado enviado desde el cielo —es evidente que el único medio que utilizó para este viaje fueron sus alas—, y según afirman los sabios doctores (en aquel tiempo no había especialistas en una rama, ser doctor significaba saber de todo) ella engendró sin contacto sexual alguno. Este punto, debidamente interpretado, puede resultar sumamente revelador: ¿María fue visitada por un extraterrestre, quizá por el hijo del jefe de la comunidad, ya que aquél hablaba con fervor de los poderes de su padre? El que no hubiera coito en la unión que se efectuó durante el transcurso de la visita y sin embargo María quedara embarazada, no tiene por qué ser un misterio imposible de «explicar» por nuestras míseras mentes terrícolas, ni tampoco un falso testimonio, como preconizan las mentes ateas; es posible que, al igual que no todos los seres de este planeta se reproducen por el mismo método, así los marcianos utilizaran quizás el sistema del «soplo divino». Esto puede ser así: La mentalidad de unos seres más perfectos que nosotros puede haber alcanzado grados de sensibilidad increíbles; de forma que las especies reproductoras del mundo lejano del que procedía Gabriel podrían —dentro de la hipótesis que hemos imaginado— engendrar seres vivos en sus cuerpos (tampoco hay dato alguno que dé a entender que las hembras extraterrestres incuben a sus hijos en el vientre) por el hecho de que un ser con capacidad suficiente para ello, las envuelve y penetra con su aliento.

Con seguridad que el lector está pensando que María —o quizá sería mejor hablar de ciertas vírgenes de la mitología hindú— había nacido en nuestro planeta, y que esto invalida la tesis anterior sobre la forma de reproducirse por medio del soplo divino, mas ¿qué sabemos sobre la potencia sexual de los extraterrestres? Posiblemente éstos sean capaces de reproducirse no sólo con las hembras de su especie, sino con todas las que pululan por las galaxias. El caso de María, desde un punto de vista positivista, no tiene otra explicación, y si añadimos a su desconcertante historia la de su hijo Jesús (el hijo de Dios) encontraremos datos más que suficientes para reflexionar sobre esta postura, o al menos comprenderemos a quienes la defienden.

Sin contar con su alucinante medio de ser engendrado, Jesús se salvó de forma más que sospechosa de una matanza infantil, que según cuenta la historia se llevó a cabo precisamente a raíz de su nacimiento. María y José, después del salvaje atentado de Herodes contra el Niño, que les había sido encomendado por un ser todopoderoso, trataron durante algún tiempo, de mantener una cierta discreción sobre el asunto, llevando una vida sencilla, hogareña, y reduciendo los límites de sus amistades a los puramente familiares. No obstante, en la primera oportunidad que el Niño tuvo de demostrar su sabiduría extraplanetaria, cuando sus padres le llevaron a escuchar los consejos de los sabios doctores, descubrió su identidad; ¿qué terrícola de doce años, educado en un ambiente de carpinteros y costureras, es capaz de dar un repaso a las teorías de unos prestigiosos teólogos? Y una vez que este Niño se hubo independizado de sus tutores terrícolas, para dedicarse, según sus palabras, «a los asuntos de mi Padre», cometió actos imposibles de comprender si no se tiene en cuenta su procedencia ¿Cómo se comprende que un joven predicador de hace dos mil años pudiera curar una enfermedad de lepra, una pierna paralítica o multiplicar el alimento de una forma antinatural? Resulta evidente que la mentalidad de aquel ser era superior en miles de años a la del hombre terrícola.

En la actualidad el ser humano tiene capacidad para crear alimentos sin necesidad de implorar a la madre naturaleza; por medio de la química se pueden hacer estos «milagros» fácilmente; mas hace dos mil años esto no era un sueño siquiera: sencillamente, no cabía dentro de la mente humana; sin embargo, según lo demuestran numerosos historiadores, Jesús lo hizo: con una ligera operación multiplicó dos panes y tres peces en alimento suficiente para dar de comer a una multitud hambrienta.

Los extraordinarios conocimientos que Jesús poseía sobre medicina, como lo demuestran las numerosas curas que llevó a cabo sobre miembros paralizados; ojos, piernas, cuerdas vocales, etc., hubieran evitado —en el caso de que le hubieran sido transmitidos al hombre— numerosas tragedias, así como el problema que se le plantea a la sociedad sobre cómo integrar a los disminuidos físicos en ella.

Pero el ser humano es ambicioso por naturaleza (aunque quizás esto sea discutible, ya que las penurias que hubo de pasar para poder sobrevivir en el planeta le pudieron ocasionar, tal vez, un trauma insuperable), y por esto cualquier contacto con un ser superior será, como decíamos hace un momento catastrófico. Aunque no está claro que Jesús quisiera hacerse —por medio de sus dones extraplanetarios— con el poder en la Tierra, los que lo ocupaban lo interpretaron así, y por miedo a ver disminuidos sus privilegios decidieron acabar con aquel ser que tantos beneficios pudo proporcionar a la humanidad.

La historia de María y de Jesús, así como otras muchas de numerosos personajes que pululan por la historia —como Baudelaire, que aterrizó sobre nuestro planeta con plena consciencia de los problemas que esto le iba a suponer (ver su obra titulada *Las flores del mal;* Hitler, etc.; todos muertos en circunstancias sumamente trágicas— demostrarían que nuestros vecinos inteligentes han enviado en numerosas ocasiones emisarios a nuestro planeta. Quizás nada sepan del triste final de éstos, ya que deben ser numerosos los exploradores que se pierden por el espacio; mas en el caso de que tengan noticias de los contactos acaecidos entre los seres enviados por ellos y los humanos, no es posible que siga en pie su interés por comunicarse con nuestro planeta.

No obstante todo lo anteriormente dicho, la ciencia sigue en su empeño de trazar un programa que sirva para comunicarnos con seres inteligentes de otros mundos. Como recordará el lector, la última proposición en este terreno era la sugerida por Morrison, sobre el empleo de la televisión para lograr el ansiado contacto; mas, aunque sin la utilización de este medio resultaría muy difícil llegar a adoptar un idioma que resultara comprensible para nuestros «vecinos», en el espacio hay quien cree que podría lograrse. Russell F. Smith, lingüista y vicedecano de la Universidad de Nueva York (Educación General), enumeró las dificultades de descifrar lenguas muertas en nuestro propio planeta. En la convención de 1963 de la Audio Engineering Society en Nueva York, manifestó que Jean-François Champollion no logró descifrar los jeroglíficos del antiguo Egipto hasta que se ocupó de los jeroglificos que en una losa de basalto descubrieron las tropas napoleónicas en Rosetta, cerca de la desembocadura del Nilo. Los sacerdotes de Ptolomeo V habían realizado en la piedra una inscripción en tres alfabetos: el jeroglifico antiguo, el demótico y el griego.

Pese a la falta de una piedra cósmica Rossetta, algunos matemáticos creen que puede crearse una lengua apropiada para comunicaciones entre mundos distintos, fundada en una lógica simbólica. Los esfuerzos para crear una lengua puramente lógica, con la que poder expresar todo el razonamiento matemático, comenzaron a fines del siglo XIX con los trabajos de varios matemáticos, entre los que se cuenta a Giuseppe Peano, de Italia. En 1900, un conferenciante especializado en matemáticas del Trinity Collage, Cambridge, se trasladó a París con ocasión de un congreso que debía celebrarse en dicha ciudad. Le acompañaba uno de sus más brillantes alumnos. El conferenciante era Alfred North Whitehead, y Bertrand Russell era su compañero. Ambos estaban extraordinariamente ilusionados por las noticias acerca de la nueva aplicación de Peano sobre lógica, y se decidieron durante aquel viaje a colaborar conjuntamente en el desarrollo de aquella teoría. El resultado de aquella colaboración fue una gigantesca obra de tres volúmenes titulada *Principia Mathematica,* que se terminó de imprimir entre los años 1910 y 1913. Más tarde, Whitehead se trasladó a Harvard, donde se le obsequió con una aureola intercolor, que le proporcionó gran fama convirtiéndose en uno de los más prestigiosos filósofos. Por su parte, Russell pasó a ser el tercer conde de este apellido. Al igual que Whitehead, gozó de gran fama como filósofo, y fue ganador de un Premio Nobel de Literatura. A la avanzada edad de noventa años, con su escuálida y tambaleante figura, se personó en el Trafalgar Square londinense, y ataviado con un traje contrapolución (cuya máscara hubiéron de sostener sus alumnos) tomó parte en una manifestación contra las pruebas nucleares. Su presencia en este acto le valió el premio Internacional de Cívica, que consiste en un barco pesquero con todos los utensilios necesarios —incluyendo pescado congelado—, y una bicicleta antiaccidentes de cuatro ruedas.

Su obra sobre «lenguaje logístico» había sido precedida por esfuerzos encaminados a crear un idioma internacional que hiciera más fácil la comunicación entre las gentes del planeta. El primer idioma utilizado fue el *Volapük,* inventado por un sacerdote austríaco en el año 1880. En 1887 apareció el esperanto;

pero el matemático Peano consideró que este idioma no había podido escapar de la sintaxis arbitraria e ilógica propia de las lenguas que se habían desarrollado a la manera casual de la naturaleza. Dieciséis años después, Peano creó el idioma denominado *intelingua,* derivado del latín clásico, pero con una sintaxis simplificada, que aún hoy se emplea con frecuencia en la abstracción de artículos científicos.

Estos trabajos condujeron a Hans Freudenthal, profesor de matemáticas de la Utrecht University, a intentar ampliar el «lenguaje logístico» de Whitehead y Russell hasta convertirlo en algo inteligible para los seres con los que no tuviéramos nada en común, a excepción de la inteligencia. Al nuevo idioma lo llamó *lincos,* como abreviatura de *Lingua Cosmica.* En su obra *Lincos: Desing of a Language for Cossmic Intercourse,* publicada en Holanda en 1960, realiza una lógica exposición de la lengua tal como se amplearía en un largo mensaje interestelar:

«En realidad —dijo—, puede que esta lengua ya se haya adoptado como vehículo en el tráfico cósmico. Es probable que los mensajes redactados en esta lengua estén cruzando incesantemente las inmensidades del universo.»

El *lincos* es, por decirlo de algún modo, una lengua «articulada» por radio-señales sin modular, de duración y longitud de onda variables, lo que representan «fonemas» que pueden combinarse para constituir conceptos o palabras. El léxico y la sintaxis están constituidos de un modo gradual, en su mayoría al modo como un alumno de grado elemental emplea una nueva palabra una y otra vez: luego se introduce otra palabra; por ejemplo: «Mirad cómo vuela el pájaro. El pájaro vuela hacia el arbol...», etc.

Las lecciones de lenguaje» de Freudenthal empiezan por conceptos aritméticos muy simples aunque pronto se complican en abstracciones sumamente difíciles. No obstante, tarde o temprano el concepto de lo bueno y lo malo queda suficientemente aclarado, lo que se consigue presentando una serie de «claves» matemáticas correctas. Cada una de ellas va seguida del adjetivo «buena». Una expresión incorrecta va seguida de la palabra «malo». La exposición se complica cuando se quieren presentar conceptos abstractos tales como: «honestidad», «mentira», «comprensión», «felicidad», etc. El proceso didáctico emplea «actores» o «voces», como en el método socrático, y sus diálogos ilustran los significados de nuevos mundos.

Para reproducir de forma gráfica las radioseñales, Freudenthal se vale de una mezcla de signos matemáticos, biológicos y lingüísticos, incluyendo algunos de los que emplearan Whitehead y Russell en su *Principia Mathematica.* En un artículo publicado en *Nature,* Freudenthal hizo observar que, «la lengua *lincos»* no ha sido todavía desarrollada para explicar la diversidad de individuos humanos, si bien sirve para expresar alguna información de las contenidas en el mensaje pictórico de Drake, es decir, el sistema de reproducción humano.

Una opinión sostenida por Freudenthal era que la televisión, incluyendo la forma tridimensional, sólo sería útil durante una etapa avanzada de comunicación interestelar, ya que para explicar el método sería necesaria la geometría analítica. Todo esto lo consideraba demasiado adelantado para principiantes en discursos cósmicos. Su opinión difiere, pues, sensiblemente, de la de Morrison, Drake y otros científicos, que creían era este el método más apropiado para comunicarse con otros mundos en una etapa técnica no demasiado avanzada.

La verdad es que el sistema *lincos* ha sido duramente criticado por algunos colegas de Freudenthal; así sucede con el matemático Hogben, que dudaba de la eficacia de éste, basándose en que lo que a nosotros nos puede parecer de una lógica aplastante, no tiene porqué serlo para unos seres tan enormemente diferentes a los humanos como necesariamente habrán de serlo nuestros vecinos en el espacio, de relativa infinitud.

VII

¿LOGRAREMOS ALGUN DIA COMUNICARNOS CON «ELLOS»?

...ningún planeta sabe que éste
nuestro planeta señero, con tierra y mares,
con surgir de amor y vida, con dolor y felicidad
no ofrece un tesoro principal, una olvidada
[tumba...
Pero, en la eternidad
sin duda compararemos, oiremos
millones de evangelios extraños sobre el modo
[en que
El halló las Pléyades, la Lira y la Osa Mayor.
Prepárate ¡oh, alma mía!
para interpretar lo inconcebible, para escudri-
[ñar
los millones de formas de Dios, cuyas estrellas
[se desplegarán
cuando a nosotros nos toque mostrarles un
[hombre.

Christ in the Universe (Alice Meynell).

La noche del 30 de octubre de 1938 la emisora de radio Columbia Broadcasting System, de Nueva York, interrumpió su programación habitual para anunciar solemnemente que hasta aquel momento los habitantes de la Tierra habían vivido en completa tranquilidad y complacencia, pero:

«Ahora, en cambio, a través de un inmenso golfo etéreo, mentes que son respecto a nuestras mentes lo que las nuestras serían comparándolas con las de las bestias de la jungla, gentes de enorme talento, contemplan nuestra Tierra fríamente y sin simpatía, con ojos de envidia, y lentamente, con gran seguridad trazando sus planes contra nosotros...»

A este comunicado le siguieron boletines informativos dando noticias de los diversas ciudades que habían caído en manos de los extraterrestres, así como entrevistas, retransmisiones del sonido que despedían las naves al aterrizar en Nueva Jersey, que a pesar de su enorme potencia no podían apagar los gritos de terror de los ciudadanos, verdaderamente estremecedores. Después de enviar a un periodista que pudiera informar de la tragedia, el locutor anunció que aquellas horribles criaturas mataban, a todo el que se le ponía por delante, con una pistola de «rayos ígneos».

El dramatismo de la retransmisión hizo que la gente se precipitara a la calle en busca de refugio; unos eligieron el coche como medio de salvación, lanzándose por las calles a gran velocidad; otros, medio vestidos y con los enseres más precisos, corrían hacia el campo presas de pánico y creyéndose perdidos. Esta noche se recuerda como una auténtica tragedia en la ciudad de Nueva York, donde las violaciones, atracos y asesinatos están a la orden del día. Los accidentes en las autopistas, debido a la gran velocidad de los automovilistas, fueron numerosísimos. Esto, y el caos reinante por las calles, hizo que la policía llamara a la emisora, intentando saber si la noticia que retransmitían era cierta. El director les informó que pocos minutos antes se había comenzado a radiar una radionovela de ciencia-ficción, basada en la obra de H. G. Wells, *The War of the Worlds* (La Guerra de los Mundos), escrita en 1898. El productor y narrador de esta radionovela, era Orson Welles, conocido por sus trabajos como actor, director y productor de cine, así como por su matrimonio con Rita Hayworth y su afición por las corridas de toros y las ensaladas exóticas. Orson Welles, aunque un poco asustado por las consecuencias que había desencadenado su programa (hubo muertos, incluso), no dejó de sentirse divertido por el asunto.

¿Se puede considerar esto como un ejemplo de lo que ocurriría si un día lográramos establecer contacto con otros mundos? Según un informe sometido a la consideración del gobierno federal norteamericano en 1960, parece más que posible que así ocurriera. Para que el efecto resultara tan dramático —expresa el informe— sería necesario un contacto físico con aquellos seres, aunque un contacto por radio conduciría también a serios temores. El documento era en realidad una reminiscencia de la histórica acción emprendida por el Congreso, en la época del primer *«Sputnik»*, para establecer una agencia de exploración espacial. El 29 de julio de 1958, la National Aeronautics and Space Act puso de relieve los beneficios y problemas que podrían esperarse de las actividades espaciales con los estudios de largo alcance. Perseverando en esta cuestión, la NASA nombró un comité para estudios de largo alcance, suscribiendo al efecto un contrato de estudios a la Brookings Institution.

Fueron entrevistados más de 200 especialistas por un equipo dirigido por Donald N. Michael, psicólogo social que posteriormente fue nombrado director del Peace Research Institute en Washington. Los párrafos pertinentes del informe final fueron revisados por eminencias tales como Lloyd V. Berkner, jefe del Space Sciencie Board; Caryl P. Haskins, presidente de la Carnegie Institution en Washington; James R. Killian, presidente de la junta directora del Massachusetts Institute of Technology; Oscar Schachter, director de la General Legan Division de las Naciones Unidas (O.N.U.) y Margaret Mead, antropólogo.

Poco tiempo después de llevarse a cabo el intento de interceptar señales de las dos estrellas más próximas (Proyecto Ozma), la NASA recibió el informe encomendado a la Brookings Institution. En muchas de las mentes que trabajaron para redactar dicho informe bullía la curiosidad por saber qué ocurriría realmente si encontráramos una civilización mucho más adelantada que la nuestra. En el documento no se hacía mención a un contacto directo con las criaturas extraterrestres, como se le ocurriera al despabilado Welles, sino que sugería que «podrían muy bien descubrirse, en ocasión de nuestras actividades espaciales en relación con la Luna, Marte o Venus, artefactos dejados por seres de otros mundos».

«Los archivos antropológicos —dice el informe— contienen numerosos ejemplos de sociedades que, pese a creer en la seguridad de su puesto en el universo, se desintegraron, cuando debieron haberse asociado previamente con otras civilizaciones, adaptándose a modos de ser distintos y a diferentes medios de vida; otras que sobrevivieron, lo hicieron a costa de pagar el precio que les fue impuesto en cambios de actitud y comportamiento, la vida inteligente podría descubrirse en cualquier momento gracias a las investigaciones que actualmente se realizan con ayuda del radiotelescopio. Ahora bien, debido a nuestros limitados conocimientos acerca de la conducta que se seguiría en circunstancias parecidas a las tan dramáticas de que ya hay experiencia, puede recomendarse dos áreas de investigación:

»1. Estudios a fondo para determinar la comprensión emotiva e intelectual y las actitudes —y sucesivos cambios de ellas, si los hubiere— ante la posibilidad de descubrimiento de vida inteligente extraterrestre y las consecuencias que de ello podrían derivarse.

»2. Estudios históricos y empíricos del comportamiento de los pueblos y sus gobernantes llegado el momento de hacer frente a acontecimientos dramáticos desconocidos por nosotros, o bien a presiones de la masa social...»

«Estos estudios —continuaba el informe— considerarían las reacciones públicas habidas en el pasado ante falsas alarmas y ante los «platillos volantes» y las psicosis de pánico análogas a las que provocó en su día el anuncio, por radio, de una «invasión marciana» (se refieren al caso antes citado). Debería igualmente estudiarse si se debían dar a conocer al público, y cómo y en qué medida, noticias referentes a un encuentro, o si se debían silenciar. La influencia sobre las relaciones internacionales podría ser revolucionaria puesto que el descubrimiento de seres extraños podría conducir a una gran unidad entre los hombres de la Tierra, basada en que no se hallan solos en el universo y en la antigua convicción de que cualquier extraño constituye siempre una amenaza.»

El informe exponía más adelante que las medidas a tomar dependerían mucho, lógicamente, de la naturaleza del contacto, o del contenido de los mensajes captados. Habría que tener en cuenta que el hombre está acostumbrado a considerarse el rey de las especies vivas, y que, por lo tanto, descubrir, de buenas a primeras, que su capacidad intelectual queda al nivel de la del gato frente a la de otros intelectos sería, evidentemente, catastrófico para la especie humana. Como dijera Carl Gustav Jung —psicólogo de la escuela de Freud, pero que más tarde se enfrentó a éste acusándole de mantener unas ideas caducas—, en una conferencia sobre la posibilidad de un contacto directo con aquellos lejanos seres «nos encontraríamos nosotros mismos sin "sueños", es decir, hallaríamos nuestras aspiraciones intelectuales y espirituales tan caducas, que nos quedaríamos completamente paralizados». Jung aseguró asimismo que en el caso de que la Tierra sufriera algún día una invasión de «marcianos» estos «nos arrancarían los riñones de cuajo».

Estos comentarios de famosas personalidades y la lectura de novelas de ciencia-ficción, en las que siempre se representa a los seres de otras galaxias como monstruos insensibilizados y armados de potentes y avanzadísimas máquinas destructivas cuando no como absolutamente subnormales (recuerdo una novela en que los terrícolas ganaban una batalla a los pobladores de otro planeta, despistándolos enseñándoles a fumar cigarrillos habanos)—, han creado un verdadero pánico popular ante la sola sospecha de que seres ajenos a nuestro planeta estén siquiera observando nuestros movimientos.

Con el propósito de averiguar si nuestros vecinos son «gentes pacíficas» o «villanos monstruosos» como los descritos por Orson Welles en su catastrófica radionovela, se convocó, en 1968, una conferencia a la que asistieron la crema y nata de los círculos científicos. Philip Morrison leyó una memoria a los asistentes, en la que preguntaba a éstos qué interés podría tener una civilización avanzada en destruir un mundo inteligente recientemente descubierto:

«Si estuvieran mirando a través de un microscopio y descubrieran un grupo de bacterias claramente definidas, como una bandada de colegiales —dijo—, con toda seguridad que exclamarían: "Por favor, no viertan yodo sobre este portaobjetos, queremos hablar con ellos." Su primera intención —continuaba Morrison— con toda seguridad que no sería introducir las bacterias en un autoclave de esterilización. No creo que una sociedad adelantada aplastara las formas de inteligencia competidoras, tan sólo para que éstas no constituyesen ningún peligro para aquella.»

La mayoría de los científicos allí congregados trataron, por medio de sus informes y discursos, de combatir la alucinante imagen que el hombre tiene de unos seres que ni siquiera sabe si existen ciertamente.

Pero si en lo que refiere a la benignidad o tiranía de nuestros «vecinos» la sociedad científica parece estar de acuerdo, no ocurre lo mismo en lo referente a los viajes intergalácticos. En una memoria presentada en la Universidad de Sidney, Ronald Bracewell se preguntaba si los seres de otros mundos codiciarían nuestros recursos naturales, por ejemplo nuestro oro u otros materiales preciosos, y si no querrían hacernos esclavos; pero objetó estas posibilidades señalando el costo literalmente astronómico que representaría el transporte entre sistemas solares. Es poco probable —dijo— que una civilización capaz de cubrir distancias interestelares nos necesitara para proveerse de alimentos o primeras materias, cuando podrían sintetizarlos con mayor facilidad en su propio medio. «Lo más importante que podría ser transferido de estrella a estrella —añadió— es la información, lo que podría hacerse por radio.»

Edward Purcell, que defendió tenazmente la imposibilidad de realizar viajes entre sistemas solares, dijo que las relaciones entre civilizaciones tan apartadas deben ser «extremadamente benignas». Es posible que estos viajes tan enormemente largos puedan realizarse «por algún misterioso artificio inteligente —agregó—, pero con toda seguridad que no por medios físicos».

Arthur C. Clarke, uno de los más renombrados autores de ciencia-ficción, hizo observar la dificultad que representaría gobernar un imperio galáctico, ya fuese pacífico o guerrero, pues debido a las enormes distancias, las comunicaciones resultarían extremadamente lentas; por ejemplo, los mensajes por radio a nuestros vecinos más próximos, tardarían una década como mínimo en llegar a ellos.

Pero, naturalmente, también hubo quien defendió los viajes por el espacio contra viento y marea. Uno de ellos era Freeman Dyson, el joven y brillante físico del Institute of Advanced Study en Princeton. En una carta dirigida a la revista *Scientific American,* inquiría si cabía una justificación para suponer que los distantes seres con que pudiéramos llegar a conversar, son poseedores de una moralidad acorde con la nuestra.

«La inteligencia debe ser en realidad una influencia benigna —dijo— creadora de grupos de reyes-filósofos aislados en el firmamento, a enormes distancias, permitiéndoles compartir su acervo de la sabiduría. Por otra parte —continuaba— la inteligencia podría ser también un cáncer, sin fin determinado, de la exploración tecnológica, que se arrastraría por toda la galaxia con la fuerza irresistible que lo hace en nuestro propio planeta. Admitiendo la posibilidad de viajes interestelares a velocidades moderadas —añadió— el cáncer tecnológico podría propagarse por toda la galaxia en unos pocos millones de años, un período muy breve comparado con la vida o existencia de un planeta.

»Lo que nuestros detectores quieren registrar es una civilización tecnológica —manifestó—, pero ésta no sería necesariamente inteligente, en el puro sentido de la palabra. En realidad podría ser que la sociedad que deseamos detectar domine probablemente una tecnología salvaje, que se propague, insana y cancerosamente con mucha rapidez, que esté sujeta a control y mantenga las necesidades racionales de una inteligencia superior. También es posible que una sociedad verdaderamente inteligente no sienta el deseo de interesarse por la tecnología, o no la precise. Nuestra misión como científicos es escudriñar el universo en busca de lo que allí exista, de lo que allí se encuentre, tanto si está de acuerdo con nuestro sentido moral como si no lo está... Tan poco científico es atribuir a las inteligencias remotas sabiduría y serenidad, como suponerlas irracionales y dominadas por impulsos asesinos. Tenemos que estar preparados para cualquier eventualidad y orientar nuestras investigaciones de acuerdo con las circunstancias.»

La pregunta que flotaba en el ambiente era la siguiente: ¿Debemos contestar si oímos que alguien nos llama? El autor cree que, a pesar de todo el tiempo que se invertiría en esta «conferencia», se debe contestar sin ninguna vacilación, ya que, como advertíamos en capítulos anteriores, está científicamente demostrado que si una civilización con medios técnicos a su alcance suficientes para destruirse a sí misma, logra superar este hándicap y ponerse en contacto con otros seres inteligentes, tiene que estar integrada, necesariamente, por especies pacíficas.

Mas es difícil imaginar que el hombre se olvide de los medios que tiene a su alcance para vencer sobre sus hermanos. ¿Qué sabemos en realidad acerca de las raíces del mal, de la voracidad, agresividad y traición? En la Tierra encontramos claras muestras de una sociedad compleja que todavía está lejos de alcanzar la estabilidad. Los animales suelen ser, por regla general, agresivos, pero tan sólo cuando les es necesario. Un león saciado permanece reposadamente tumbado junto a la charca donde sus tradicionales víctimas, dándose cuenta de su saciedad, apagan su sed con toda tranquilidad. La agresividad innata del hombre ha hecho posible las guerras —bajo el pretexto de que no es él quien las provoca— aunque parece ser que si el hombre está destinado a sobrevivir, tendrá que controlar este funesto aspecto de su personalidad.

Debido a que sólo conocemos un modo de vida inteligente y tecnológica, nuestra tendencia es suponer su existencia en un lugar análogo al nuestro. Los seres por los que nos interesamos, tienen que poder pensar, poder desplazarse de un lugar a otro y ser capaces de construir, es decir, deben tener algo que pueda compararse a manos y pies. Deben tener sentidos tales como visión, tacto y oído, aunque los sentidos que se desarrollan en un planeta determinado deben de depender en gran manera del medio ambiente. Así, por ejemplo, podría ser que por varias razones la visión al infrarrojo del espectro les sea mucho más útil que a longitudes de onda normales para el ojo humano. Los seres que cumplan con estos requisitos acusarán poca analogía con el hombre, según manifestó Philip Morrison, podría haber «esferas azules con doce tentáculos.» Podrían ser tan grandes como montañas o tan diminutos como ratoncitos, aunque el límite del tamaño quedaría fijado por la cantidad disponible de alimentos. Además, las dimensiones fijas de las moléculas serían los factores limitativos del tamaño a que podría comprimirse un cerebro complejo. En algunos de esos mundos la duración de la vida puede que sea extremadamente prolongada. Las células de nuestro cuerpo (con algunas pocas excepciones como, por ejemplo, las cerebrales) se reponen constantemente. Parece como si este proceso, salvo en el caso de accidente o muerte, tuviera que continuar indefinidamente, pero debido a alguna oculta influencia esta reposición es imperfecta. Este asunto, la esencia del envejecimiento, se encuentra en la actualidad en estudio y no resulta inconcebible que se pueda llegar a controlar. El progreso en los transplantes de órganos humanos y la «fabricación» de otras partes del cuerpo humano (como, por ejemplo, válvulas del corazón) ha alcanzado tal grado de adelanto, que incluso los médicos y cirujanos más meticulosos creen que llegaremos a prolongar la vida de un modo considerable. Recurriendo de nuevo al ingenio de Angela Pénea, veremos reflejado en las páginas de su novela *The Plastic Man* («El Hombre de Plástico»), este próximo ciclo de la medicina:

«...a mi lado se sentó un hombre especialmente hermoso. Sus facciones eran perfectas, sin ninguna señal en la piel que delatara los cambios sanguíneos que todos sufrimos en la juventud. El pelo, liso y negro, brillaba esplendorosamente bajo los rayos del sol. Tenía un cuerpo fuerte y musculoso, que pude apreciar cuando se tendió desnudo sobre la arena, así como sus piernas, largas y pobladas de vello (...).

»...cuando le pregunté sobre la fuente de aquellos primitivos datos que él me había explicado me contestó con expresión serena:

»—Tenía yo doce años cuando aquello ocurrió.

»—Ja, ja, ja —reí—. ¿Quieres decir que tu edad sobrepasa los tres millones de años?

—Sí —contestó—. Mi cerebro ha viajado durante largos años en diferentes cuerpos. El que poseo ahora puede ser el definitivo; está formado de una indestructible mezcla de plástico y acero, que un aparato térmico mantiene a la temperatura humana. Este aparato evita que el material se endurezca y mis miembros se queden paralizados, así como la desagradable impresión que mis manos heladas y duras causarían al estrechar las de un humano.»

La ficción del relato de Pénea se convertirá en realidad en un futuro no muy lejano. No obstante, y aunque existen medio millón de suicidas en el planeta (por año) que pretenden demostrar lo contrario, la longitud de vida de un ser humano, es, en la actualidad, corta. Mas esta corta duración de nuestras vidas no debe hacer desviar nuestro interés por el intercambio de mensajes interplanetarios, ya que, como dijo Edward Purcell, de Harvard, «imaginemos que una respuesta a uno de nuestros mensajes estuviera prevista para ser recibida dentro de cincuenta años a partir de ahora. La herencia que legaríamos a nuestros nietos sería magnífica».

En la conferencia celebrada en Sidney, Otto Struve y otros científicos manifestaron que el actual despertar de la curiosidad humana frente a la posible existencia de vida inteligente en otros mundos, es algo así como un desafío a las sendas del pensamiento preestablecidas, así como lo fue la revolución copernicana que desplazó la Tierra del centro de universo. Esta última puso en acción una controversia religiosa y filosófica que sólo pudo ser debidamente encauzada en décadas recientes.

En esta ocasión debemos recordar a Giordano Bruno, el campeón copernicano que, fue condenado a morir en la hoguera, y a Martín Lutero, quien dijo que Josué, según la Biblia, ordenó al Sol —no a la Tierra— que se detuviera, el sistema de Copérnico tenía que ser falso.

Más tarde, mediado ya el siglo XIX, hubo importantes cambios en el campo de la astronomía. El padre Angelo Sacchi, eminente astrónomo y jesuita, ayudó a establecer los fundamentos de la astrofísica moderna, lamentándose de las implicaciones religiosas otorgadas al universo que se abría ante él:

«¿Es acaso posible —se preguntaba el reverendo padre— que Dios poblara únicamente este pequeño rincón del cosmos con seres espirituales? Parece realmente absurdo —escribió— pensar que en estas regiones, de dimensiones inconmensurables, sólo haya desiertos inhabitados. ¡No! —proseguía—. Estos mundos fueron destinados a ser poblados por seres capaces de reconocer, honrar y amar a su Creador.»

En los círculos teológicos, tanto en la rama protestante como en la católica, se debatió fuertemente este tema durante las primeras décadas del siglo XIX, llegando incluso algunas personalidades a considerarlo como integrante de la historia espiritual del hombre; así lo exponían en algunas de sus obras. Los dirigentes católicos manifestaron que los seres de otros mundos podrían existir en una gran diversidad de «estados»: así, por ejemplo, podrían hallarse en estado de gracia, como el que disfrutaron Adán y Eva antes de sucumbir a la tentación de la serpiente. Podrían también hallarse en el estado decadente de la humanidad después de la expulsión del Paraíso. Es también posible que hubiesen pasado por todas estas etapas y que luego hayan sido redimidos por la gracia de Dios. Podrían también hallarse en un «estado de naturaleza integral» entre el hombre y el ángel, y ser inmunes a la muerte, o quizás hayan demostrado ser tan perversos que les fuera denegada la redención. Como el lector puede comprobar, los «estados» que los teólogos católicos aplican a las civilizaciones extraterrestres no son sino los que prometen al hombre en las diferentes etapas de su existencia.

Un teólogo laico anglicano, C. S. Lewis, propuso que las vastas distancias entre sistemas solares podrían ser una forma de cuarentena divina, para «evitar la propagación de la infección espiritual de una especie caída», o servir de bloqueo a la causa de la representación del papel de la serpiente en el jardín del Edén. El padre Daniel C. Raible, del seminario de Brunnendale, de la orden de la Preciosa Sangre en Catón (Ohio), dijo en el semanario católico *América*, que los seres inteligentes de cualquier parte del universo «podrían ser físicamente tan diferentes a nosotros como lo es un elefante de una cucaracha. En sentido teológico, para ser "humano" sólo necesitarían ser una combinación de "espíritu y materia"»:

«Del mismo modo que Dios podría crear miles de millones de galaxias —dijo— también podría crear miles de millones de razas humanas, cada una de ellas única.

»Para redimir estas razas —continuaba— Dios podría adoptar cualquier forma corporal. No hay en absoluto nada repulsivo en la idea de que la misma persona Divina adoptara la naturaleza de varias razas humanas. Quizás aprendamos en el cielo, de un modo concebible, que no hubo una sola encarnación de Dios, sino muchas.»

La idea sugerida por Lewis de que la Persona Divina hubiera encarnado en un «marciano» no hizo demasiada gracia a un sector del catolicismo, que lo consideró inadmisible. Joseph A. Breig, periodista católico, en un artículo publicado en 1960 en la revista *América,* expresaba así su disconformidad: «Sólo pudo haber existido una encarnación de Dios, una madre, una raza en la que Dios vertió toda su imagen y semejanza». Breig se quemaba los dedos con este artículo, ¿por qué Dios, omnipotente, inmaterial, incoloro y todopoderoso, ha de restringir su imagen a la del ser humano? ¿Acaso toda la Tierra, no sólo la especie inteligente, no está creada a su imagen y semejanza?

En respuesta al periodista, el padre L. C. Mchugh, director asociado de la revista, manifestó:

«¿No parecería extraño que su fuerza, inmensidad, belleza y eternidad hayan sido distribuidas con pródiga generosidad por inimaginables extensiones de espacio y tiempo, mientras que el conocimiento y el amor, que por sí solos representan el significado de todo este esplendor, hubieran sido confinados en este globo donde la vida autoconsciente empezó a florecer hace tan sólo unos cuantos miles de años?»

La rama protestante de la teología se interesó también, al igual que los católicos, por saber si Dios podría o no haber adoptado forma corporal en cualquier lugar del firmamento, haciendo públicas, asimismo, sus deducciones.

Paul Tillich, uno de los eminentes teólogos protestantes, manifestó que no hay razón verdadera que justifique que no pudiera tener lugar una tal encarnación:

«La encarnación es única para el grupo especial donde tiene lugar, pero no es única en el sentido de que queden excluidas otras encarnaciones singulares para otros mundos únicos... El hombre no puede pretender ocupar el único sitio donde puede tener lugar la encarnación...»

»La astronomía nos dice que nuevos mundos se hallan en constante evolución y que otros viejos se están volviendo inhabitables. La vida o duración de nuestro planeta es, por tanto, limitada —explicaba—, pero esto deja abiertos otros caminos de divina automanifestación, antes y después de nuestra histórica continuidad. Nuestra ignorancia y nuestros prejuicios —concluía— no deberían apartar a nuestra mentes de traspasar los límites de nuestra Tierra, nuestra historia e incluso nuestra cristiandad.»

En un informe entregado en 1957 el Union Theological Seminary de Nueva York, por John Macquarrie, defendía éste la sugerencia hecha por Tillich de que, si bien los mundos surgen y desaparecen, la vida espiritual de cualquier parte del universo persiste eternamente. Basaba, asimismo, Macquarrie algunas de sus disertaciones en la teoría del «estado estable» propuesta por Fred Hoyle, Hermann Bondi y Thomas Gold, según la cual, pese a que el universo se extiende constantemente, hay una continua creación de nueva materia para rellenar los vacíos que se forman:

«Bien podría ser —dijo— que el universo hubiese producido y continuara produciendo incontables millones de... historias análogas a la humana. La creación debe ser cíclica, como lo demuestra el hecho de que se produzcan las mismas clases de cosas una y otra vez con interminables variaciones.

»Intentar establecer conclusiones definitivas acerca de Dios y el universo basadas en unos pocos episodios de la historia relacionados únicamente con nuestro planeta —continuaba Macquarrie— es una tarea muy arriesgada por no decir imposible.»

Con anterioridad a la realización de Proyecto Ozma, el matemático y físico británico Edward A. Milne propuso que únicamente era necesaria una encarnación —la de Jesucristo— puesto que cuando llegaran, por radio, noticias de ella a otros mundos, éstos también serían salvados. La propuesta de Milne era verdaderamente demencial. Como hemos explicado con anterioridad, Jesús era precisamente un mensajero de aquellos mundos; enviar un mensaje comunicándoles la historia y trágico final de Jesucristo, así como sugerirles la necesidad de creer en su palabra, cuando el mensaje de sabiduría que nos comunicaron por medio del Hijo de Dios debe estar para ellos más que caduco, sería —cuando no humillante— ridículo por completo.

Oponiéndose rotundamente a las teorías del matemático británico, E. L. Mascall, profesor de filosofía y religión en la Universidad de Oxford en Inglaterra, dijo que la redención no era «exportable». Al igual que otros teólogos que tomaron parte en este diálogo, citó el argumento de Santo Tomás de Aquino, del siglo XIII, de que la reencarnación podría haber adoptado una de las siguientes formas: en lugar de Dios, aparece el Hijo de la Tierra —dijo— pudiendo haber sido Dios el Padre o Dios el Espíritu Santo. Manifestó que ninguna de estas alteraciones había sido descartada teológicamente. Siendo realmente así, los actuales estudiosos se preguntan: ¿Por qué razón no puede haber también encarnación en otros lugares?

Al término de su memoria Mascall se mostró apologista, dejando al descubierto los problemas hipotéticos que siguen:

«Los principios teológicos tienden a entumecerse

por falta de ejercicio y queda mucho que decir sobre lo referente a dejarles, ahora y después, hacer una escapada por un campo donde los senderos son pocos y los límites indefinidos; estos principios desarrollan su cotidiana labor, lo mejor que pueden, con miras ocasionales por el campo.»

En lo que a este punto respecta, se puede decir que tales «salidas» fueron ya realizadas por clérigos como William Ralph Inge, deán de la catedral de San Pablo en Londres, conocido también con el apodo de «El deán tenebroso» a causa de sus duras críticas a la sociedad moderna del que —según informes de gran credibilidad— posee monseñor Guerra Campos una fotografía dedicada, que enmarcó en humilde plata vieja para adornar su celda (perdonen ustedes el *excursus).* El popularmente llamado «El Tenebroso» coincidía con el padre Secchi en lo que se refiere a lo intolerablemente presuntuoso que resulta creer que la vida espiritual es propiedad privada de la Tierra. En una serie de memorias leídas en la Lincoln's Inn Chapel durante los años 1931-1933, discutió el concepto de Platón de un «alma universal» y sus argumentos paralelos con puntos de vista cristianos sobre el Espíritu Santo:

«Esto —dijo— hace surgir la pregunta de si hay vida espiritual en todas las partes del universo. No creo que precisemos creer, como Fechner, que cada cuerpo celeste tenga un alma de su propiedad. (Se refiere a Gustav Theodor Fechner, psicólogo experimental alemán, que predicó una filosofía altamente alentadora). Preferiría ser un adorador de estrellas antes de creer, como Hegel, que los rutilantes firmamentos no tengan más significado que un simple salpullido en el cielo o un enjambre de moscas. Tiene que haber, sin lugar a dudas, un inmenso número de almas en el universo y algunas de ellas incluso más próximas a la divinidad que nosotros mismos.»

El poema de Alice Meynell *Cristo en el Universo* que encabeza este capítulo, es una de las reflexiones sobre la encarnación que más ha conmovido y unido a las dos ramas de la teología: católicos y protestantes.

La religión de los budistas y los mormones, así como algunas otras, predican la existencia de otros mundos; con esto se pretende que el choque que el descubrimiento de éstos provoque en sus seguidores, resultase más «suave». La doctrina de los mormones se expone en una serie de revelaciones, entre las que se incluye una bajo el título de *Visiones de Moisés reveladas a Joseph Smith, el profeta, en junio de 1830.* En ella se explica cómo Moisés «contempló países, cada uno de ellos fue llamado Tierra, donde había habitantes». Este Moisés transcribe la palabra de Dios de esta forma:

«... y mundos innumerables que he creado... pero sólo te doy razón de esta Tierra y de sus habitantes. Son muchos los mundos que han fenecido por la voz de mi fuerza. Hay otros muchos que todavía subsisten e innumerables los que son también para el hombre. Todas las cosas llevan mi impronta, pues son mías y las conozco... y tan pronto como fenezca una de estas tierras con su correspondiente cielo, surgirá otra, y de este modo no habrá nunca fin en mis creaciones ni tampoco en mi voz.»

Este punto de las revelaciones de Moisés a Joseph Smith es increíblemente parecido al concepto del «estado estable» sugerido por Tillich y Macquarrie con anterioridad.

La religión budista, tan floreciente en la última década, describe mundos resplandecientes, esplendorosos, repartidos por todo el universo. En el libro sagrado conocido con el nombre de *Saddharma-Pundarika* o «Loto de la Ley Verdadera», el Señor aparece entre una asamblea de bodhisattvas u «hombres sabios», procedentes de innumerables mundos, y nombra ocho veces los «granos de arena en el río Ganges». El Señor les hace alucinantes descripciones sobre la existencia de otros mundos, de árboles enjoyados, gentes de oro, vientos perfumados y ráfagas de lluvia de pétalos y champán (aunque pueda parecer imposible, la referencia a este exquisito líquido es cierta). Para dar una reseña de la cantidad de mundos que nos rodean dice:

«Dejemos que sean átomos de polvo la Tierra desde cinco millones de miríadas de *kotis* de mundos; dejemos que haya algunos hombres que tomen uno de estos átomos de polvo y que luego se dirijan hacia el Este cinco millones de miríadas de *kotis* de mundos más, para depositar allá dicho átomo de polvo; dejemos que el hombre transporte de esta manera, de todos estos mundos, toda la masa de tierra y que también por igual procedimiento deposite todos estos átomos hacia Oriente. Pues bien: ¿creerías tú, joven de noble familia, que podría haber alguien capaz de imaginar, pensar contar o determinar el número de estos mundos?»

La religión confucionista se centra más bien en las materias terrestres; no obstante, algunos doctos chinos, de la antigua escuela, evidentemente (en la actualidad cualquier ciudadano de China que no sea materialista-dialéctico es considerado un germen nocivo), hablaban de «tierras con sus cielos propios dándoles luz.»

Hacia el siglo VIII algunos filósofos rabinos concebían el cosmos en forma de materia en «estado estable». Esto lo demuestra uno de los comentarios de la Biblia preparado, en el pasado, por sabios judíos bajo el título de *Midrah Rabba:* «El Señor, cuyo nombre sea bendito, construye mundos y los destruye». A pesar de esto, y teniendo en cuenta las diversas teorías estudiadas y compartidas por diversos teólogos rabinos, la religión judía no se preocupa demasiado de la posibilidad de vida en otros planetas o estrellas.

El informe que la NASA pidió a la Brooking Institution habla de las tensiones y peligros que se podrían producir en el caso de que entráramos en contacto con habitantes de otros mundos, pero se muestra vacilante a la hora de considerar los beneficios que tal relación nos pueda aportar. Si la teoría que a lo largo de las páginas de este libro hemos venido manteniendo sobre la sabiduría y avance tecnológico de otras civilizaciones ajenas a nuestro mundo, así como en sus aspectos biológico y médico —teoría que como habrá apreciado el lector está compartida por prestigiosos científicos de las diferentes ramas—, en el caso, hipotético, por supuesto, de que ésta fuera cierta, habría una obligación moral de todos los ciudadanos de la Tierra, así como de sus gobernantes, de apoyar fuertemente las investigaciones encaminadas a entablar contactos con aquellos seres. El conocimiento de una de tales civilizaciones, de sus descubrimientos y sus técnicas, podría permitirnos deducir lo que sucedió hace miles, o quizás millones, de años en la larga trayectoria de nuestra existencia. Podría quizás eliminarse, mucho antes que por otros medios, la tristeza de la muerte prematura, las deformidades congénitas, la locura y demás dolencias propias de nuestra sociedad actual, incluyendo los prejuicios, el odio y la guerra. No importa en absoluto lo que otro mundo pueda diferir del nuestro en cosas superficiales; nosotros siempre aprenderíamos de su historia lo suficiente para comprender mucho mejor la nuestra, así: la influencia de las grandes revoluciones en el desarrollo de la vida en la Tierra, la desaparición de los grandes reptiles, la aparición de los mamíferos y, finalmente, la del hombre.

En la introducción a su antología sobre comunicaciones interestelares, Alastair Cameron, astrofísico, describe la posibilidad de vida en otros mundos como «la incógnita más grande de la filosofía científica»:

«Actualmente —dijo— ya empezamos a admitir que puede haber millones de sociedades más avanzadas que nosotros en nuestra galaxia. Si podemos pasar a la etapa siguiente y comunicar con alguna de estas sociedades, cabe esperar un enorme enriquecimiento en todas las fases de nuestras ciencias y artes. Es posible que también recibamos provechosas lecciones sobre las técnicas gubernamentales de un mundo estable.»

Considerando el problema desde el punto de vista teológico, el jesuita y filósofo, Pierre Teilhard de Chardin llegó a una conclusión similar. En su libro *La aparición del hombre,* una de sus obras que, por los conceptos que contenía, sospechosos de heterodoxia, no fue publicada hasta después de su muerte, en 1955, comenta la «mutua fecundación» que tendría lugar si dos civilizaciones que hubieran evolucionado independientemente establecieran contacto a través del espacio. «Si bien la posibilidad de un tal encuentro es remota —dice— un acontecimiento de esta índole enriquecería sin duda alguna a ambas sociedades.»

Una de las cuestiones sobre la que llamó la atención J. Robert Oppenheimer, físico nuclear, fue la de si la ciencia de otra civilización sería o no comprensible para nosotros. En tal oportunidad citó el «principio de incertidumbre», reconociendo hace ya una generación, según el cual podemos estudiar y medir los rasgos de un determinado sistema atómico, pero dentro de este caso particular no podemos medirlos todos. Así, por ejemplo, en un experimento podemos determinar la posición de una partícula, pero no podremos indagar al mismo tiempo su velocidad. De un modo similar puede decirse que nuestra ciencia se concentra en determinadas preguntas a expensas de otras, aunque esto se halla ya tan trillado en la textura de nuestros conocimientos, que generalmente nos pasa inadvertido. En otros mundos las preguntas básicas puede que se planteen de un modo distinto.

A pesar de que en la época en que vivió Isaac Newton se decía que la verdad científica en los rincones más apartados del universo era idéntica a la de cualquier rincón de la Tierra, en este siglo se ha demostrado que existen varios caminos por los cuales poder llegar a esta verdad. Es probable que en un mundo la ciencia también la esté buscando, aunque por medios distintos a los utilizados en otro. Este detalle haría muy difícil comprender la labor realizada por nuestros lejanos vecinos, y tampoco parece probable que podamos interpretar esos medios de que se valgan.

La más apasionante entre todas las perspectivas, es el enriquecimiento con que nos beneficiarían estos intercambios en el aspecto espiritual y filosófico. Nuestro mundo está supeditado a cambios revolucionarios. Nuestros antepasados disfrutaron de una serena placidez que hoy en día nos está velada a la mayoría. A medida que vamos acribillando nuestro planeta de industrializaciones, carreteras, edificaciones y prisas, la restauración del alma, que emana precisamente de la contemplación de la naturaleza virgen, sin señales de actividad humana, resulta cada vez más inaccesible. Además debido a las realizaciones materiales conseguidas, estamos cada día más amenazados por lo que los franceses llaman *embourgeoisement,* que significa dominio del mundo por la mediocridad burguesa, la conformidad y la consecución del máximo bienestar.

El mundo necesita desesperadamente una aventura global para reavivar la llama que con tanta intensidad brilló durante el renacimiento en el descubrimiento de nuevos mundos en nuestro propio planeta, y en los dominios de la ciencia. En la actualidad el hombre ha podido pisar ya el suelo de dos planetas dentro de nuestra galaxia —La Luna y Marte— y dentro de una década este dominio se habrá extendido con seguridad, pero la posibilidad de pisar mundos de otros sistemas solares es aún muy remota, más esto será lo que mantenga la imaginación y la curiosidad del hombre.

En el siglo XVIII el poeta inglés Edward Young escribía este verso:

¡... cuán majestuosa,
cuán gloriosa aparece entonces la mente del [hombre
cuando en ella aparecen girando las estrellas y [los planetas!

y lo que parece, es verdadero. Grandes objetos
[producen
grandes inteligencias, que aumentan al aumen-
[tar el campo visual;
aquéllos aún más semejantes a Dios, cuanto
[más divinas éstas.

El concepto de que la vida sea posiblemente universal, si bien sólo propagada por algunos lugares del universo, tiene un especial significado para todos los que contemplan el cosmos y se den cuenta de lo perecedero que es el hombre. George Wald, profesor de bioquímica en la Universidad de Harvard, que se ocupó durante mucho tiempo en investigar el verdadero origen de la vida, dijo:

«La vida ocupa en el universo una posición relativa. Es parte del orden de la naturaleza. En este orden ocupa un lugar privilegiado, ya que posiblemente representa el estado más complejo de organización que la materia haya podido alcanzar en el universo. En este planeta, nosotros, los hombres, ocupamos un lugar especialmente pujante, porque en nosotros, como hombres, la materia ha comenzado a considerarse a sí misma...»

Harlow Shapley, astrónomo, encontró, asimismo, gratificante para el espíritu los últimos descubrimientos. Estos han contribuido —dijo— al despliegue de un magnífico universo:

«Formar parte de éste es ya de por sí algo glorioso. Con nuestros compañeros en planetas alejados; con nuestros amigos los animales y las plantas de la Tierra, mar y aire; con las rocas y las aguas de todas las cortezas planetarias y con los fotones y átomos de que se componen las estrellas. Con todo esto nos hallamos asociados a una existencia y evolución que inspira respeto y profunda veneración. No podemos huir de la humanidad, y como filósofos y científicos debemos estar agradecidos porque haya todavía a nuestro alcance misterios por descubrir.»

VIII

INFLUENCIA DE LAS INVESTIGACIONES ESPACIALES EN LA LITERATURA CONTEMPORANEA

La ficción científica ha hecho irrupción en nuestra vida cotidiana: la leemos en los libros, en los artículos periodísticos y en las revistas de llamativas cubiertas *(comics)*; la oímos en los programas de radio; nos salta a la vista, en forma de historietas, desde la prensa diaria, y la contemplamos en la pantalla de la televisión. Nos es imposible huir de ella, y no tenemos más remedio que aceptarla como algo con personalidad propia en el campo de la literatura.

El mero hecho de llamar «literatura» a la ficción científica hará que muchas personas se lleven, consternadas, las manos a la cabeza. La ficción científica es para ellas, sinónimos de pistolas lanzarrayos, de invasores marcianos provistos de monstruosa figura tentacular y, lo que es más significativo, de las historietas de terror. Debemos admitir que estas últimas, así como algunas de las publicaciones modernas, no dejan de tener cierto parentesco; la ficción científica, sin embargo, tiene suficiente vitalidad para romper con esas turbias compañías del pasado. Queremos dedicar esta segunda parte del libro a hacer una breve historia del tema, para poder fijar, con precisión, el lugar que le corresponde.

Sería erróneo afirmar que toda literatura de ficción científica procede de las historietas terroríficas y de las denominadas «pulps», que tuvieron tanta difusión en los años treinta del presente siglo. Gran parte de esta literatura posee un carácter completamente distinto, y es una lástima que se incluya, en el mismo grupo, a toda obra con una base científica. La situación ha mejorado en la última década, aunque más de la mitad del camino está todavía sin recorrer.

Se requeriría un volumen del tamaño de una enciclopedia para estudiar a fondo las diferentes ramificaciones de la ficción científica, por lo tanto extractaremos el tema para no extenuar la paciencia del lector. Nos concentraremos, casi exclusivamente, en los relatos de tema interplanetario, ya que las narraciones de este tipo constituyen la variante más popular de la ficción científica. No obstante, los comentarios que siguen se pueden aplicar, con la misma validez, a las demás modalidades. Surge otra cuestión de vital importancia, al buscar una respuesta para la siguiente pregunta: ¿Qué es la ficción científica?

¿Nos limitaremos a H. G. Wells, a Edgar Rice Burroughs y a Dan Dare, o ampliaremos el campo para incluir en él a obras como *El fabricante de estrellas (Star Maker),* de Olaf Stapledon, y *Fuga a los espacios (Out of the Silent Planet)*, de C. S. Lewis, que son, principalmente, investigaciones filosóficas o sociológicas? ¿Encajan de algún modo, en este tema, los viejos clásicos como *El sueño (Somnium)* de Kepler, y *Un hombre en la Luna (Man in the Moon)*, del obispo Godwin?

Puesto que encontramos gran diversidad de opiniones, me propongo adoptar el punto de vista más liberal, aun sabiendo, a ciencia cierta, que no voy a estar de acuerdo con muchos lectores. Consideraré adecuada, para mi propósito, cualquier obra que posea un fondo científico, pues, de otra manera, sería muy dificultoso darse cuenta de la forma en que evolucionó nuestro tema a lo largo del tiempo, y también nos costaría gran trabajo llegar a algunas conclusiones sobre las tendencias actuales y las previsibles para el futuro.

El lector podrá apreciar claramente los propósitos que me animan al escribir sobre este tema. Espero demostrar que, aunque se sigan difundiendo las historietas de terror para muchachos y los relatos desagradables para mayores —dañosos en todos los sentidos—, existe un libro de ficción científica que no sólo es literariamente válido, sino que, además, proporciona entretenida lectura. Muchas obras, aunque no todas, descansan sobre sólidos fundamentos científicos y juegan, por tanto, un excelente papel en la difusión de la ciencia. Algunas personas, a quienes se les caería de las manos un libro de divulgación científica, lo leerían de muy buena gana en forma de novela y si, al mismo tiempo, adquieren conocimientos que sean, de verdad, científicos, tanto mejor. Realmente podemos agrupar a esta clase de relatos en dos apartados diferentes:

1. Los que, científicamente, son inexactos.
2. Los que se ajustan, en todo lo posible, a los conocimientos actuales de la ciencia; si bien han de concederse, necesariamente, bastantes licencias.

La primera vez que leí un relato de ficción científica fue a los siete años, cuando mi padre me regaló una novela de Arthur Carkle, titulada *2001, una odisea espacial*. Su lectura me apasionó, y a través de ella viajé desde las entrañas de la Tierra (las cuevas donde habitaban los hombres primitivos, aún sin evolucionar) hasta el espacio fascinador, poblado de intensas nubes de diversos y luminosos colores, visité lejanas y extrañísimas galaxias, y reconozco que tuve que sufrir bastante antes de convertirme en el hijo (emperador) de las estrellas.

La historia no se ajustaba a la realidad, evidentemente, pero eso no me preocupaba entonces en absoluto. Lo importante es que consiguió fascinarme, acrecentando en mí el interés por la astronomía. Nunca he vuelto a sentir, en toda su frescura, aquellas emociones lejanas, pero, cuando fui a ver la adaptación cinematográfica de la novela realizada por Stanley Kubrick, a pesar de que este había dejado muchas escenas del libro sin filmar, confieso que volví a disfrutar tanto como cuando lo leí por vez primera.

Las narraciones de este tipo hacen una buena labor, ya que no perjudican, y son de agradable lectura para los niños, cuyas ideas se encuentran, como es lógico, en un período embrionario. Actualmente circulan una infinidad de obras semejantes, de manera que el profesor o preceptor de jóvenes que frunza el ceño ante toda ficción científica y la excluya de su biblioteca, demuestra ser sumamente estrecho de miras. Los «venusianos» sedientos de sangre, y los repulsivos mutantes, debieran ir a parar al cesto de los papeles; pero la ficción científica no está representada por ellos. En todas las ramas de la literatura encontramos parientes espurios, y este caso no constituye una excepción.

Contra lo que suele creerse, la ficción científica no es un acontecimiento nuevo que tenga como única causa los adelantos del siglo veinte en la investigación de las capas superiores de la atmósfera, de la estructura del átomo o de los cohetes. Claro está que tales progresos han influido mucho, y no siempre de un modo provechoso, pero, si queremos seguir la evolución de este género literario, desde sus orígenes, hemos de remontarnos a la Grecia antigua. Siempre ha sentido el hombre el deseo de trasladarse a otros mundos y, si es difícil llevarlo a la práctica, cuenta con el poder de la fantasía para hacerlo.

Olvidémonos, por el momento, de cohetes, telescopios y estaciones en el espacio, y retrocedamos a través de los tiempos. Sólo así podremos saber lo que es en realidad, la ficción científica y cuáles han sido sus comienzos.

Suelen sostenerse que la ficción científica comienza con la famosa *Historia verdadera,* de Luciano de Samosata, escritor satírico griego que vivió en el siglo segundo de nuestra era. Probablemente sea correcta esta opinión, pues si hubo otras novelas que tratasen del espacio, anteriores a ésta, no han llegado hasta nosotros. Sin embargo, no estaría de más decir una palabra acerca de mitos y leyendas primitivos.

La ficción científica no podía surgir en tanto no existiera la verdadera ciencia, y los primeros pobladores de la Tierra, los remotos antepasados del hombre que vivieron entre los hielos del último glacial, no pueden haber tenido un concepto real de la naturaleza del universo. Para ellos, el Sol y la Luna eran dioses, la Tierra era plana y los cielos giraban a su alrededor un vez al día. Incluso, cuando aparecen las grandes civilizaciones de la antigüedad, la ciencia se halla casi estancada. Unas veces se creía que la Tierra flotaba sobre un océano sin límites, mientras que, en otros pueblos, se sostenía que la Tierra reposaba sobre el caparazón de una descomunal tortuga. El hecho de que fuera, simplemente, un mundo dentro de otros muchos no se le pasó a nadie por la imaginación.

Merece la pena referir un mito de la antigüedad China, pues ofrece rasgos que son característicos de otras muchas leyendas. Se cuenta que, cierta vez, una manada de elefantes fue a abrevar en una balsa conocida por el nombre de «El lago de la Luna», causando a su paso un gran estrago entre las liebres que vivían por los alrededores. Cuando, en otra ocasión, volvieron los elefantes, el jefe de las liebres les hizo ver que estaban molestando a la diosa-Luna, pues impedían que ésta se reflejase en el agua... Los elefantes comprendieron en seguida que esto era muy poco prudente y se marcharon a toda prisa, dejando a las liebres en paz.

Muchas de las viejas leyendas hablan del «hombre de la Luna», y es fácil ver por qué, pues, si damos rienda suelta a nuestra imaginación, nos parecerá que los contornos de las oscuras llanuras de nuestro satélite forman una silueta humana. Pueblos hubo, sin embargo, que perturbaron la paz lunar al introducir, además, a la mujer. Luego, les llegó su turno a las liebres, a las ranas, a los sapos y a otras alimañas, hasta que la Luna se convirtió en un auténtico parque zoológico. Por fortuna, ninguno de tales habitantes parece haber echado de menos esos engorrosos artefactos de hoy, como son, por ejemplo, los trajes espaciales.

Los hombres del más remoto pasado dividieron las estrellas en grupos o constelaciones, a las que pusieron nombre de animales o de objetos de la vida cotidiana; pero no pudieron pasar de una simple y mecánica observación de las estrellas. La astronomía propiamente dicha se inicia con la aparición de la filosofía griega, hacia el año 600 a. de C. Los griegos realizaron una especie de revolución en el pensamiento humano, y no tardaron en hacer su primer descubrimiento importante en el campo de la astronomía: que la Tierra no es plana, sino esférica.

El progreso no se efectuó de una manera súbita. Jenófanes de Colofón, que vivió alrededor del 500 a. de C., sostenía que el Sol estaba constituido por «nubes encendidas», y que, cuando se sumergía en el mar, al anochecer, se apagaba; de manera que todas las mañanas, había de ser creado un nuevo Sol. Filolao, aun siendo posterior, creía que el Sol era un disco vítreo, que reflejaba la luz del universo; sus ideas acerca de la Luna y de los planetas no eran menos extrañas. Fue Anaxágoras uno de los más grandes pensadores de la antigua Grecia, el primero en afirmar que la Luna es «un cuerpo sólido, con montañas, llanuras y barrancos». Con una frase había abierto el camino a la astronomía y a lo que ahora llamamos ficción científica. Si la Luna es parecida a la Tierra, bien pudiera ser que estuviese habitada; es más, acaso pudiera llegarse a ella.

La obra de los sabios griegos resultó verdaderamente extraordinaria. Sus contribuciones en el campo de la literatura no fueron menos importantes, y uno de los últimos escritores griegos, Plutarco, dedicó su atención a los cielos, en general, y a la Luna, en particular. Hacia el año 70 de nuestra era escribió su libro *La faz de la Luna (De facie in orbe Lunae),* que estaba a sólo un paso de la ficción científica. Plutarco no era un científico. Pasó a la posteridad, sobre todo, por sus *Vidas paralelas,* un libro tenido en gran aprecio por sucesivas generaciones de historiadores; escribió también más de setenta tratados de muy diversas materias. *La faz de la Luna,* es un libro largo, pesado y, al parecer, incompleto. La primera parte consiste en un intento de recopilación de lo que entonces se conocía acerca de la Luna, en tanto que el resto es pura fantasía, aun cuando la intención del autor fuera muy distinta.

De momento no nos interesan las especulaciones científicas de Plutarco, pero sí sus fantasías. Aunque, como Anaxágoras, creía que la Luna era una segunda Tierra, con montañas, valles y precipicios que accidentaban su superficie, rechazó la posibilidad de que estuviera habitada por hombres y reemplazó a éstos por espíritus. La segunda parte de su tratado es un diálogo, en el que describe las idas y venidas de las almas de los muertos, en su vagar de la Tierra a la Luna.

Algunas de las ideas de Plutarco eran muy extrañas. Leemos por ejemplo, que dichos espíritus podían dejar la Luna cuando lo creían oportuno y descender a la Tierra, donde hablaban a los mortales por boca de los oráculos, tal como el que se hallaba en Delfos. Las almas que no habían alcanzado la perfección, o los espíritus coléricos, no eran tolerados en la Luna, y se les reexpedía, de manera inflexible, a la Tierra, hasta que hubieran corregido sus defectos. Este tema fue recogido, mucho más tarde, por otros escritores, incluido el famoso obispo Godwin, pero la idea primitiva se debe a Plutarco.

No puede precisarse hasta qué punto tomaba en serio Plutarco sus especulaciones. Lo cierto es que, sólo medio siglo después, nos encontramos con la primera narración genuina de ficción científica. Nos referimos, claro está, a la *Historia verdadera*, de Luciano, que merece la mayor atención, tanto por su originalidad como por su valor literario.

Luciano fue uno de los más grandes satíricos del mundo antiguo. A una mente equilibrada unía el don de un estilo sencillo y desenvuelto, además de poseer un extraordinario sentido del humor. Incluso nos cuenta, de pasada, algo de su vida. Al parecer, en la escuela se pasaba las horas rascando la cera de sus tablillas de escribir, y haciendo con ellas figuras de hombres y animales. En vista de su afición, decidieron ponerle bajo la tutela de un tío suyo, escultor, con objeto de que se dedicara a este arte. Tuvo una desgraciada iniciación en su nueva actividad, pues dejó caer una laja de marmol, que se rompió en pedazos, recibiendo el infeliz aprendiz tan soberana paliza, en castigo a su torpeza, que salió huyendo y volvió a su casa. Pero, si como escultor fue un fracaso, no le ocurrió lo mismo cuando se dedicó a las letras. Escribió prolíficamente, y una de sus obras más celebrada hoy es, precisamente, dicha novela interplanetaria. Y esta preferencia no se debe, exclusivamente, al interés que ahora despierta todo lo relacionado con los cielos. La primera vez que se tradujo al inglés fue hacia el año 1634, y se la ha considerado siempre como una de sus mejores y más regocijantes de sus obras.

Su mismo título la resume. La novela relata hechos que, según palabras del autor, «no había visto, ni realizado, ni sabido por un tercero, cosas que no existen ni nunca pudieron haber existido; así, pues, mis lectores no deben darle ningún crédito». En una palabra, *la Historia verdadera* es, de cabo a rabo, una sarta de mentiras; pero, eso sí, son mentiras magníficamente contadas.

El conocimiento cierto del mundo se limitaba entonces, prácticamente, a la cuenca del Mediterráneo, y el espíritu avisado de Luciano buscó un escenario más lejano, en las regiones desconocidas y sin civilizar al oeste del estrecho de Gibraltar, al cual llamaban los antiguos Columnas de Hércules. La primera parte de la *Historia verdadera* es relativamente convencional, y trata de las aventuras de unos navegantes que pasan las Columnas con rumbo al mar exterior. Al cabo de ochenta duros días de navegación arribaron a una isla, donde hallaron una inscripción griega que rezaba así: «Aquí está el límite de los viajes de Hércules y Dionisio.» Dionisio, el dios del vino, había tenido la deferencia de dejar en la isla una excelente provisión del venerado licor, de ahí que, todos a una, decidieran hacer una escala en la isla antes de seguir adelante. Después de reanudar el viaje —es de suponer que no sin sentimiento—, la embarcación fue arrastrada por un torbellino, y se vieron transportados a lo alto de una enorme tromba marina.

«De pronto —dice Luciano—, fuimos atrapados por una tromba de aire, que hacía girar nuestra nave como una peonza, y que nos levantó a una altura de tres mil estadios.»

Después de perder de vista, por debajo de ellos, al océano, siguieron volando durante siete días con sus noches, al cabo de los cuales se encontraron ante lo que creyeron era tierra: «una gran extensión en el aire, como una isla resplandeciente.» Estaban a unas millas de la Luna, hasta entonces inasequible al hombre.

Con su llegada se produjo una pequeña conmoción. Casi al instante vieron unos guerreros que cabalgaban sobre «buitres-caballos», que eran unos horrendos pajarracos de tres cabezas, y los infelices marineros fueron aprisionados y llevados ante el rey de la Luna. Para su sorpresa el rey resultó ser Endimión, quien había decidido despertarse, evidentemente. Se les informó de que habían llegado en una hora crucial, pues Endimión estaba en guerra con Faetón, rey del Sol. Ambos se disputaban el derecho de colonizar «Lucifer» (Venus, la estrella vespertina) y cada uno, por su parte, había reunido un poderoso ejército. Componían las fuerzas de Endimión sesenta millones de soldados de a pie, ochenta mil de a «buitre-caballo» y veinte mil en pájaros de enorme tamaño, que ocultaban a sus jinetes tras un espeso camuflaje de hojarasca. Y esto no era todo. Contaba con arañas, cada una de las cuales era mayor que una isla, y treinta mil combatientes montados sobre pulgas. Pero Featón iba a ser un hueso duro de roer: entre sus tropas había un cuerpo de ejército constituido por hormigas.

También hace Luciano una detallada descripción de los selenitas. Estaban mucho más adelantados, naturalmente, que la gente de la Tierra, y aborrecían cualquier cosa que fuera sucia o impura. Les era desconocido cuanto se relacionaba con el sexo, o quizás fueran sumamente discretos al respecto. Incluso, cuando un selenita moría, se limitaba a convertirse en humo, de manera que no quedaban restos que enterrar. Impulsados por las circunstancias, los marinos hubieron de alistarse en el ejército de Endimión. Tomaron parte en la batalla, el encuentro fue tan desastroso que se cuenta que los cielos se tiñeron de rojo.

Después de múltiples aventuras, los marinos regresaron a la tierra, pero con tan mala fortuna que cuando su barco se posó sin novedad sobre el océano, fue engullido por una serpiente gigantesca, de unos ciento sesenta kilómetros de longitud. En las entrañas de la bestia, pasaron los marineros verdaderos apuros, pero se las arreglaron para escaparse por el ano del monstruo, quedándose maravillados al comprobar que habían ido a parar a las «Islas Afortunadas», donde moraban las almas de los héroes y de los filósofos de otro tiempo.

El escritor griego era demasiado inteligente para permitir que su novela terminara con una nota de anticlímax, y corta la narracción bruscamente con la promesa de que en libros sucesivos referirá el final de la aventura.

Esto es ficción científica, pura y simple. Los marinos de Luciano son un claro precedente de los tripulantes de cohetes y oficiales del espacio de nuestros días, y la trama de la narración ha sido imitada una y otra vez. Nos encontramos en ella junto con el viaje inicial, el descubrimiento de otro planeta de seres superiores, la batalla en el espacio... ¿Cuántas veces no habremos leído y visto las mismas cosas en libros, revistas, espacios televisivos, etc.? Ha de señalarse, también, que a Luciano le traía sin cuidado la verosimilitud científica. Su propósito era ridiculizar a escritores que le habían precedido, autores de relatos tan extravagantes como el suyo, pero que habían tratado de hacerlos pasar por reales. A pesar de todo, y esto es importante, la *Historia verdadera* no puede ser más amena. Tampoco hay en ella indicaciones de una amenaza a la Tierra, tema que ha obsesionado a muchos escritores más cercanos a nosotros, y que da a sus obras un deprimente parecido. Puede reprocharse a Luciano el que su libro sea solamente una sátira, pero su crítica siempre es comprensiva, y únicamente se torna ácida cuando habla de los embaucadores e hipócritas.

Aunque *Historia verdadera* sea una obra única, Luciano escribió otro relato de tema interplanetario: el *Icaromenipo*. La diferencia más notable entre los dos relatos es que mientras a los marineros del primero no se les había pasado por la imaginación llegar a la Luna, y fueron lanzados a las alturas por pura casualidad, Icaromenipo se lo propuso desde el primer momento:

«Me intrigaba ver las estrellas desparramadas por el cielo —dice— y deseaba ardientemente saber de qué materia estaba compuesto el Sol; pero la Luna era lo que más admiración me producía.»

Ante tal curiosidad, decidió hacerse con un par de alas y remontar los cielos en busca de una información de primera mano.

A pesar de su interés por saber qué había más allá de su planeta, Icaromenipo no se mostró nada cívico a la hora de elegir un medio para poder volar, ya que, en lugar de fabricarse unas alas artificiales, arrancó una a un buitre y otra a un águila. No es difícil imaginar que el resultado del experimento debía tener ciertos defectos, pero el caso es que las leyes de la aeronáutica aún no habían sido formuladas, e Icaromenipo estaba en condiciones de volar sin que encontrase muchas dificultades. Cuando todo estuvo preparado, se lanzó a los aires desde la cumbre del monte Olimpo. Cuenta Luciano cómo su héroe acompañó a la Luna en su lento girar en torno a la Tierra, a la que veía bajo sus pies; nos relata el éxito de sus pesquisas y la manera en que, sano y salvo, desciende a la superficie lunar. También nos dice cómo voló luego, «cada vez más arriba, rumbo a los cielos», dejando al Sol un gran trecho detrás de sí, y cómo revoloteaba entre las estrellas. Desgraciadamente, los dioses del Olimpo tomaron muy a mal la intromisión de un simple mortal y encargaron a Hermes, secretario de los dioses, que devolviera al intruso a la Tierra. Cuando llegó al planeta, se le privó de las alas para impedir que volviera a repetir su hazaña.

Lo mismo que la *Historia verdadera,* este cuento lucianesco ha sido muy imitado. La ira de los dioses ante la invasión de los cielos, ha sido un tema muy trillado a lo largo de la historia de la ficción científica. Esto ha influido en las gentes hasta el extremo de que el comunicado del Gobierno americano, en agosto de 1955, dando a conocer el programa de satélites artificiales, fue denunciado por un celoso clérigo como algo perverso e impío. El tema del desagrado divino ha sido utilizado, repetimos, hasta la saciedad, en historias de todo tipo.

Y, sin embargo, aunque en el cuento de Luciano los habitantes del firmamento no disimularon su irritación por la indiscreción de los humanos, no se mostraron vengativos en momento alguno. Al héroe de Luciano no se le molestó en ningún momento con torturas, ni le abatió ningún rayo de la muerte, no fue reventado por el disparo de un cañón atómico ni se vio privado de la razón: simplemente se le obligó de un modo correcto, pero firme, a volver al lugar que le correspondía.

Momento es de que dejemos tranquilo a Luciano. Mas, con seguridad, que si a éste le hubiera sido posible vislumbrar la secuela que sus obras han creado, se hubiera sentido más que divertido; pero, en el mundo antiguo es una figura solitaria y sus dos novelas interplanetarias hubieron de aguardar mil quinientos años para que encontraran emuladores. Una razón para esto la encontramos, sin duda, en el hecho de que, con el final de la grandeza griega, la literatura dejó, prácticamente, de existir. La edad de las tinieblas se extendió por Europa. El imperio romano, que al menos había mantenido cierto orden y leyes, se derrumbó, resurgiendo la «civilización» de los bárbaros, más interesados por las guerras y los pillajes que por las Bellas Artes. Cuando éstas volvieron a surgir, lo hicieron lentamente.

De la misma manera se estancó el progreso de la ciencia. Los griegos habían aportado su contribución, pero cuando se vieron obligados a retirarse del escenario de la historia, nadie recogió la antorcha que dejaron. Sólo pudo reanudarse el progreso cuando Europa comenzó a aparecer, gradualmente, en su configuración moderna, y pasó mucho tiempo antes de que la inteligencia humana volviera a dirigir su atención hacia el firmamento.

IX

LOS SIGNOS

Es lógico que la siguiente obra clásica de ficción científica la escribiera no un escritor profesional, sino un astrónomo y matemático de los más grandes con que ha contado la humanidad. Nos referimos, evidentemente, a Johann Kepler, descubridor de las famosas «leyes que rigen los movimientos de los planetas», leyes que llevan su nombre, y con las que también demostró, de una vez por todas, que la Tierra gira alrededor del Sol.

Cierto es que no se sabe, con certeza, si el *Somnium,* de Kepler, fue acabado antes que otro libro también famoso, aunque del todo diferente: *Un hombre en la Luna*, de Godwin. Se desconoce la fecha exacta en que fueron escritas estas dos obras, y por tanto, el asunto quedará sin solución, pero esto no tiene gran importancia. Se sabe, en cambio, la fecha en que se publicaron dichas obras, constando la de *Somnium* de 1636; *Un hombre en la Luna* se publicaría cuatro años más tarde. Debemos añadir que, para el asunto que nos ocupa, la obra de Kepler es de mayor interés, si bien, desde un punto de vista literario, es superior la de Godwin.

La vida de Kepler es extraña y no poco desdichada, y la influencia que esto tuvo en su obra se trasluce a cada momento. Kepler nació en el año 1571, en Wel,

Württemberg. Su padre era hombre de buena posición, pero, movido por su carácter aventurero, ocioso e inconsciente, abandonó a su familia, dejándola en un estado económico miserable. No tuvo más suerte nuestro hombre con la parte materna de su familia, ya que su madre, amén de ser una mujer casi analfabeta, era dueña de un carácter y lenguaje sumamente detestable. Por si sus desgracias no fueran suficientes, Johann contrajo, a los cuatro años, la enfermedad de viruelas y, aunque consiguió curar, nunca pudo verse libre de sus secuelas. Tenía la vista débil a causa de la enfermedad, y toda su vida padeció los efectos de una mala salud.

Por suerte, era un científico nato, y, en 1594, había hecho tales progresos que le valieron la cátedra de astronomía de la Universidad de Gratz, todo debido a sus propios méritos. Los profesores de astronomía han sido siempre unos incomprendidos. La imagen popular los pinta como encorvados y sarmentosos ancianos, de larga y blanca barba, que, encaramados en sus observatorios en los picos más altos de las montañas, se pasan los días y las noches «mirando las estrellas», frase ésta ambigua por demás. El astrónomo de hoy emplea pocas horas en observar las estrellas, está mas interesado por saber qué puede haber en las lejanas galaxias y fotografiarlo; de hecho pasa más tiempo en el laboratorio que en la cúpula del telescopio. En los tiempos de Kepler era distinto; las tareas de un sabio estaban condicionadas en gran parte, por la «ciencia» petrificada de la astrología.

Casi todos tenemos una idea, más o menos vaga, de lo que es la astrología y, de vez en cuando, resulta divertido echar un vistazo a los periódicos y revistas menos serios para saber qué nos deparará el Destino; no es necesario decir que, desde un punto de vista científico, la astrología es puramente un juego. Pero, en el siglo XVI pensaban de otro modo, y el mismo Kepler era un astrólogo convencido.

Poco después del nombramiento, antes dicho, publicó su primer libro, con el interminable título (muy propio de la época) de *Prodromus Dissertationum Cosmographicarum Seu Mysterium Cosmographicum*. Es un libro pesado de leer, y, entre un laberinto de astrología y misticismo, se pierden algunos datos que apuntaban un valor real; por todo lo cual, científicamente, puede considerársele nulo. A pesar de todo, resultó ser una obra de trascendental importancia.

Tycho Brahe, el excéntrico y pintoresco astrónomo danés, estaba buscando un ayudante; el libro de Kepler le llamó la atención y, en 1600, éste se reunía con Tycho en Praga, donde residía el danés.

La vida de Tycho Brahe, merecería, por sí sola, un gran volumen. No pudo empezar sus días de manera más melodramática, ya que, cuando contaba medio mes, fue raptado, con el mayor descaro, por un pariente suyo. Según fue pasando el tiempo, Tycho se vio envuelto en un sinnúmero de riñas y disputas, en una de las cuales, de un tajo de espada, perdió parte de la nariz. Como era hombre adinerado, reparó, en lo que pudo, este indecorativo asunto, y después de esto, construyó un observatorio en el islote báltico de Hven; trabajó allí durante veinte años, haciendo observaciones muy exactas sobre las posiciones de estrellas y planetas. Puede afirmarse, con toda seguridad que nunca había habido antes institución científica como la de Tycho. En la nómina del laboratorio figuraban un mono y un bufón, y no faltaban mazmorras, porque Tycho, bastante cruel y señor absoluto de Hven, gobernaba a sus súbditos a la antigua usanza. Acabaron echándole, y dejó Dinamarca para siempre. Tuvo la suerte de que Rodolfo II, emperador del Sacro Imperio romano-germánico, le mostrara una gran consideración, proporcionándole todos los medios para que no tuviera problemas por el resto de sus días.

A partir de 1546 se enfrentaron, en una enconada lucha, los partidarios de la vieja concepción geocéntrica del universo y los del opuesto sistema heliocéntrico. Es bastante comprensible que los filósofos antiguos creyesen que la Tierra estaba inmóvil, en el centro del universo, pero, incluso ya en la época helenística, se habían registrado hechos inquietantes, pues los planetas no se comportaban en la forma que juzgaban habitual. Sus movimientos, que se destacaban en el cielo estrellado, habían sido observados minuciosamente y con notable exactitud; todo venía a indicar que la teoría de un movimiento circular del universo, en torno a una Tierra fija, no era satisfactoria. Esto lo admitió Tolomeo, el último astrónomo griego, y, en consecuencia, propuso otra teoría en la que cada planeta giraba en torno a la Tierra trazando un pequeño círculo, o «Epiciclo», cuyo punto central efectuaba, a su vez, un giro exactamente circular alrededor de nuestro globo.

Este sistema Tolomeico, como se llamaba (a pesar de no se *el propio* Tolomeo su autor), tuvo vigencia durante un milenio, debido, especialmente, a que aquel que se atreviera a dudarlo era condenado a morir en la hoguera. La primera arremetida seria contra este sistema partió, en el año 1546, de un valiente canónigo polaco: Copérnico. Este sabía muy bien que la cosmología tolomeica no correspondía a los hechos, aun aceptando los diferentes epiciclos, y, por ello, destronó a la Tierra de su puesto central, colocando en un lugar al Sol. Este cambio aclaraba las cosas, aunque aún quedaban algunas dificultades sin resolver. Copérnico, lo mismo que Tolomeo, creía que la trayectoria de los planetas debía ser circular, ya que el círculo es la forma «perfecta», y no podía admitirse en el cielo nada que no fuera perfecto. Así y todo, surgieron discrepancias, y Tycho Brahe no aceptó nunca las ideas copernicanas. Por esto, formuló un sistema propio, basado en el de los egipcios y, según el cual, los planetas giraban en torno al Sol, pero éste lo hacía en torno a la Tierra...

Al morir Tycho, en 1601, legó a Kepler todas las anotaciones que había hecho con tanto esmero. Este hizo buen uso de ellas. Concentró su atención en los movimientos de Marte y llegó a la conclusión de que las trayectorias observadas no hallaban explicación satisfactoria, ni con la traslación en círculo alrededor del Sol, ni con el giro circular en torno a la Tierra. Tras largos años de trabajo, obtuvo la respuesta. Los planetas giran, en efecto, alrededor del Sol, pero no lo hacen en círculo, sino en elipses. Al fin pudo formular sus tres famosas leyes del movimiento de los planetas, y en la primera de ellas, decía que: «los planetas giran alrededor del Sol describiendo elipses, hallándose el Sol en uno de los focos de la elipse, en tanto que el otro foco está vacío».

Esta gran labor no podía realizarse de forma apresurada, y, como es natural, le exigió muchos años. Las dos primeras leyes no fueron redactadas hasta el año 1609, es decir, ocho años después de la muerte de Tycho; la tercera ley se hizo pública al cabo de un nuevo intervalo de diez años, formando parte del *Harmonice Mundi,* Libro en el que se pueden encontrar extraordinarios hallazgos matemáticos y algunas dosis de misticismo. Una de las teorías favoritas de Kepler era aquella, tan antigua, de la música de las esferas. Se creía que los planetas emitían una música maravillosa e imperceptible para el oído humano, compuesta para el exclusivo recreo de los dioses, cuyos espíritus tenían al Sol por morada. Más tarde se ha demostrado que, efectivamente, el firmamento emite un «ruido» constante, pero éste no es maravilloso, sino terrible, y con la ayuda de algunas drogas puede llegar al oído humano. Aunque, según parece, no tiene que ver con el concepto que nosotros tenemos de la música, nada se sabe de que los movimientos de los planetas pudieran causar un tipo de jazz a lo divino.

La vida de Kepler fue un calvario de enfermedades y pobreza, pero aún le quedaban por sufrir nuevas contrariedades cuando, en 1620, su madre, que contaba setenta y cuatro años de edad, fue encarcelada bajo acusación de brujería. Y desde luego, tanto el aspecto como la conducta de Catherine Kepler, nos la presentan como la típica bruja de los cuentos; además, su acre lengua le había granjeado innumerables enemigos; en fin, que su detención no nos sorprende en absoluto. En aquellos tiempos estaban a la orden del día los métodos de sir Rupert Murgatroyd para tratar a las brujas, y, aunque Kepler sabía mejor que nadie de que pié cojeaba su madre, no tenía ningún deseo de verla arder en la hoguera. De esta forma, tuvo que partir inmediatamente para Württemberg y pasarse allí un año tratando de obtener su libertad. Después de trece meses de cárcel, Catherine fue juzgada y absuelta. Murió pocos meses después.

Es evidente que todos estos sucesos cobran una clara significación cuando se les relaciona con la salida que hizo Kepler al campo de la ficción científica. Podemos ver qué clase de hombre era. Su personalidad tenía una doble naturaleza; por un lado, rigurosamente científica, y, por otro, francamente mística. Es natural que combinase ambas naturalezas en un relato de ficción científica, y así lo hizo, realmente. Aparte del tratado de Plutarco, que difícilmente se puede encuadrar dentro de la ficción científica, la novela de Kepler es la primera que describe la Luna tal y como se creía en aquellos tiempo que era; pero, por otra parte, nos encontramos con que, en el viaje por el espacio, intervienen las manos de los dioses.

Duracotus, el protagonista de *Somnium*, es un joven islandés, hijo de pescadores. El muchacho no tenía recursos muy precisos de su padre, que había muerto a la avanzada edad de ciento cincuenta años, siendo él todavía pequeño. No así su madre, Fiolxhilda, mujer que tiene gran intervención en el relato. Fiolxhilda era una «hechicera», que se ganaba la vida vendiendo bolsitas de hierbas máginas a los marineros. Un día, movido por la curiosidad, Duracotus, rompió una de las bolsitas. La cólera de su madre fue tan grande que le entregó al marino a quien había sido prometido el mágico remedio. De esta forma, cuando el barco partió de Islandia, el pobre Duracotus marchó convertido en miembro involuntario de la tripulación. Navegaron por el Atlántico hasta llegar a las costas de Dinamarca. El muchacho no se destacó durante la travesía como experto marinero y, no pudiendo el capitán dedicarle a otra cosa le nombró recadero de la tripulación. En una mezcla de realidad y ficción Kepler describe cómo al llegar a Dinamarca Duracotus visitó al famoso astrónomo Tycho Brahe, ya que el capitán le había ordenado llevarle unas cartas.

Tycho acogió al muchacho con afabilidad, y observó en él cualidades poco comunes. Hasta tal punto le agradó, que se ofreció a instruirle en las maravillas de la astronomía, oportunidad que le pareció a Duracotus venida del cielo, Cuando, al fin, regresó a su patria, después de haber pasado cinco años en Hven, Duracotus poseía conocimientos acerca de las estrellas casi tan extensos como los del propio Tycho. A pesar de todo lo ocurrido, Duracotus no olvidaba a su madre y, al verse de nuevo en Islandia, se alegró mucho de encontrarla en perfecto estado de salud.

No tardó en darse cuenta de lo poco que podría enseñar a Fiolxhilda sobre los misterios del cielo. El había tenido por maestro a un sabio, pero Tycho, por grande que fuera, no era más que un hombre. En cambio, el mentor de Fiolxhilda era un espíritu ultraterreno, que vivía en «Levania», la Luna, y no en Escandinavia.

La madre de Duracotus se mostraba reticente en un principio, pero, al fin, decidió revelar parte de sus secretos. Tanto en «Levania» como en «Volva», la Tierra, hay espíritus; pero ningún espíritu puede pasar de un mundo a otro en las condiciones normales, debido a que los rayos del Sol son demasiado intensos, y ellos odian la luz. De vez en cuando, no obstante, la sombra de la Tierra cae sobre la Luna y, durante una o dos horas, hay un puente de tinieblas que los espíritus pueden cruzar sin impedimento.

Como se sabe, la Luna no da luz por sí misma, sino

que refleja la que recibe del Sol. La Tierra, como todo cuerpo sólido y opaco, proyecta una sombra en el espacio, así que, cuando el Sol, la Tierra y la Luna están en línea recta, con la Tierra en el medio, la masa de esta última impide que la luz solar llegue a la superficie de la Luna. A este fenómeno se le conoce con el nombre de «Eclipse lunar» y, si ésta queda enteramente tapada por la sombra el eclipse es total. Por lo general, la Luna no suele desaparecer del todo, pues la envoltura gaseosa que posee la Tierra hace que parte de los rayos solares se desvíen hacia un disco lunar, y, en vez de brillar como de costumbre, la Luna presenta un color cobrizo. Los eclipses no tienen lugar cada mes porque lo impide la inclinación de la órbita lunar con respecto a la de la Tierra, pero, por término medio, ocurren al menos tres veces por año.

Duracotus quiso hacer el viaje personalmente. Esto le resultó factible, gracias a que los espíritus, de cuando en cuando, condescendían en llevar turistas humanos, y, por fin, consiguió tenerlo todo arreglado. Fiolxhilda conjuró a los espíritus de Levania, con los poderes mágicos de que disponía, y, entonces, «dejándole solo, se dirigió al cruce de caminos más cercano, al cabo de un rato volvió y, ordenando silencio con la palma de la mano extendida, se sentó a mi lado. Nada más cubrirnos las cabezas con un paño, como es de rigor en estos casos, hete aquí que oímos una voz...

Lo narrado hasta ahora de la novela de Kepler es, evidentemente, pura fantasía; en adelante iremos viendo, entretejidas en el relato, muestras de la auténtica ciencia del siglo XVI. Se insiste en que la travesía del puente de sombras no puede hacerse nunca sin grandes incomodidades, ya que los mortales son muy sensibles al frío y a la falta de aire. Este último punto es importante y, sólo por tal detalle, la historia de Kepler está mas cercana a la realidad que la de Luciano.

En general, los filósofos antiguos tenían por cierto

que el aire se extendía hasta los últimos confines del universo. Pero Kepler estaba mejor informado. Los astrónomos árabes habían calculado, siglos atrás, que la atmósfera no debía sobrepasar los seiscientos kilómetros de altura. Esta idea se acercaba bastante a la verdad, pues hoy sabemos que la resistencia del aire se hace muy débil una vez pasados los doscientos kilómetros, aproximadamente, y al investigar las auroras boreales, que no son más que fenómenos eléctricos, se ha comprobado que aún quedan vestigios de aire a alturas comprendidas entre los 1.100 y 1.300 kilómetros. Por comprobaciones actuales sabemos que la Luna dista de nosotros 400.000 kilómetros. Aunque en los tiempo de Kepler la distancia no estaba precisada, el astrónomo pensó que la mayor parte del viaje debería hacerse en el vacío. En consecuencia, Duracotus tuvo que proveerse de un anestésico o soporífero, con objeto de reducir las incomodidades, colocándose también un algodón humedecido en los orificios de la nariz. Estos remedios hacían las veces del traje espacial, imposible de imaginar por Kepler tal y como es en realidad, el dato es una prueba de que el astrónomo pretendía que su novela fuese algo más que una simple ficción.

Otro dato más significativo aún, es que Kepler no pasara por alto los efectos que ahora conocemos como fuerza de gravedad. Ya había descubierto el camino que seguían los planetas; ahora, le faltaba saber por qué lo hacían así, y se encontraba, ciertamente, en el camino verdadero.

Más tarde, relata cómo los espíritus dan por terminada su misión, una vez han dejado a Duracotus en el punto en que equilibran las fuerzas de atracción lunar y terrestre. A partir de allí, sólo tenían que soltarle y dejar que descendiese a la Luna por su propio peso.

De hecho, ésta es la primera vez en que se le alude a un «punto neutro» entre los dos cuerpos, cuya existencia habría de ser aprovechada —o, mejor dicho, desaprovechada— nada menos que por Julio Verne.

Más aún, Duracotus cuenta que, tan pronto como alcanzó el punto intermedio, sus miembros se replegaron sobre sí mismos, como los de una araña:

«Cuando las fuerzas de atracción de la Luna y de la Tierra se equilibran mutuamente, parece como si ninguna de las dos ejercieran atracción. Entonces, siendo el cuerpo humano lo único que allí existe, las partes menores, los miembros, se ven atraídos por la masa principal.»

Más claro no puede decirse. Kepler está hablando de la fuerza de gravedad. Por supuesto que no acaba de entenderla e, incluso, se refiere a ella como si fuera una «influencia magnética», pero eso no impide que la esté describiendo. Hemos dicho bastante en cuanto al viaje. Kepler tuvo que recurrir a los medios sobrenaturales, por no conocer otros, pero, en cuanto Duracotus llega a la Luna, la novela adquiere un carácter netamente científico. En aquella época aún se creía que la Luna no era sino una mera reproducción, a menor escala, de la Tierra, con atmósfera, océanos y habitantes. Sólo hacía unos años que Galileo había enfocado el cielo con su telescopio y trazado el primer mapa de la Luna; de ahí que Kepler no contase con elementos suficientes para saber que la Luna es, en realidad, un astro muerto, sin atmósfera ni mares. La descripción que hace de nuestro satélite corresponde a los datos que poseía.

«Las depresiones de la Luna, que Galileo fue el primero en percibir, quedan por debajo del nivel general, como nuestros océanos; pero su apariencia me hace pensar que, en su mayor parte, son pantanosos. Aquí es donde los endimionitas escogen el terreno para edificar sus ciudades, fortificadas de tal suerte que les protejan, tanto de la humedad y de los rayos del Sol, como de posibles enemigos.»

En la novela de Luciano, el rey de la Luna era Endimión; por esto, Kepler llama endimionitas a los habitantes de nuestro satélite, pero aquí acaba el parecido. Los selenitas de *Somnium* no tienen nada que ver con los humanos, ni en su forma exterior ni en la interior. Unos tienen forma de serpiente, otros están provistos de aletas como los peces, y hasta hay algunas especies que andan a gatas; la gran mayoría de estos seres están provistos de una gruesa piel. Les está negado percibir el calor del Sol, ya que, si alguno de ellos comete la imprudencia de exponerse a los rayos solares, éstos le chamuscarán la piel y la criatura sufrirá una especie de desmayo del que no se repondrá hasta que anochezca. Una vez ha vuelto en sí la parte quemada de la piel se le desprenderá por sí sola, y el incidente no tendrá más complicaciones.

La vida de los habitantes de Levania es extremadamente corta, por esto, no tiene razón de ser un gobierno o sociedad como la nuestra. Los vegetales y animales de Levania se caracterizan por su enorme tamaño, a pesar de esto únicamente viven unos cuantos días lunares. Esto es lo que se puede esperar, poco más o menos, de un mundo húmedo y muy caliente, tal como imaginaba Kepler a la Luna durante el día.

Duracotus describe nuestro satélite sobre una base real evidente. Un día en la Luna equivale a quince en la Tierra, por ser su movimiento de rotación muy lento, y, el calor en la región ecuatorial puede alcanzar, fácilmente, los 102 grados. Por el contrario, a media noche puede descender hasta los 156 grados bajo cero: el aire se convierte en hielo. Lo que no sabía Kepler, y esto es comprensible, es que en la Luna no existe el aire prácticamente y que lo mismo ocurre con el agua. Es imposible, pues, que se den allí seres vivos.

Pero, en lo que se refiere a los endimionitas y las plantas gigantescas, parece evidente que Kepler está bromeando. En el comienzo de su historia nos cuenta cómo una noche, después de haber estado observando el firmamento, se tumbó a descansar un rato y se quedó dormido; pero, sólo al final nos damos cuenta que el relato ha sido únicamente eso: un sueño. Duracotus, Fiolxhilda, los endimionitas y los espíritus de Levania, formaban parte del mismo, y Kepler se despertó, al cabo de un rato, «encontrándose envuelto en una alfombra y con la cabeza encima de un cojín». Es ahora cuando el título de la novela nos resulta comprensible.

La diferencia principal entre la novela de Luciano y la de Kepler estriba en que al escritor le tenía sin cuidado la veracidad de su obra, en tanto que al segundo le era imposible prescindir de la ciencia.

Kepler demuestra en *Somnium,* con más claridad que en ninguna de sus otras obras, que tenía unas ideas sobre la gravitación muy aproximadas a las de Newton, aunque no le fuera posible concluirlas en fórmulas matemáticas. Un dato muy importante que se advierte en ellas es que conocía la imposibilidad de extender la atmósfera hasta la Luna.

Aunque interesante y entretenida, la lectura de *Somnium* no resulta siempre agradable, ya que se advierte fácilmente en quién están inspirados los personajes: Fiolxhilda es, evidentemente, Catherine Kepler, y en Duracotus se ve al propio autor. Por esto, resulta casi un alivio despedirse de la vieja bruja y del desgraciado muchacho.

Mucho más divertida es, sin lugar a dudas, *Un hombre en la Luna (Man in the Moon),* de Godwin. Francis Godwin, hijo del obispo de Bath y Wells, nació en 1562 y murió en 1633. Cursó sus estudios en Christ Church, Oxford, y fue, primero, rector de Sampford-Dorcas, en Somerset, para pasar luego a vicario de Weston-in-Zoyland. En 1584 se le nombró subdeán de Exeter. Publicó en 1601 un catálogo monumental de los «obispos de Inglaterra desde la conversión a la fe cristiana de la isla», e Isabel I le nombró obispo de Llandaff. Años después, ya rey Jacobo I, ocupó la sede episcopal de Hereford. No pueden ponerse en duda su saber y sinceridad; aparte del *catálogo,* es autor de varias obras de teología, pero apenas se le hubiera recordado si no fuera por su incursión en el campo de la ficción científica. Carecía de la preparación de Kepler. Por ejemplo, nunca aceptó la teoría copernicana de que la Tierra gira alrededor del Sol. A pesar de esto, era un hombre inteligente y de gran cultura. Literariamente hablando, *Somnium* era bastante inferior a *Un hombre en la Luna*.

Aunque Godwin ya había muerto cuando apareció el *Somnium*, es casi seguro que lo había leído en una copia manuscrita. *Un hombre en la Luna* fue publicado, póstumamente, en 1638. Es imposible fijar con exactitud la fecha de su composición, aunque algunos entendidos creen que acabó de escribirlo sólo unos meses antes de su muerte.

Como quiera que sea, la novela tuvo un gran éxito. Tanto la *Historia verdadera* como *Somnium*, ya publicados en 1634, habían alcanzado amplia difusión, pero *Un hombre en la Luna* fue el que se llevó la palma. En el medio siglo que sucedió a su aparición se imprimieron seis ediciones, y aún hoy, su lectura resulta interesante.

Domingo González, un joven español de noble familia venida a menos, es el protagonista de la novela. La primera parte del libro está relatado en forma convencional, y narra la manera en que González, después de matar a un hombre en duelo, deja la Universidad y escapa a las Indias Occidentales, ocurriéndole en el camino una serie de increíbles aventuras. La parte interplanetaria de la novela se inicia en la isla de Santa Elena. Esta isla es hoy famosa y conocida en todo el mundo gracias a Napoleón, que terminó allí sus días, pero, en los tiempos de Godwin era una isla sin importancia, semiperdida en el mapa, que ni siquiera estaba ocupada por moradores fijos. Es natural, pues, que a un español abandonado en ella le sucedieran toda una serie de aventuras.

Nuestro caballero se puso muy enfermo durante el viaje de vuelta de las Indias y tuvieron que dejarle en Santa Elena, pero por suerte para González, el capitán del barco tuvo la delicadeza de dejar para que lo cuidara al fiel criado del español, el negro Diego. Parece que no tuvo problemas de adaptación, al contrario, la isla le gustaba sobremanera: «El último paraíso, a mi parecer, que en la Tierra queda», pensaba González. Su criado y él pasaron allí un año feliz, alimentándose de los variados y exquisitos frutos que la isla les ofrecía de forma generosa. No faltaban animales y había gran abundancia de pájaros. A González le llamaron especialmente la atención una especie de cisnes salvajes *(gansas)*, que aparecían en la isla en la primavera y partían con la llegada del frío, pero, al principio el joven no dio ninguna importancia a aquel hecho.

Un poco aburrido por la sola compañía de Diego, González decidió, para distraerse, domesticar unas cuantas gansas. Escogió treinta o cuarenta crías, dándose cuenta, para su satisfacción, que aquellas eran sumamente dóciles. Las enseñó a acudir cuando les hacía una señal a recoger en vuelo pequeños objetos y a llevar a Diego cosas que él les encargaba. El éxito de tales experimentos le impulsó a realizar una nueva tentativa, mucho más audaz. Si se podía confiar a las gansas el acarreo de provisiones, ¿por qué no iban a ser capaces de llevar a un hombre montado en una pequeña plataforma?

Pero González tenía sus dudas. El adiestramiento de las gansas le llevó algún tiempo y, cuando la balsa aérea estuvo terminada, no se atrevió a hacer la prueba él mismo y, desconfiado, puso a un cordero. Por tanto, el primero en volar por medios artificiales fue un animal y no un ser humano. Esto resultó ser una profecía verdadera. Cuando siglo y medio después se inventó el globo, los primeros seres que se remontaron en él fueron una oveja, un pato y un gallo, y, aunque en el momento del despegue se armó un lío de mucho cuidado en la canasta del globo, los animales se calmaron y a la hora de aterrizar eran grandes amigos. En la actualidad estamos en la era de los cohetes espaciales y en esta ocasión corresponde a los monos y ratones el honor de realizar el primer viaje. Lo más canallesco de la situación es que éstos no se han mostrado nunca agradecidos por la alta distinción que se les hace.

El éxito de las pruebas convenció a González de que podría realizarse el viaje, y se decidió a probar él mismo. Para ello, remolcó la plataforma hasta la orilla de un río que pasaba cerca de allí, al objeto de que por si cualquier causa las gansas le fallaban, cayera sobre el agua sin partirse la cabeza. Entonces ocurrió lo siguiente:

«Mandé a Diego que hiciese la señal y, nada más verla, las veinticinco aves que yo había seleccionado alzaron el vuelo con gran energía, llevándome a la roca opuesta, al otro lado del río, que distaba un cuarto de legua... ¡Oh, cómo rebosaba de admiración y alegría mi corazón! ¡Qué no diera yo por encontrarme en España, para que la fama y la gloria de mi nombre se extendiesen por todos los confines del mundo!»

Pero España, para desgracia de González, quedaba muy lejos, y tuvo que conformarse con esperar resignadamente la llegada de un barco que lo rescatase. Habían pasado tres meses desde que ocurrieron aquellos acontecimientos, cuando amarraron en la isla tres navíos de la flota de Indias; González y Diego subieron a bordo, abandonando para siempre la «isla del paraíso». Para poder embarcar a una veintena de gansas amaestradas que el español quería llevar consigo, tuvo que dar numerosas explicaciones al capitán de la nave, hasta descubrirle su secreto, ya que, ante la lógica curiosidad del marino y las miradas ávidas de «gansa a la naranja de la tripulación», no le quedó otro remedio. A pesar del incidente, González pudo embarcar a los animales.

Los verdaderos problemas comenzaron a surgir poco tiempo después. Durante la travesía fueron atacados por la flota inglesa y pronto se percató González de que la embarcación donde él iba estaba a punto de ser apresada o destruida. Estos eran sus pensamientos:

«En aquel momento mi única salvación eran las gansas. Así, pues, las amarré a la plataforma y, montado encima de ella, esperé con paciencia el resultado de los acontecimientos, en la creencia (como afortunadamente vino a suceder) de que, en caso de ser hundido el barco, mis pájaros, sin necesidad de señal, y por simple instinto de salvación, me llevarían volando hacia tierra firme.»

Y así ocurrió, efectivamente, pero aún no habían terminado sus desgracias. Los habitantes de la nueva isla donde le llevaron las aves, no eran precisamente un modelo de corrección con los forasteros; y así, González tuvo que escapar de nuevo pero, esta vez los animales no daban señales de iniciar el descenso. En lugar de posarse en la cumbre elegida por el viajero, continuáron elevándose más y más. De pronto González observó que las aves ya no tenían que hacer tantos esfuerzos para llevarle. Habían alcanzado tal altura que las leyes de la gravedad ya no regían y, entonces, se dio cuenta, por primera vez, de su situación. Las gansas invernaban en la Luna y, sin siquiera consultarle, le llevaban irremediablemente, hacia allí.

A pesar de la situación, González mantuvo los nervios en su sitio, aunque no estaba provisto, como Duracotus en el *Somnium,* de nada que le hiciera menos penoso el viaje. De todas formas, a González no le hizo falta ningún anestésico; por el contrario, advirtió que la falta de gravedad la permitía pasarse sin beber, sin comer; sentía un nuevo vigor, tanto en su cuerpo como en su mente, y podía respirar con toda normalidad. En conclusión, el viaje de González es del todo fantástico, aunque duró doce días; Duracotus, en cambio, llegó en una hora a la Luna.

Teniendo en cuenta el tiempo invertido, las gansas volaron a una velocidad de 280 kilómetros por hora, ya que Godwin creía que la distancia que separa la Tierra de su satélite era de 80.000 kilómetros. Pasando por alto que un ave de tierra como es la gansa, pueda alcanzar una velocidad de vuelo similar a la de una potente motocicleta, hay aquí en nuevo error, ya que la distancia real de la Luna es cinco veces mayor a la apuntada por Godwin. Al parecer, el escritor había sacado estos datos de los libros de Kepler, pero de-

El joven Emile Fradin en su casa de Allier transformada en museo. Está sentado en el sillón ofrecido a su familia por el rey de Rumania tras la visita del soberano al yacimiento neolítico de Glozel, descubierto por los Fradin. «El estudio científico del sitio de Glozel no ha hecho más que comenzar», afirma la revista Kadath.

bió de equivocarse, bien en los cálculos, bien (lo que es más seguro) en la transcripción de los mismos.

El viaje se llevó a cabo sin ninguna dificultad, y González voló «sin cesar durante once o doce días, al cabo de los cuales me vi llevado directamente hacia el globo o cuerpo de la Luna». A poca distancia de su destino, éste aparecía «cubierto casi todo por un inmenso y soberbio mar; y las partes de la superficie que desde la Tierra nos parecen más oscuras, son la única tierra firme». Pudo percatarse, asimismo, de que la Luna era opaca, y que su brilló procedía de la luz que reflejaba el Sol (recuerde el lector que el relato fue escrito en el siglo XVI). Vio también, pequeñas islas sembradas en la superficie de los mares, «tan pequeñas que son invisibles a simple vista, desde la Tierra». No es descabellado suponer que Godwin se refiriera de una manera indirecta, a los cráteres que caracterizan la superficie lunar, visibles desde la Tierra, utilizando un telescopio no más complicado que el que utilizó Galileo.

Hasta el momento hemos encontrado algunos detalles científicos en la novela de Godwin, más éstos desaparecerán completamente desde el momento en que González alunice en la cumbre del monte Pisgah, convirtiéndose la historia en una divertida ficción. La descripción de la Luna es absolutamente fantástica: está habitada por seres que, si bien tienen aspecto humano, poseen una sabiduria infinitamente superior a la del hombre. Igual que Kepler, coincide en un punto (aunque no es el mismo) con Luciano: aquellas criaturas detestan enérgicamente la impureza. Los habitantes de la Luna hablan una lengua tan musical, que sobre el satélite se puede oír un concierto continuo. Esta lengua sólo puede ser escrita en solfa.

A pesar de que la Luna es de tamaño más reducido que la Tierra, González observa que sus habitantes son más altos que el hombre. Los miembros de la aristocracia lunar pueden llegar a medir hasta nueve metros, y pueden exponerse sin miedo al resplandor conjunto de un Sol cegador y de una Tierra no menos brillante. El selenita común es más bajo, sólo mide tres o cuatro metros, y puede «soportar la luz cuando la Tierra no brilla mucho, pero no así cuando llegan juntos los rayos de la Tierra y el Sol». Por su parte, González, que sólo mide un metro ochenta centímetros (¿dónde encontró Godwin un español de semejante estatura en el siglo XVI?), advierte que él se asemeja a los «bastardos» de la última categoría lunar, quienes «rara vez pasan de los mil meses de edad», es decir, unos ochenta años de los nuestros; y (los selenitas) «los consideran como una especie inferior, sólo un escalón más arriba de los brutos, por lo cual los emplean en las tareas más bajas y serviles».

A pesar de esto, y por suerte para González, los selenitas eran seres amables con los forasteros, y el español fue tratado como un visitante distinguido. Tanto por parte del poderoso príncipe Irdonzur como de los otros miembros de la clase gobernante, recibió innumerables muestras de cortesía. Durante los dos años que estuvo de visita en la Luna, no se le puso ninguna traba para que pudiera ir donde le viniera en gana.

Es interesante transcribir algunas de las descripciones que González hace de la Luna. Ante todo le parece un mundo lleno de color, aunque los norteamericanos no han mencionado este punto:

«Ni blanco ni negro, ni amarillo ni rojo, ni verde ni azul, ni de ningún otro en que entren estos colores. No obstante, si se me preguntase de qué color era, respondería que de uno nunca visto en las cosas terrenas y, por consiguiente, imposible de describir con las cosas que conocemos; ni tampoco capaz de ser comprendido por nadie que no lo haya visto con sus propios ojos... Pero sí puedo decir que era la cosa más excelente y deleitante que imaginarse pueda.»

La verdad es que la realidad es bien diferente a como la describe Godwin: la superficie lunar es, casi en su totalidad, gris.

Otro punto que hay que «reprochar» a Godwin

—tanto desde una mira científica como fantástica— es que parece que ha hecho suya la vieja opinión de que, en nuestro satélite, sólo moran los seres puros y avanzados, por lo que, todo selenita que no reúne las altas cualidades requeridas para residir allí, debe ser enviado a la Tierra, donde todos los seres que la habitan son tan nocivos, que no se nota el pequeño aumento que esto representa. Las criaturas de la Luna son capaces de reconocer en un recién nacido signos de maldad. Si las señales existen y la criatura no reúne las necesidades requeridas, es enviada a la Tierra:

«Suelen dejarse, por lo general, en un elevado cerro de Norteamérica, cuyos habitantes, no cabe duda, descienden de ellos.»

Esto resulta sumamente irónico. Posiblemente la teoría de Godwin sea cierta, algunos datos lo confirman: los norteamericanos son los seres humanos con mayor estatura del planeta, poseen la técnica más avanzada, y si no es por una exagerada «morriña» no se comprende el esfuerzo económico de toda la comunidad para poder visitar la Luna. Aquellas criaturas abandonadas en una alta montaña, aunque imperfectas según las exigencias de los selenitas, algo conservarían de la avanzada civilización en que nacieron.

El regreso de González a la Tierra es, en cierta manera, forzoso. Para entonces se le habían muerto ya tres gansas, puesto que había alterado sus hábitos normales, no dejándolas volver a la Tierra, y las demás empezaban a dar muestras de debilidad; así que, si prolongaba su estancia, se encontraría con un número insuficiente de aves para el regreso a la Tierra. Hechos, pues, los preparativos finales, González se despide del amable príncipe Irdonzur y, una vez montado en su artefacto, «suelto las riendas de mis pájaros, que, batiendo ansiosamente el aire con sus alas, me elevan muy pronto».

A pesar de que había tardado doce días en su viaje de ida a la Luna, sólo necesito nueve para volver.

Aclara González que esto se debe a la mayor fuerza de la atracción terrestre; tan poderosa es esta atracción, y tan enorme la velocidad del descenso que, por un momento, cree que va a estrellarse. Gracias a la influencia de una joya magnética que le había regalado el príncipe Irdonzur, evita la caída en barrena y pisa tierra firme, sano y salvo, en un país que resultó ser China. Pero no terminan aquí las aventuras de González: en el lejano Oriente, bastante más misterioso entonces de lo que es ahora, vuelve a verse envuelto en numerosos e increíbles casos, mas como estos ocurren en la Tierra no tienen por qué ser contados aquí.

A lo largo de todo el libro de Godwin puede comprobarse que poseía no sólo una viva imaginación, sino también un gran sentido del humor; no es necesario advertir que *Un hombre en la Luna* no se escribió para que fuera tomado en serio. En su tiempo se le consideró una obra maestra, y fue copiado o imitado por multitud de escritores de menos categoría.

Thomas d'Urfey, en 1706, llegó a escribir una comedia basada en el argumento de este libro. Es evidente que gozó mucho más del aplauso popular que el *Somnium,* de Kepler.

Si, desde el punto de vista literario, es indiscutible el valor de *Un hombre en la Luna,* también merece consideración en su aspecto científico, aunque sepamos que tomó sus notas de los apuntes de Kepler. De todas formas, contribuyó, en gran medida, a resucitar la idea de hacer viajes a la Luna, que había permanecido sin dar señales de vida durante más de mil años. En él se inspiraron muchas novelas escritas en los siglos posteriores e, irónicamente, es mucho más conocido que el enciclopédico catálogo de obispos ingleses, del que suponemos que Godwin estaba más orgulloso.

Poco después de haberse publicado la novela de Godwin, veía la luz un libro de John Wilkins, con el título de *El descubrimiento de un hombre en la Luna* o una verdadera disertación tendente a demostrar que es probable la existencia de otro mundo habitable en aquel planeta. Wilkins, el primer secretario de la Sociedad Real, fue uno de los iniciadores de lo que ahora llamamos divulgación científica, y no escribía ficciones; pero, en la segunda edición de su *Descubrimiento* hallamos la siguiente nota: «He leído, por casualidad, una novela reciente..., escrita por un venerable y sabio obispo, y en ella se relata, con amenísima e ingeniosa fantasía, un viaje a este otro mundo». A continuación esbozaba el argumento y añadía que, a su parecer, no había nada imposible en el proyecto de amaestrar unas aves para que llevasen una plataforma hasta la Luna, no obstante las evidentes dificultades del caso. Claro que Wilkins, a pesar de ser un científico, no cayó en la cuenta de que ningún pájaro puede volar donde no hay atmósfera, o bien no sabía que hay miles y miles de kiiómetros de espacio vacío entre la Tierra y su satélite.

La traducción al inglés de la *Historia verdadera,* de Luciano, así como la publicación de las obras de Kepler y Godwin, despertó un nuevo interés por la novela interplanetaria, así como por las posibilidades de viajar hacia las estrellas. En aquellos tiempos no se conocía otro género de ficción científica. Hasta mucho después no iban a aparecer los robots, las máquinas del tiempo, los mutantes y los rayos de la muerte.

La obra siguiente se relaciona también con el tema del espacio, y fue escrita, nada menos, que por Cyrano de Bergerac, aquel singular personaje a quien se ha considerado de maneras tan diversas, bien como héroe y gran versificador, bien como charlatán y payaso. La imagen que hoy nos hacemos de Cyrano le presenta como un consumado espadachín de nariz superlativa, aunque, de hecho, merece pasar a la posteridad por otros méritos. Fue el primero en sugerir, para los vuelos espaciales, lo que ahora llamamos el principio de reacción.

Para realizar sus viajes, utilizaba Cyrano un variado número de ingeniosos métodos de propulsión. En el primero no se vale de gansas o de espíritus, sino, simplemente, de rocío. Su razonamiento era bastante sencillo. Las apariencias nos indican que el Sol absorbe el rocío; según esto, un hombre que llevara consigo suficientes botellas de esta sustancia debería ser absorbido por ellas; y si, al mismo tiempo, sabe elegir una buena dirección, acabaría su viaje en la Luna. Sin embargo, este proyecto falló, pues alarmado por la velocidad del ascenso, comenzó a romper las botellas de rocío, con lo que volvió a la Tierra, cayendo en el Canadá.

Para su segundo ensayo utilizó una especie de carroza voladora, pero tampoco tuvo éxito en este intento, tomando tierra aparatosamente y recibiendo golpes de consideración. Entonces vio que un grupo de soldados habían encontrado su carroza y estaban atando a ella un gran número de cohetes. Lleno de furia, saltó a su vehículo, que, al ser disparados los cohetes, se remontó por los aires envuelto en una nube de chispas. Cuando los petardos acabaron de estallar, la carroza comenzó a caer de nuevo al suelo, pero Cyrano pudo continuar su viaje, porque se había untado las contusiones sufridas con «médula de animales», y esta sustancia era absorbida por la Luna en cuarto menguante.

De los petardos de Cyrano sólo hay un paso al cohete interplanetario de Werner von Braun. Aunque Cyrano no podía prever las consecuencias de lo que había imaginado. Su propósito no era escribir un tratado científico disfrazado de novela y, en realidad tampoco le hubiera sido posible hacerlo, aunque hubiese querido. Unicamente estaba interesado en la fantasía como tal, y se hubiera asombrado al conocer que había tropezado con una verdad fundamental: que con cohetes, y sólo con cohetes, puede el hombre trasladarse en el vacío.

Hay una buena razón, naturalmente, para que esto sea así. Un globo, un aeroplano, incluso un avión a propulsión a chorro, dependen del aire; y, sin embargo, nos encontramos con la dificultad de que, salvo en los primeros kilómetros, los cuatrocientos mil que nos separan de la Luna carecen, prácticamente, de aire. En vista de ello habremos de contar con un tipo de propulsión que se baste por sí mismo, que no precise del aire para nada, ni siquiera para utilizar su resistencia como punto de apoyo. Pues bien, éstas son las condiciones que reúne un cohete: se mueve por reacción, esto es, sirviéndose a sí mismo de punto de apoyo. Es posible que Cyrano se hubiera dado cuenta de esto, pero no de una manera tan clara, ciertamente, como para poder expresarlo con palabras.

En los *Viajes a la Luna y al Sol* de Cyrano, abundan las situaciones cachondas. Cuenta que encontró en aquel lugar a Domingo González, quien le sirve de guía y acompañante durante todo el tiempo que estuvo en la Luna; luego, continúa narrando cómo siguió hasta el Sol, donde aterrizó en una de sus manchas, descubriendo allí árboles que hablan, hombres capaces de metamorfosearse y ríos simbólicos. Sus descripciones son, por lo general, menos atractivas que las de Godwin y sólo en una cosa hay que destacar su gran originalidad.

En su país, siempre había sostenido Cyrano que la Luna tenía habitantes, lo que le hizo blanco de infinitas burlas. Al llegar a la Luna, mantuvo, con la misma firmeza, que la Tierra estaba habitada, y se encontró con problemas aún mayores, que casi le llevaron a la muerte, pues fue juzgado por defenderse la «herejía» de que en un mundo tan inhóspito como la Tierra pudieran existir seres racionales. Es evidente que González no había podido convencer a sus anfitriones de su origen terrestre, o quizá se debiera a que ya no habitaba en la Luna el bondadoso príncipe Irdonzur. Sea por lo que fuera, la acogida que se le dispensó a Cyrano fue muy diferente de la tributada a González y Duracotus, y le costó gran trabajo convencer a los selenitas de que él era un ser humano.

En un relato posterior, desarrolla Cyrano la teoría de la propulsión por medio de cohetes, y nos sorprende que, en general, no fuera imitado por otros escritores. Con lo expuesto, creemos haber dicho lo suficiente para dar una idea de las principales tendencias de la ficción científica en el siglo XVII. Lo real y lo imaginario se entremezclaban, aunque iba imponiéndose, entre los autores del género, la tendencia a limitarse únicamente a lo que se consideraba real, recurriendo sólo a lo fantástico cuando intentaban imaginar los medios de propulsión.

A finales de 1752, el famoso escritor francés Voltaire publicó un curioso libro titulado *micromegas* en el que, por primera vez, encontramos la visita que hace a nuestro planeta un ser procedente del espacio interestelar. Habíamos visto que los espíritus de Levania conjurados por Folxhilda, podían cruzar el «puente de sombras» causado por un eclipse; sin embargo, para Micromegas no tenía la menor importancia un ridículo viaje de cuatrocientos mil kilómetros. Su patria era Sirio, en la costelación del Can Mayor, y poseía una mente y un cuerpo gigantescos. Como Sirio es una estrella enorme, también lo era Micromegas, a quien una ballena terrestre le parecía algo microscópico. Por haber escrito un libro que se consideró herético, le desterraron de Sirio por ochocientos años, que para él sería lo que para nosotros uno o dos meses, así que decidió hacer un largo viaje por el universo, sin que tuviera necesidad de utilizar, según parece, cosas de tan poco provecho como una astronave. Comenzó a andar tranquilamente y, después de varios días decidió descansar en la Tierra, no podía creer que los minúsculos e inquietos seres que la poblaban estuviesen dotados de la facultad de razonar. Después de tomar un ligero almuerzo, en el que sólo se engulló un par de montañas al natural, prosiguió su camino.

Ya tenemos, pues, dos tipos de ficción científica; en el primer tipo podemos encuadrar la *Historia verdadera,* de Luciano, y el *Micromegas* de Voltaire, en ambos las imposibilidades científicas no suponían ningún problema para sus héroes... lo mismo le sucede a Cyrano, aunque éste, sin proponérselo, hizo grandes descubrimientos.

La novela de Kepler es del segundo tipo, y que su autor estaba convencido de que los espíritus podrían intervenir en la realidad y, además, porque en sus descripciones de la Luna, trata de ser lo más exacto posible, hasta donde alcanzan sus conocimientos. *Un hombre en la Luna,* de Godwin, se encuentra, justamente, entre estos dos tipos. Fantásticas o no, estas novelas proporcionan, aún hoy, un agradable entretenimiento, excepto el *Somnium* en algunos capítulos que se hacen bastante pesados; y, en los tiempos en que fueron escritas se las consideró, ya lo hemos dicho, auténticas obras maestras de la literatura. Más tarde, se le daría un palo terrible a este género, convirtiéndolo injustamente, en la oveja negra de la familia.

X

LA GUERRA DE LOS TIEMPOS

Aunque se diga, algunas veces, que H. G. Wells fue el Verne británico, no podían haberse buscado dos hombres más diferentes, y compararles no hace justicia a ninguno de los dos. Acaso, desde un ángulo puramente literario, la influencia de Wells sea mayor que la de Verne; pero casi todas sus obras de ficción científica las escribió en los primeros años de su carrera literaria y, más tarde sólo las dedicó su atención de vez en cuando.

Wells es, hasta tal punto, una figura actual, que no resulta fácil hacerse a la idea de que su vida pública posee un relieve mucho más acentuado que la de Verne, el cual pertenece ya, incontestablemente, al pasado. Nunca llegaron los dos a conocerse, y es interesante imaginar cómo hubieran reaccionado en caso de haber sido posible tal encuentro. En realidad, la novela interplanetaria de Wells, *La guerra de los mundos (The War of the Worlds)*, apareció cuando Verne se hallaba todavía en plena actividad, en 1898, pero no es probable que el autor de *La vuelta al mundo en ochenta días* la hubiera leído. Tres años después, en 1901, escribe Wells *Los primeros hombres en la Luna (The First Men in the Moon)*; y puede decirse que éste fue el final de su carrera como escritor de novelas espaciales, aun cuando otras muchas de sus obras, tanto cortas como largas, pueden incluirse, en líneas generales, entre las de ficción científica.

Herbert George Wells, nacido en 1866, se educó en el Instituto Superior de Midurst. En él obtuvo su licenciatura en Ciencias, y enseñó por algún tiempo; pero nunca pretendió ser un científico extraordinario. Da la impresión de que, en realidad, la ciencia pura no le atraía. Lo que le interesaban eran sus efectos en la vida social, y quizá sea esta la causa por la que maneja la trama de sus libros de una forma que no hubiera convencido a Verne.

En su primera etapa, Wells fue, ante todo, un novelista y no un técnico. La exactitud científica le parecía secundaria, siempre que el relato fuera coherente y no sonara a hueco. No le importó decorar a la Luna con una densa atmósfera y una vegetación lujuriante, aun sabiendo que las investigaciones astronómicas de última hora denunciaban tal supuesto como absurdo, ni tampoco dudó en poblar a Marte con repulsivos monstruos de carácter agresivo. Ya en su primera novela, *La máquina del tiempo (The Time Machine),* relata las aventuras de un hombre que había descubierto cómo viajar, a voluntad, por el futuro y el pasado; más tarde, nos presenta un «huevo» de cristal, que podía ser usado como una estación retransmisora de televisión entre Marte y la Tierra; también imaginó una especie de inhumanos y extraños seres que vivían en el fondo del mar. Pero hay tal vigor en sus descripciones que todas estas inverosimilitudes parecen posibles, e incluso probables, a medida que vamos leyendo.

Las mejores fantasías de Wells se encuentran, a mi parecer, en tres libros de relatos cortos: *La historia de Plattner y otros relatos, Cuentos del espacio y del tiempo* y *Doce historias de sueño*. No es mi propósito contar al lector las aventuras de los héroes de estas tres obras, mejor será que las compren, pero uno o dos ejemplos pueden servir de muestra para conocer sus características esenciales.

La historia de Plattner describe un mundo que ocupa los mismos «espacio» y «tiempo» que el nuestro, pero que existe en otra dimensión, por lo que no podemos comunicarnos con él. Gottfried Plattner, un modesto profesor de un colegio preuniversitario, se ve trasladado a otro planeta como consecuencia de una pequeña explosión química ocurrida cuando se encontraba dando clase de esta especialidad, y reaparece, nueve días después, como consecuencia de otra explosión. Wells nos describe un mundo de pesadilla; en la historia, sombría y estremecedora de una estancia entre los extraños «vigilantes de los mortales», seres invisibles e inaccesibles. Por añadidura, está tan bien escrita que, al terminar la novela, nos inclinamos a creer que tales cosas pudieran darse muy bien en la realidad. Más siniestro aún es *El difunto Mr. Elvesham,* relato en el que un hombre, viejo y acabado, se las arregla para cambiar su cuerpo por el de un joven lleno de vida, teniendo el delicado detalle de dejar a su víctima un frasco de veneno, con una etiqueta, bien visible, en la que se escribe la palabra «Liberación». Indiscutiblemente, Wells está más cerca de Poe que de Julio Verne, con el que muchos críticos se empeñan en compararle. *La verdad sobre Pyecraft,* es una historia de muy distinto cuño, en la que desarrolla un gran sentido del humor. En este cuento, el citado Pyecraft, estaba tan preocupado por su alarmante obesidad, que comete la torpeza de ingerir una repugnante pócima que garantizaba la pérdida de peso. Pero se encontró con que los resultados no eran, ni mucho menos, los que él esperaba. Su volumen siguió siendo el mismo de antes, pero su peso específico disminuyó con tal rapidez que pronto se encontró flotando sobre el techo de su habitación, de donde no pudo bajar hasta que un ingenioso amigo le sugirió el uso de ropa interior de plomo.

Pocos son los temas de ficción científica que no hayan sido anticipados por Wells. Como hemos visto, no desdeñó los referentes a viajes interplanetarios y, a este respecto ofrecen especial interés dos de los relatos de su primera época. En *Un huevo de Cristal,* cuenta cómo un viejo naturalista descubre una roca cristalina que poseía extrañas propiedades. Al mirar en su interior podía contemplarse un raro paisaje, iluminado por dos lunas, y en el que pululaban criaturas semihumanas y provistas de alas. La descripción que hace Wells del escenario marciano es breve, pero gráfica, y se evita ulteriores complicaciones con la oportuna pérdida del huevo. La catástrofe ocasionada por un Sol abrasador que procedente de los abismos siderales invade nuestro sistema solar, es el motivo que sirve de pretexto a Wells —en *La estrella*— para asustar al lector con una extremecedora destrucción de nuestro planeta. El calor abrasador hace que se disuelvan los casquetes polares de la Tierra, ocasionando, asimismo, terribles terremotos, maremotos y tormentas espantosas, que casi terminan con el género humano. Wells menciona, sólo de pasada, lo que el llama la «nueva fraternidad», creada por los supervivientes; pero podemos ver, con suficiente claridad, su preocupación por lo social, sin que sea necesario que nos explique la moraleja. Más tarde volvió a utilizar un tema idéntico en su novela larga *Los días del cometa (The Days of the Comet).*

Para un escritor de ficción científica, la posibilidad de una colisión celeste no deja de ser atractiva. Y, considerada desde un punto de vista astronómico, dista mucho de ser descabellada. Cierto que nuestro sistema planetario se encuentra aislado en el espacio, y que es más fácil que dos moscas lleguen a chocar, en sus vuelos sin rumbo, en la explanada soleada de verano, que no que lo hagan dos estrellas; pero, en la inmensidad del universo, han de ocurrir, alguna que otra vez, choques parecidos. El huevo de cristal, con su capacidad para actuar como receptor de televisión, es mucho menos plausible..., excepto cuando Wells nos lo describe.

A pesar de esto, puede colocarse, sin vacilación, su libro *Los primeros hombres en la Luna* —novela larga publicada en 1901— entre las obras maestras del género. La astronave construida por Cavor, el ensimismado profesor que encabeza la serie de los «sabios distraídos» de la ficción científica, es muy distinta al proyectil utilizado por los miembros del Gun Club de Baltimore. Ahora nos encontramos con una esfera, que llega a la Luna sin utilizar el principio del cohete, ni tampoco el disparo de un cañón, sino que lo consigue gracias a que está cubierta por una sustancia especial que tiene el poder de formar una pantalla protectora contra la fuerza de gravedad.

Un invento semejante, si su fabricación fuera posible, abriría unas perspectivas extraordinarias: desaparecerían como por arte de magia todas nuestras dificultades para trasladarnos por el espacio. La cuestión del combustible y la de la velocidad inicial perderían toda su importancia, y únicamente tendríamos que preocuparnos de detalles menores —ya resueltos por otra parte—, como son el almacenamiento de víveres y las provisiones de agua. No fue Wells el primero en sugerir esto, pues la idea aparece ya, en el año 1827, en el *Viaje a la Luna*, de John Atterley, aunque sí fue el primero en darle un cierto aspecto de verosimilitud.

Wells llamó a la sustancia antigravitación cavorita, en honor al envilanado científico que la descubrió y utilizó por vez primera. Cuando Cavor terminó de perfeccionar dicha sustancia, la cavorita y todo lo que se encontraba sobre ella comenzó a gravitar por el laboratorio. En las páginas iniciales de la novela hay una deliciosa narración que nos describe los experimentos de Cavor, que casi terminaron en un completo desastre, ya que, cuando, por fin logró obtener una plancha de la maravillosa sustancia, y en aquel mismo momento, la columna de aire que estaba encima de la lámina perdió peso y se remontó, precipitadamente, hacia el techo de la habitación, logrando traspasarlo. El hueco que dejó fue ocupado, a su vez, por el aire circundante que instantáneamente, siguió el mismo camino. Aunque en los cálculos del científico no se encontraba este detalle, una vez hubo atravesado la plancha de cavorita la atmósfera terrestre, dejó de absorber el aire hacia ella. Demos gracias a los dioses por tener este detalle, pues, de no ser por él la Tierra se hubiera quedado sin su atmósfera, y el descubrimiento de Cavor hubiera causado un mal irreparable al planeta.

No obstante, la astronave de Wells es perfectamente verosímil, si nos atrevemos a creer en el principio de gravitación. Abriendo y cerrando unas persianas de cavorita, el científico y su compañero, Bedford, utilizan la fuerza de atracción lunar para llegar a la superficie de nuestro satélite. Describe gráficamente la ingravidez y sus efectos, y aun el lector menos interesado en la ciencia no tiene por menos que quedarse maravillado durante la lectura de esta parte del libro.

Lo que resulta realmente frustrante es que la cavorita se trata de una sustancia que sólo puede obtener la imaginación de Wells, es imposible de fabricar. Su existencia se halla en completa contradicción con cuanto conocemos de la naturaleza. Aunque una simple cuartilla pueda detener el paso del haz luminoso de una linterna, y aunque los rayos cósmicos que nos bombardean desde el espacio exterior, llegando a nosotros dotados de un gran poder de penetración, puedan eliminarse con una adecuada plancha de plomo, la gravedad, sin embargo, no se propaga en ondas o partículas: le es inherente a cada cuerpo y nada nos puede proteger de ella.

Aun suponiendo que nos eleváramos a 11,263 kilómetros por segundo, escapando así de la Tierra, no podríamos desembarazarnos de la fuerza de gravedad. No obstante, siempre resulta arriesgado ser dogmático, siempre se puede creer que existe algún hecho ignorado, que está esperando que lo descubramos. Sin embargo, ateniéndonos a los datos de que disponemos, todo parece indicar que la maravillosa sustancia inventada por Cavor no es más que una entelequia.

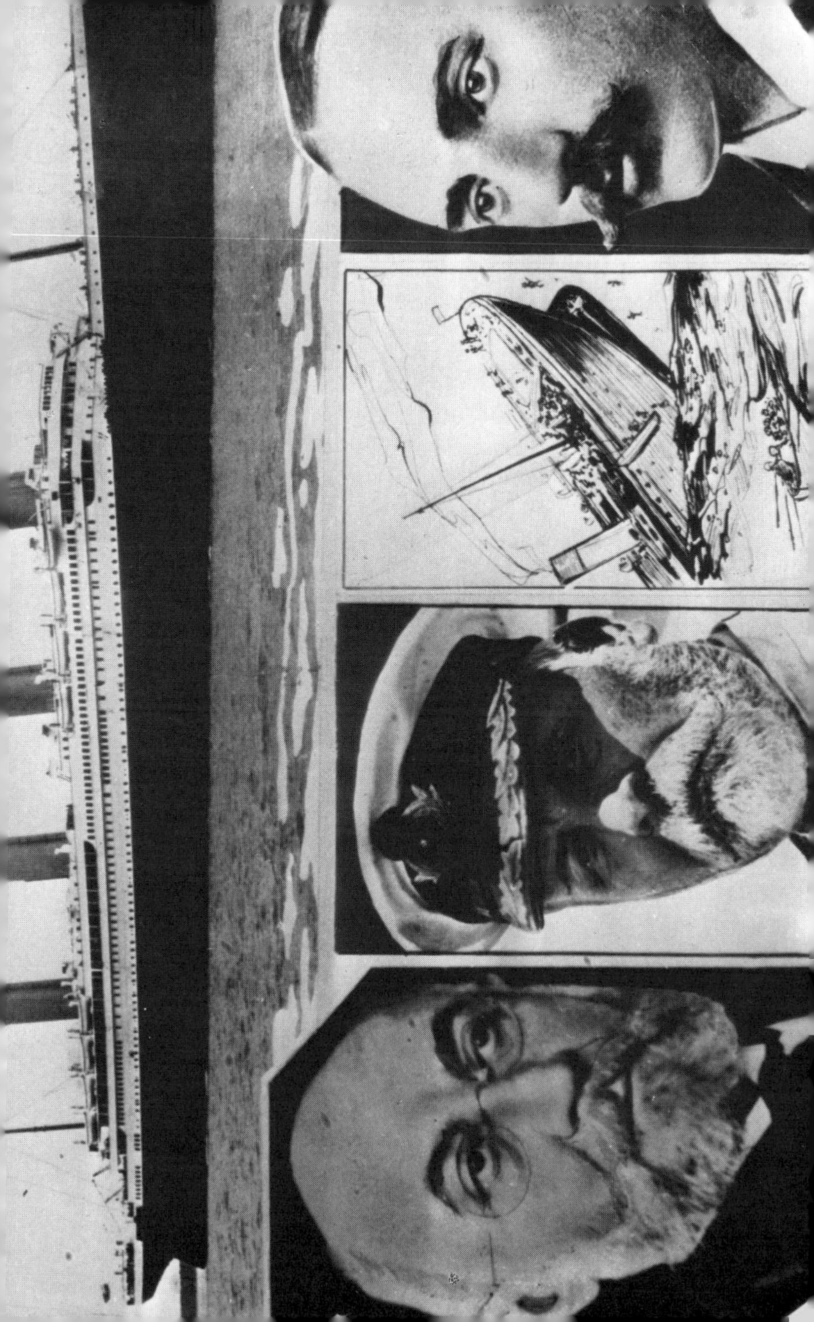

Los investigadores no han conseguido nunca explicar el extraño comportamiento del capitán Smith (en el centro, abajo), el comandante del Titanic que se hundió el 14 de abril de 1912. ¿Se volvió loco? Además de sus 2.000 pasajeros, su equipaje y cargamento, el magnífico trasatlántico transportaba una momia egipcia... A derecha e izquierda del comandante Smith, dos millonarios americanos que perecieron en el naufragio.

El panorama que espera a Cavor y a Bedford en la Luna es muy distinto al tortuoso paisaje de volcanes que Barbicane divisó desde el proyectil del «Columbiad». La atmósfera lunar que se hiela, mientras duran las tinieblas, se funde, en minutos, ante la presencia del Sol naciente, brotando una densa vegetación que nos hace recordar la Levania de Kepler. No encontrándose satisfecho con la exploración de la superficie lunar, Cavor decide husmear las entrañas de ésta, y acompañado por el desconfiado Bedford, penetra en ellas, descubriendo allí un mundo subterráneo (valga la expresión) habitado por inteligentes selenitas, de extraordinario cerebro a pesar de la forma del cuerpo, similar a la de los insectos. Ante el descubrimiento, Bedfort, menos atrevido que su compañero, se escapa y regresa a la Tierra, mientras Cavor, que ha cometido la imprudencia de informar a los selenitas de los hábitos belicosos de nuestra especie, queda preso en la Luna, como rehén, en señal de prevención.

La guerra de los mundos, la otra gran novela interplanetaria de Wells, apareció tres años antes que *Los primeros hombres en la Luna;* y aquí tenemos, por fin, una novela que sólo es eso: una novela. Comienza con la aparición de unos extraños rayos de fuego que se observan en Marte. Pocas semanas después se presenta un desconocido proyectil, que aterriza en Horsell Common, en las cercanías de Woking, y que resulta ser una astronave, procedente del planeta rojo, tripulada por grotescos monstruos que vienen dispuestos a conquistar la Tierra. Esta falta de buenas intenciones, por parte de los marcianos, se evidencia inmediatamente, cuando una delegación de terrícolas, que marcha tras una blanca bandera de paz, es limpiamente barrida por un rayo térmico. Equipados con máquinas de guerra superavanzadas, los marcianos dan pronto buena cuenta de algunas rebeliones de los terrestres. Pero, a pesar de su magnífica preparación, no las tienen todas consigo, y, finalmente, para alivio del lector, son destruidos por una bacteria infecciosa, contra la cual carecen de defensa.

Ya conoce el lector las funestas consecuencias que la radioemisión de esta novela acarreó a la ciudad de Nueva York; y es que, sin discusión posible, *La guerra de los mundos* es una novela impresionante, narrada con el máximo vigor y la más lograda brillantez de que es capaz Wells. Pero, a la larga, había de traer funestas consecuencias. Introdujo el tema de la «amenaza a la Tierra», que, desde entonces, ha obsesionado a los escritores de ficción científica, esparciendo las semillas de la creencia popular de que los marcianos son monstruos infectos. La descripción que hace Wells de los desagradables visitantes deja poco espacio a la imaginación. Son monstruos con ojos de insecto, y nada más que eso; son, efectivamente, los progenitores de todos los endriagos por venir, tan pródigos en su descendencia. Reconozco que no es nada agradable el cuadro de la vida y hábitos de estos seres, mas Wells procura ser lo más discreto posible al describir esto, manteniendo el interés sin acentuar lo sucio y repugnante de aquellas criaturas; no así su escuela de discípulos menos aventajados, que se han pasado en ese terreno.

Hay que aclarar, que no es justo decir que todas las historias de terror posteriores a *La guerra de los mundos* están inspiradas exclusivamente en ella, pero no es posible negar que la novela de Wells, por cuanto favoreció la malsana tendencia que ha sido, desde entonces, el sambenito de la ficción científica, no ha dejado de tener una influencia negativa. De esto no se le puede culpar a Wells, naturalmente, nadie se puede responsabilizar de los imitadores que puedan salirle.

La mayoría de las obras de ficción científica de Wells están escritas antes de la Primera Guerra Mundial, aunque algunos relatos posteriores como *El nacimiento de una estrella* o *El jugador de croquet*, puedan encuadrarse dentro de este campo.

XI

AIRES NUEVOS PARA LA CIENCIA-FICCION

El año 1865 fue memorable en la historia de la ficción científica. Marcó un hito la aparición de la obra de Julio Verne, *De la Tierra a la Luna,* una de las más importantes novelas científicas que se hayan escrito, y que fue la señal para la apertura de una nueva era. Por aquel tiempo se publicó también el *Viaje a Venus,* de Achille Eyraud.

Estudiando el asunto desde un aspecto puramente literario, Eyraud está lejos de ser extraordinario. Si exceptuamos el *Viaje a Venus,* no escribió ninguna otra obra digna de mención, y aun ésta no es precisamente una obra maestra. Para colmo tuvo la mala suerte de aparecer casi al mismo tiempo que la obra de Verne, y, ya, en 1865, Verne era un escritor de grandísima popularidad, tanto fuera, como dentro de su país.

Y, sin embargo, lo irónico del caso es que las ideas básicas de Eyraud resultaban ser mucho más acertadas que las de su gran compatriota. En tanto que Verne eligió el cañón interplanetario, que es completamente impracticable, y sólo utilizó los cohetes para llevar su proyectil a través de un punto «neutro» enteramente mítico, Eyraud hizo uso del principio del cohete durante todo el viaje. Explicó que los fuegos de artificio se elevaban gracias al efecto de reacción, y que el impulso de retroceso de un arma de fuego se debe a la misma causa. Hasta llegó a describir un «motor de reacción», que es una mera adaptación del retroceso del rifle.

La única diferencia entre el relato de Eyraud y el más antiguo de Cyrano estriba en que el primero es perfectamente consciente de lo que está escribiendo, en tanto que Cyrano acertó, ya lo hemos dicho, por pura casualidad. Estas felices coincidencias no son tan extrañas como pueda imaginarse. Casos hay de científicos que, perdidos por un camino totalmente erróneo, se han encontrado con una verdad esencial.

Hubieron de pasar treinta años de la publicación del libro de Eyraud, hasta que se volvió a comentar la importancia del motor de reacción para los viajes interespaciales. El científico ruso Konstantin Eudardovich Ziolkovsky —del que ya hemos hablado en la primera parte de este libro— escribió un inteligente artículo, en el cual exponía la idea del motor a reacción; a pesar del prestigio científico de Ziolkovsky, nadie lo tomó en serio, la imagen del cañón espacial de Verne, que había influido muchísimo a las gentes, fue quizás la causa de ello. Lo que si era cierto es que la idea de Ziolkovsky era totalmente propia, no creemos que el ruso hubiera leído jamás el libro de Eyraud. Ziolkovsky era el típico científico que «vive en las nubes», hay una anécdota sobre su vida que le retrata de manera singular: Cuando andaba por los veinticinco años envió algunos trabajos científicos a la Sociedad de San Petersburgo; sus documentos contenían cierto número de fórmulas que él consideraba inéditas, pero que, ya habían sido enunciadas hacía un cuarto de siglo.

No es que recordemos esto para criticar al científico. Sus fórmulas eran perfectamente correctas; pero a la vista de su ignorancia sobre trabajos científicos cuya existencia debía haber conocido, difícil es que estuviera enterado de la existencia de un libro de autor oscuro, como lo era entonces Eyraud.

Unos cuantos años más tarde apareció *La Luna ar-*

tificial, de Edward Everett Hale. Afirma J. O. Bailey, en su histórica obra de ficción científica *Peregrinos del Espacio y del Tiempo*, que este relato se imprimió, por primera vez, en el año 1870; pero yo he conseguido seguirle la pista hasta desenterrarlo en una publicación inglesa llamada *Atlantic Monthly*, fechada en octubre de 1869. Como obra literaria sólo puede calificarse de horrible, pero contiene ideas muy interesantes.

Para facilitar su propósito de medir la longitud de un meridiano terrestre, un grupo de científicos, jóvenes y emprendedores, deciden proveer a nuestro planeta de un nuevo satélite. Con este objeto construyen una Luna artificial, de unos sesenta metros de diámetro, y la lanzan por medio de un conjunto misterioso e ingenioso de volantes y contrapesos. Por desgracia, y debido a un ligero accidente, su artefacto se ve proyectado a unos 15.000 kilómetros de la superficie terrestre, llevándose, de camino, a treinta y siete personas. Esto no tiene consecuencias excesivamente graves para los miembros de la tripulación, gracias a que el mundo en miniatura ha tenido la preocupación de no olvidar su propia atmósfera. Reciben alimentos utilizando el mismo camino de ruedas giroscópicas, y se comunican con sus amigos que han quedado en la Tierra, dando saltos espaciados, de acuerdo con el alfabeto morse. A pesar de sus numerosos defectos, pocas dudas pueden quedar de que la luna de Hale no fuera el primer proyecto de satélite artificial de la historia. Siguiendo con el tema, la siguiente obra de ficción científica de algún relieve fue la de Percival Greg, *A través del Zodíaco*, publicada en 1880. En ella nos encontramos con un invento antigravitatorio, en forma de energía contraeléctrica, capaz de enviar un hombre a Marte. La atmósfera del planeta rojo resulta respirable, cómo no, y el osado aventurero encuentra allí una avanzada civilización. Durante su estancia en aquel mundo se las arregla para adquirir media docenas de esposas, según la costumbre común de los marcianos, pero éstas con sus exigencias sexuales, casi terminaron con él, por lo que decidió escaparse y volver a la tierra.

En la *Conquista de la Luna,* de André Laurie (1889), se ataca el problema interplanetario de manera diferente. Inspirándose en el principio de Mahoma y la montaña, decide que, si no puede ir a la Luna, hará bajar a ésta hasta la Tierra. En su novela, unos cuantos financieros se ponen de acuerdo para explotar las riquezas minerales de la superficie lunar y, después de rechazar la idea de un tubo directo de un mundo a otro, encuentran una ingeniosa solución. Aíslan una gran montaña de mineral de hierro, en el desierto del Sahara, por el procedimiento de fundir la arena a su alrededor, y luego magnetizan el monte con generadores alimentados con baterías, los cuales acumulan la energía solar por medio de espejos. Van atrayendo poco a poco, la Luna hacia la Tierra, hasta que uno de los miembros del equipo, presa del pánico, hace girar un conmutador. Inmediatamente, la montaña, con el laboratorio y sus ocupantes, se ve arrancada de sus fundamentos y elevada vertiginosamente hasta quedar depositada en un valle lunar. Para la vuelta utilizan paracaídas, un medio practicable gracias a que la Luna se encuentra todavía un poco más alta que los límites de la atmósfera terrestre. Lo que resulta bastante sorprendente es que, una vez en la Tierra, nadie quiere creer la historia que cuentan.

Libros como *A través del Zodiaco* y *La conquista de la Luna* eran entretenidos y agradables, aunque, evidentemente, menos científicos que los de Verne y Eyraud; Pero, en 1897, apareció el famoso *En dos planetas,* de Kurd Lasswitz, profesor de matemáticas en Gotha, que trata aspectos de más importancia. Tampoco es realizable su método de viaje espacial. Claro está que Lasswitz se encontraba bien preparado para escribir, con corrección, una novela científica. Era un competente matemático, astrónomo y naturalista, y había ocupado un escaño en el *Landtag* prusiano, de manera que estaba acostumbrado a la controversia y al raciocinio. Además, compartía con

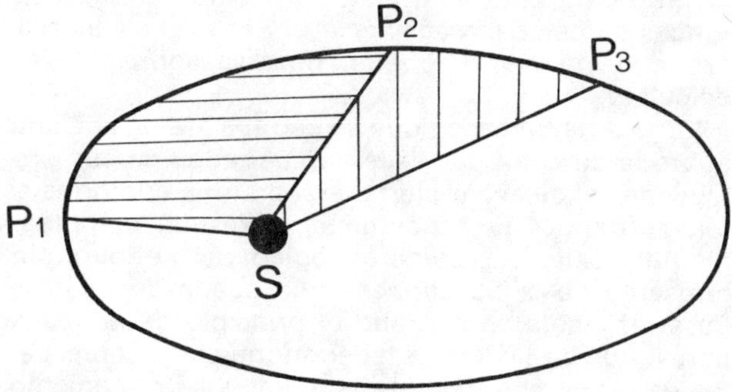

Verne el don de saber controlar su gran imaginación.

En el diagrama, la S representa al Sol y P¹, P² y P³ diferentes posiciones de un planeta moviéndose en su órbita. (Para mayor claridad, se ha exagerado considerablemente la excentricidad de la órbita del planeta P, mucho mayor que la de cualquiera real). Si el triángulo P¹ S P² tiene igual área que el P² S P³, la consecuencia será que el planeta ha de tardar tanto tiempo en trasladarse desde P¹ hasta P² como desde P² a P³. En otras palabras, el planeta P se mueve más rápidamente cuando se encuentra más cerca del Sol, y retarda su marcha al hallarse más alejado.

En el libro de Lasswitz no son los hombres de la Tierra quienes descubren el secreto que hace posible los viajes espaciales, sino los marcianos, pertenecientes a una raza más antigua y avanzada que la nuestra. (Los horrendos marcianos de días posteriores no habían hecho su aparición todavía.) Para ello construyen una embarcación cerrada, hecha de un material antigravitatorio; en tanto estaba abierto el casco, la nave quedaba sujeta a la ley de la gravedad, como cualquier otro cuerpo, pero, así que se cerraba, perdía su peso y flotaba a la deriva, siguiendo una órbita propia. Por consiguiente, lo único que tenían que hacer los marcianos era encerrarse en la nave y esperar que su planeta fuera lo bastante complaciente como para apartarse de debajo de ellos. Entonces se dejaban caer hacia el Sol y, al alcanzar la órbita de la Tierra, podían posarse sobre ella sin dificultad.

La idea de un casco que se cerraba era un adelanto sobre la cavorita de Wells, la cual adquiría sus propiedades al alcanzar cierta temperatura, conforme se iba enfriando. El procedimiento resulta completamente irrealizable, como es lógico, pero el punto interesante de la cuestión es que puede decirse que Lasswitz había encontrado el principio de la «caída libre», que ha llegado a tener enorme importancia en los estudios modernos. Detengámonos un momento, con objeto de dar más claridad a cuanto llevamos dicho, y examinemos el asunto tal y como es en realidad.

La Tierra se traslada a casi treinta kilómetros por segundo a lo largo de su órbita. Esta velocidad no es casual: es la única para un cuerpo que marche, en torno al Sol, a una distancia de ciento cuarenta y nueve millones y medio de kilómetros. Ni tampoco es uniforme en todo momento, puesto que la Tierra camina con mayor rapidez cuando está a la mínima distancia de la superficie solar (teniendo en cuenta, como es sabido, que su órbita no es exactamente circular).

Kepler, el autor de *Somnium,* demostró matemáticamente esta circunstancia y la definió en su Segunda Ley. Esta ley determina que el radio vector de un planeta —es decir, la línea imaginaria que une el centro del planeta con el centro del Sol— recorre áreas iguales en tiempos iguales.

Por esto se puede deducir que los planetas más cercanos al Sol son como los lebreles del sistema solar. Mercurio (a una distancia media de cincuenta y ocho millones de kilómetros) corre a la velocidad de cuarenta y ocho kilómetros por segundo; Venus (a ciento ocho millones de kilómetros) lo hace a treinta y cinco, mientras que Marte (que está a doscientos veintiséis millones de kilómetros) es bastante lento, pues lleva una velocidad de sólo veinticuatro kilómetros por segundo.

Supongamos que la Tierra pudiese incrementar la velocidad de su marcha. Inmediatamente varía su órbita; empezaría por moverse hacia afuera, interrumpiéndose luego, gradualmente, si no recibiera nuevos impulsos. Al final, la órbita llegaría a transformarse en una elipse de mayor excentricidad. No se conoce ninguna fuerza capaz de alterar la velocidad de la Tierra, a menos que estemos dispuestos a aceptar un improbable accidente, tal como lo sería el choque con una estrella vagabunda; pero, a pesar de todo es lícito usar este principio para una nave espacial, que puede ser acelerada mediante el disparo de cohetes.

Cuando ésta hubiera traspasado la atmósfera, y por tanto, se encontrara en condiciones de moverse a cualquier velocidad, sin volatizarse como un aerolito en su fricción contra las partículas del aire, podría ser acelerada de nuevo. En vez de marchar conjuntamente con la Tierra, se separaría de ella hasta encontrarse con Marte, donde podría aterrizar. La práctica del asunto plantea unos problemas inmensos, esto por supuesto, mas es posible que, una vez dado el impulso inicial, sea innecesario el combustible para mantenerla en vuelo. Cuando la aeronave haya entrado en su nueva órbita girará hacia afuera por su propio impulso, pues realmente habrá entrado en una órbita libre. Para el regreso a su planeta de origen puede aplicarse el mismo procedimiento, pero a la inversa. El aparato será retardado, en vez de acelerado, con respecto a la Tierra, y girará en una órbita hacia adentro en dirección al Sol.

El autor de *En dos planetas* advirtió esto, siendo, asimismo, el primero en apreciar su verdadero significado, esto es indiscutible. Evitó sabiamente la trampa, común en aquel tiempo, de realizar su viaje en línea recta desde la Tierra. No cabe duda de que éste es el camino más corto, pero es, asimismo, el más costoso, por la enorme cantidad de energía que se necesita para realizarlo.

Esto resulta lógico. Al viajar hacia afuera, en una órbita libre, podemos dejar a las cosas que sigan su propio curso. Si el empujón inicial es exacto y el factor tiempo ha sido bien calculado, alcanzaremos Marte, teniendo en cuenta que se pueden hacer correcciones menores utilizando la fuerza de los cohetes con disparos restringidos..., un punto que Lasswitz no pasó por alto. Dicho de otra forma: si planeamos dirigirnos hacia afuera, alejándonos del Sol, en línea recta, tendremos necesidad de usar energía continuamente, y esto no hay que pensarlo a causa de la cantidad de combustible que se precisaría.

Los primeros intentos marcianos de viajes interplanetarios —según la imaginación de Lasswitz—, constituyeron un verdadero desastre; dos de los problemas fundamentales con los que se encontraron fueron éstos: en primer lugar, la tosquedad del método elegido; y en segundo que, al entrar en contacto con la atmósfera terrestre, la sustancia que aislaba a la nave de la atracción de la gravedad, se desintegró a causa de la humedad de aquélla. Pero, a pesar de estos graves inconvenientes, y haciendo uso de su habilidad mental, lograron descubrir un medio para situar una estación espacial en un polo de la Tierra, y, posteriormente montar allí una base. Esto se sabe porque, en una expedición en globo organizada por un grupo de terrícolas, se descubrió la mencionada base.

Es interesante, asimismo, la descripción que Lasswitz hace de los marcianos. Aunque muy superiores a nosotros en inteligencia, aún conservaban algunas debilidades propias del hombre. Describe los canales de Marte como fajas de vegetación tendidas sobre el ocre de los desiertos. Las plantas se cultivaban a lo largo de las márgenes de unas corrientes de agua, conducida por medio de unas tuberías. A través de este sistema se conseguía que el planeta fuera habitable. Esto carece de sentido en la actualidad. Pero en la época en que Lasswitz escribió su novela la ciencia lo consideraba como posible, es más, una década más tarde, aún se seguía creyendo: el profesor Percinal Lowell expuso esta idea en un libro estrictamente científico: *Marte y sus canales* era el título de éste.

La obra de Lasswitz produjo un gran revuelo. Fue traducido a casi todos los idiomas europeos, excepto al inglés, y provocó la reimpresión de *Somnium,* de Kepler, y hasta incluso puede haber influido en la creación, por H. G. Wells, de la cavorita. Pero permaneció casi único en su género, lo cual es bastante extraño. Los otros escritores prefirieron seguir a Wells o a Verne, y la antigravedad y el cañón interplanetario mantuvieron su primacía. Por ejemplo, en su *Luna de miel en el espacio,* publicada en 1901, George Griffith usó un invento para modificar el campo de gravedad, y los recién casados visitan Marte, Venus, Júpiter y Saturno, encontrando en todas partes, por lo visto, atmósferas respirables..., aunque el aire saturniano resultó ser una sustancia caldosa, en la que flotaban medusas del tamaño de una ballena.

Los grandes avances científicos en la tercera década de este siglo, debidos, en gran parte, a los trabajos de Obert y Goddard, no produjeron el efecto deseado; por el contrario, dieron lugar al florecimiento de las historias de horror y a los monstruos espaciales de los *comics* para adultos. Es sumamente misterioso que, alcanzada la fama por medio de este tipo de revistas, la mayoría de los escritores que consiguieron ésta, abandonaran la ficción científica en cualquiera de sus géneros. No obstante esto, surgieron algunos libros interesantes, como por ejemplo *El manuscrito Hopkins,* de R. C. Sheriff.

La casi desaparición de las revistas de ficción científica, marcó una nueva era para este género de literatura, su esplendoroso resurgimiento, en 1946 estaba lleno de novedades. Los autores de primera línea compitieron para combinar la imaginación con la exactitud; y así nació —afortunadamente— la moderna escuela de la ficción científica.

Por supuesto que la nueva tendencia obligaba al escritor serio a ponerse al día en los conocimientos ya alcanzados. Incapaces, al parecer, de hacerlo así, hubo muchos antiguos autores que hubieron de volver a las novelas de «indios y americanos», mientras otros esquivaron el problema bien dedicándose a los relatos del lejano futuro o del remoto pasado, bien creando unos curtidos veteranos del espacio, de grises cabellos, cuya única misión en la vida era descubrir contrabando de drogas entre mafiosos de un planeta y otro, aunque con gran frecuencia, eran los sucios y degenerados marcianos los encargados de ensuciar el mundo (la Tierra) con sus espantosas naves cargadas de heroina; por si esto fuera poco, con frecuencia, los repugnantes marcianos burlaban la confianza del incauto terrícola arrebatándole su hermosa y exhuberante dama.

Se había hecho esencial, no obstante, el empleo de un fondo realista para la verdadera ficción científica. Compárese, por la analogía que hay entre ellas, con la novela histórica, una rama muy antigua y respetable de la literatura. En ésta, un relato que especule en torno a la victoria de Napoleón en Waterloo no tiene probabilidades de ser bien recibido, por la sencilla razón de que, prácticamente, todo el mundo sabe que aquella fue la primera gran batalla perdida por el emperador francés. Hasta un relato literariamente impecable perdería su valor si se encuentra provisto de evidentes errores históricos. De una manera similar, la mayor parte de la gente sabe ya que los marcianos monstruosos, la antigravedad, el cañón espacial y otros muchos mitos de la antigua ficción científica son sólo eso: ficción. Los libros que calificamos con anterioridad como del tipo A pueden ser entretenidos e interesantes, pero como en el caso de las revistas de *comics* para adultos, no deben ser tenidos como verdadera ficción científica.

Uno de los más importantes personajes de la nueva escuela fue —y sigue siéndolo— Arthur C. Clarke, antiguo presidente de la Sociedad Interplanetaria Británica. En su obra *Las arenas de Marte,* considerada generalmente, y con toda justicia, como una sobresaliente novela de ficción científica del período posterior a la Segunda Guerra Mundial, hace Clarke una ortodoxa descripción del planeta rojo. La novela posee una ágil trama, e introduce suficiente materia imaginativa como para satisfacer al lector más exigente, pero no por eso deja de ser un libro técnicamente correcto. En su *Preludio al espacio,* describe los preparativos para el lanzamiento del primer cohete a la Luna, y en *A la luz de la Tierra,* la acción se desarrolla enteramente en nuestro satélite.

Fácilmente se advierte la importancia de este método. Muchas personas que no harían nunca el esfuerzo necesario para leer un libro técnico, ni siquiera de divulgación, como *El universo en torno a nosotros,* de Jeans, o, a ese respecto, la *Exploración del espacio,* del propio Clarke, devorarían, sin embargo, una novela bien escrita. Si aprenden algo mientras tanto, mucho mejor, y la ficción del tipo B puede hacer un gran papel en la supresión de ideas falsas. A pesar de todo, ha de procederse todavía con cautela. En una novela publicada en 1954 nos encontramos con un satélite terrestre girando alrededor de nosotros a una altura de sesenta y cuatro kilómetros, mientras que, en la realidad, tal satélite sería destruido rapidísimamente, debido al gran calor generado por la fricción.

Ha de tenerse en cuenta que la investigación de la densidad del aire a grandes altitudes es uno de los objetivos principales que se persiguen al lanzar los modernos satélites de la Tierra. Nos equivocaríamos si los consideráramos como navíos espaciales, o siquiera como antecesores de verdaderas astronaves: están destinados, en primer lugar, a la investigación de las capas superiores de la atmósfera.

El arte de escribir ficciones del tipo B exige mucha mayor pericia de la que es necesaria para componer una «ópera del espacio»... Una de las mayores dificultades consiste en la explicación de los términos técnicos. Un novato en la materia que comience a leer una novela y tropiece con expresiones tales como «libración meridiana» y «relación exagerada de masas», lo más probable es que cierre el libro, con un gesto de disgusto, y vuelva a abrir las elementales novelas basadas en el oeste americano. No es fácil introducir términos científicos sin que se dé cuenta el lector de que se le está educando, y no son tampoco muchos los escritores que lo hayan hecho con éxito, en especial cuando ha de mantenerse, al mismo tiempo, intrigado a aquél con un interesante argumento.

La cuestión sexual es aún más difícil de arremeter. Ancianas ya las vampiresas de Venus y las sirenas de Saturno, el desdichado autor se encuentra sin especie reproductora a la que echar mano. El problema es peliagudo, evidentemente, pero de alguna forma habrá que resolverlo.

Resulta también una lástima que haya tan pocos planetas disponibles. Venus ofrece mucho campo, puesto que aún se está en la incertidumbre de si el planeta del Amor es un desolado desierto de polvo o un espumeante océano de carbono, pero nada de esto puede hacerle un mundo atractivo. La solución obvia es alejarse hacia otros planetas situados en lejanísimas galaxias, pero se tropieza, así, con las dificultades de un viaje interestelar. Otra solución consiste en transferir el relato a un futuro indefinido, en este caso, retrocedemos inmediatamente a la ficción del tipo A, perdiéndose el fondo de autenticidad.

No obstante todo lo dicho, el principal problema de la ficción científica es su escasez. Existen, en este género literario, ilimitadas oportunidades para cualquier escritor especialmente preparado en el campo de las investigaciones científicas, que pueda abordar el tema con seriedad, pero hasta el momento, son pocos los autores que se han preocupado de ello.

Es sumamente difícil que la ficción científica vuelva a recuperar su antiguo prestigio, el que gozaba antes de que se la comercializara por medio del *comic,* hasta que no se comprometa seriamente el autor en lo que respecta a la verosimilitud de lo que está contando.

Ya hemos aclarado que los libros de ficción científica se pueden dividir en dos grupos: los que se ajustan a los hechos reales y los que divagan por los ficticios; pero, a pesar de ello, no es tarea fácil distinguir a unos de otros. En el pasado, varias obras pretendidamente «científicas», que trataban de ser los portavoces de los adelantos del futuro, resultaron, con el transcurso del tiempo, cualquier cosa menos otras anticipadoras de realidad, y, por tanto, se les puede incluir bajo el epígrafe de la ficción científica, en su más amplia acepción. Algunas publicaciones se escribieron con el deliberado propósito de burlarse del lector, otras se dieron a conocer con la mejor buena fe, pero tuvieron resultados similares.

Empecemos con una que es una pura inocentada. Se escribió en 1835, hace más de cien años, y alcanzó un notable éxito. Por lo demás, rebosaba de buen humor y hasta se dice que Sir John Herschel, la víctima principal, se echó a reír cuando supo lo que estaba ocurriendo.

Sir John fue uno de los más famosos astrónomos de la época y, era hijo de un científico aún más famoso, Sir William Herschel, descubridor del planeta Urano, que fue designado Astrónomo de la Corte por el rey Jorge III. John Herschel heredó mucha de la energía de su padre y una de sus ambiciones era completar el mapa celeste comenzado por aquél. Este había pasado la mayor parte de su vida en Inglaterra y, por tanto, no había podido estudiar las estrellas del extremo meridional, tales como la Cruz del Sur y las Nubes de Magallanes, que jamás pueden ser visibles desde las Islas Británicas. En consecuencia, Sir John decidió irse al Cabo de Buena Esperanza, en compañía de un grande y potente telescopio.

Llegando al cabo sin contratiempo alguno, instaló su telescopio y se puso a trabajar. Permaneció durante varios años en Africa y, al regresar a su país, había acumulado tal cantidad de datos, que se necesitó una década para que estuvieran a punto para su publicación. No hay ni que decir que solamente estaba interesado en cielos estelares. La Luna y los planetas son visibles desde Inglaterra, y por tanto no es necesario trasladarse a Africa a examinarlos. Sin embargo, pronto comenzaron a llamar la atención del público unos reportajes acerca de supuestas observaciones de la Luna. Unos artículos sensacionalistas, publicados por un periódico neoyorquino, el *Sun* *(Sol)*, describían no sólo los panoramas lunares, sino que daban cuenta también del descubrimiento de misteriosas formas de vidas en nuestro satélite.

El artífice de tales noticias era un periodista inglés llamado Adams Locke. Adams había emigrado a los Estados Unidos para dedicarse al periodismo, y no cabe duda de que estaba preparado para ello; Locke combinaba una fértil imaginación con un oportunismo nada común. El razonamiento que se hizo era perfectamente válido. Herschel se encontraba al otro lado del globo; las comunicaciones, en aquellos tiempos, eran lentas e inseguras, ¿quién iba a presentar un inmediato mentís a cualquier cosa que se imprimiera?

Por consiguiente, el 27 de agosto de 1835, salió el *Sun* con unos titulares que decían: «Grandes descubrimientos realizados últimamente, en el Cabo de Buena Esperanza, por Sir John Herschel, doctor en Derecho, miembro de la Sociedad Real, etc.» Merece la pena transcribirse el primer párrafo del artículo:

«En este número de nuestro diario nos satisface dar a conocer al público inglés, y por tanto a todo el mundo civilizado, unos recientes descubrimientos astronómicos que constituirán un título de gloria imperecedero en honor a nuestra época; que otorgarán una valiosa distinción, entre las otras generaciones, a ésta en que vivimos, y que perdurará en la memoria de los hombres por los siglos venideros. Se ha dicho, poéticamente, que las estrellas de los cielos constituyen la regalía hereditaria que corona al hombre como soberano intelectual de la creación animada. Pues bien, ya puede ahora éste ceñirse al Zodíaco con mucha más clara consciencia de su supremacía mental.»

Locke se lo debió pasar en grande a la hora de escribir su artículo, en especial cuando se entretuvo en describir el nuevo telescopio que, según él, había inventado Herschel para llevar a cabo sus investigaciones. Es lógico pensar que Locke estuviera al tanto de la principal limitación de un telescopio. Esta reside en la incapacidad del instrumento para recoger los rayos de luz procedentes del cuerpo que se quiere observar, en cantidad suficiente para que la imagen, formada por dichos rayos en su interior, pueda ampliarse más allá de ciertos límites. El telescopio más grande que hasta el momento se había construido, era el de Sir William Herschel, de 122 centímetros de diámetro, pero, aun éste, no podía recoger bastante luz como para ofrecer al observador una vista realmente cercana de la Luna o de cualquier otro cuerpo celeste..., y, además, ya había sido desmantelado mucho antes de 1835. Locke resolvió este problema mediante una «transfusión de luz artificial en la imagen virtual formada en el foco». Dicho de otro modo: una vez formada la imagen en el espejo, se proyectaba sobre ella, con objeto de aumentar su luminosidad, los rayos procedentes de un haz de luz artificial, instalado en el propio observatorio y, «ahora ya puede obtenerse cualquier aumento que se desee». El periodista, no satisfecho con esto, contaba cómo había construido Herschel un telescopio de reflexión, con un espejo de más de siete metros de diámetro, ante el que palicede el instrumento, igualmente mítico, creado por Verne.

Ese artículo estaba tan hábilmente redactado que casi resultaba verosímil, y Locke no cayó en el error de querer pasarse de listo. Su trabajo siguiente, publicado el 2 de agosto, era deliberadamente conciso y técnico, de forma que se mantuvo bien la ilusión. Pero, en el mismo ejemplar de *Sun,* apareció un artículo que se decía era reproducción del publicado por un periódico de Edimburgo, y que no sólo describía el montaje del maravilloso detescopio, sino también el paisaje que Herschel había visto a través de él:

«Se utilizó todo el inmenso poder del telescopio y, a su imagen focal, se le aplicó aproximadamente la mitad de la potencia del microscopio. Al descorrer el obturador de este último, apareció en el campo visual una capa basáltica, cuya imagen resultaba clara, bella y hasta vívida. Su color era de un castaño verdoso, y la anchura de sus pilares, determinada por los espacios de la retícula, era invariablemente de setenta y un centímetros... Este escarpado farallón estaba cubierto, con profusión, por una flora de color rojo oscuro.»

El *Sun* continuó su hábil maniobra los cinco días siguientes, comunicando, a los sorprendidos lectores, nuevos informes de las investigaciones efectuadas por el equipo de Herschel en Buena Esperanza. Más tarde introdujo seres vivientes, empezando por «cuadrúpedos de color parduzco, con todas las características externas del bisonte, pero más pequeños que cualquier especie del *Bos genus* descrita por nuestra historia natural», y «un extraño ser anfibio, de forma esferoidal, que avanzaba rodando a gran velocidad por una playa pedregosa». Otra criatura interesante «era de un color azul plomizo, de tamaño aproximado al de las cabras, con cabeza y barbas como ellas, pero con un sólo cuerno algo desviado de la vertical. La hembra estaba desprovista de cuerno y barba, pero tenía un rabo mucho más largo... Era de condición gregaria y abundaba principalmente en los calveros escarpados de los bosques... La contemplación de esta criatura tan hermosa nos proporcionó un vivo placer».

Pero el punto álgido se alcanzó el 28 de agosto, con la inapreciable descripción que hizo Locke del hombre-murciélago selenita:

«Indudablemente eran como seres humanos... Tenían una altura, por término medio, de unos ciento veinte centímetros; estaban cubiertos, excepto en la cara, por un vello de color rojizo, corto y lustroso; tenían alas, consistentes en una delgada membrana, sin pelo, y las llevaban plegadas y muy ajustadas, cayéndoles desde los hombros hasta media pierna; el rostro, que era de un color carne amarillento, mostraba un ligero progreso sobre el de los grandes orangutanes de nuestros bosques, con una expresión mucho más abierta e inteligente y de frente bastante más espaciosa; la boca, por el contrario, estaba proyectada hacia afuera, aunque disimulada por una espesa barba que les nacía en la mandíbula inferior...»

Locke era bastante inteligente como para hacer que sus lectores encontraran, de vez en cuando, una llamada a la «ciencia». En ciertas ocasiones se hacía necesario valerse de un ocular de mayor aumento; en otras, las condiciones eran completamente inapropiadas para hacer la menor observación y hasta había veces en que era necesario echar mano de los mecheros de hidro-oxígeno, para iluminar la débil imagen por el método de la «transfusión artificial». La serie de artículos llegó a su fin con uno informando que los astrónomos habían olvidado cubrir el gran espejo del telescopio, de resultas de lo cual, cuando el Sol cayó sobre él, hizo las veces de una gigantesca lupa e incendió el conjunto de aparatos, obligando a la suspensión de todos los aparatos por entonces.

Esto parece muy forzado, aunque no más que los modernísimos reportajes de seres procedentes de los platillos volantes, pero, en 1835, aún había discrepancias sobre la posibilidad de vida en la Luna. Sir William Herschel, el padre de Sir John, había considerado la habitabilidad de la Luna como algo en lo que se podía creer con «absoluta certidumbre», y hasta llegó a sostener que dentro del Sol vivían hombres. Puntos de vista similares fueron mantenidos por astrónomos de mediados del siglo XIX, especialmente por Gruithuisen, de Munich. No se apreciaba, en absoluto, la naturaleza completamente inhóspita del mundo lunar.

Esta serie de artículos recibió una acogida muy variada. Algunos críticos se tragaron completamente el anzuelo, y el *New York Times* escribió que los descubrimientos eran «posibles e incluso probables», añadiendo que la obra de Herschel había abierto la puerta a una nueva era en el desarrollo científico. Se cuenta que un club de mujeres, de Massachusetts, escribió a Herschel pidiéndole su opinión sobre la mejor manera de ponerse en contacto con los hombres-murciélagos, al fin de convertirles al cristianismo, y hasta hubo varias personas que pretendieron haber visto las operaciones de carga del gran espejo, de más de siete metros, en el barco que iba a conducirlo a Africa. Por otra parte, algunas universidades y academias tuvieron sus dudas. La Universidad de Yale envió a Nueva York dos conocidos astrónomos para que hicieran investigaciones, y la Academia Francesa de Ciencias refutó todo el asunto.

A las pocas semanas fue descubierta la broma por un periódico rival neoyorquino, y el propio *Sun* hizo una confesión el 6 de septiembre. A pesar de esto, persistieron aún las dudas durante un tiempo prolongado, y hasta pasados varios meses no quedó demostrado totalmente que el reflector de siete metros, los acantilados floridos de la superficie lunar y los hombres-murciélagos eran una pura ficción y nada más. En adelante, la Luna permaneció deshabitada, hasta que los platillos volantes comenzaron a posarse allí, a principios de la década de los cincuenta.

Puestos en el lugar que les correspondía, los artículos de Locke tuvieron un conderable éxito. Se reimprimieron en forma de folleto, y la burla completa fue publicada de nuevo, en 1937, por el periódico *Sky (El Firmamento)*, que sigue publicándose con el nombre ahora de *Sky and Telescope (El Firmamento y el Telescopio)*. Como es natural sirvió de base para varias narraciones. Una de ellas, *Los conquistadores de la Luna*, de R. H. Romans, apareció en el número correspondiente al invierno de 1930 del *Science Wonder Quarterly*, una precoz revista norteamericana de ficción científica, que se mantuvo en un alto nivel poco corriente. Romans describía también un gigantesco telescopio de reflexión, que permitía ver tan próxima la superficie lunar que se apreciaban los movimientos de sus moradores y, al final, destruyó el instrumento utilizando el mismo procedimiento que Locke. El consiguiente viaje a la Luna estaba bien hecho, aunque la astronave a duras penas hubiera obtenido la aprobación del profesor Oberth. Su trama estaba también hábilmente desarrollada; los monstruos marcianos brillaban, precisamente, por su ausencia. Este mismo ejemplar de *Science Wonder Quarterly* contenía un buen relato de viajes a través del tiempo, y un cuento entretenido, aunque fantástico, acerca del interior de la Tierra. Es una verdadera lástima que esta revista haya desaparecido.

Uno de los astrónomos más importantes del siglo XIX fue el profesor Edward Emerson Barnard, que había ganado una sólida reputación especializándose en el descubrimiento de cometas. Cuál no sería, pues, la sorpresa de Barnard al leer en un artículo del *San Francisco Examiner,* que él había inventado un «buscador» para que le aliviara del trabajo más pesado. Dicho aparato recorría los cielos gracias a un mecanismo automático y hacía sonar un timbre tan pronto como encontraba un nuevo cometa. El autor del artículo era evidentemente un astrónomo y la descripción que hacía del portentoso buscador de cometas engañó no sólo a los profanos, sino también a muchos científicos. No es extraño, pues, que Barnard se pusiera a escribir inmediatamente su repulsa a esto, para encontrarse, luego, con que ni el *Examiner* ni ningún otro periódico quisieron publicarlo: habían sido «muy bien informados» mucho antes. Durante unos meses, Barnard recibió felicitaciones de sus colegas científicos, junto con peticiones para que facilitara más amplios pormenores de su extraordinario invento.

El *Informe de algunos experimentos con mercurio,*

plata y oro, del doctor James Price, publicado en julio de 1782, es de una naturaleza muy diferente. Nadie sabe si Price era o no un bromista, y es probable que este misterio quede sin resolver. No se trataba de un astrónomo, realmente era un alquimista y, de creer en él, el único en la historia que alcanzó el éxito.

La alquimia es el tema favorito del escritor de ficciones, bien sea antiguo o moderno. En pocas palabras, es el arte de fabricar oro partiendo de metales menos valiosos y, por tanto, un método de conseguir algo por nada, una cosa que, hoy en día, está fuera del alcance de cualquiera menos del ministro de Hacienda. Se han escrito, a lo largo del tiempo, centenares de relatos sobre alquimia. Algunas veces se fabrica plata a base de plomo, otras se obtienen diamantes calentando serrín, y no falta la fabricación de radio mediante la fusión de elementos corrientes, como el cobre y el estaño. La piedra filosofal y el secreto de la eterna juventud entran en el mismo grupo.

Hasta hace pocos siglos, la alquimia —junto con su compañera, aún más absurda, la astrología— fue considerada como una ciencia verdadera. En realidad, puede tenérsela por la antepasada de la química; y, aunque los experimentos que se realizaron no lograron convertir el plomo en oro, o encontrar el elixir de la eterna juventud, por lo menos dio ocasión para que se hicieran algunos avances químicos. Sir Isaac Newton fue un alquimista convencido y, hasta en los tiempos en que trabajaba en sus inmortales *Principia*, acostumbrada a dejar la pluma y a pasar algunas noches en el laboratorio, agotándose en el vano intento de encontrar la llave que le revelara los secretos del universo.

El doctor Price fue elegido miembro de la Sociedad Real a la temprana edad de treinta años, y parecía destinado a hacer una brillante carrera. Sin embargo, sostuvo en su libro que podía fabricar oro, calentando una mezcla de mercurio y unos milagrosos y secretos «polvos rojos» desconocidos hasta entonces por la ciencia. Añadía que el experimento había tenido lugar en presencia de siete testigos imparciales. Este informe introdujo gran consternación en las filas de la Sociedad Real, y, habiéndose extendido la noticia por Europa, se pidió a Price que repitiera el experimento ante otros testigos de la Sociedad.

El lo retrasó todo cuanto pudo, pero, al fin, consintió, y los designados para comprobar la veracidad del experimento fueron a visitarle a su casa de Guildford. Las consecuencias de esto resultaron tan tremebundas como las de cualquier melodrama victoriano. Price marchó a su laboratorio para hacer los preparativos finales, y allí se lo encontraron muerto, al parecer por haber ingerido veneno.

A menos que Price hubiese tropezado realmente con un hallazgo vital, debemos descartar su libro como un engaño deliberado. Pero, a pesar de todo, es difícil imaginar qué es lo que hubiera salido ganando. Debía saber que, si no conseguía demostrar sus pretensiones de lograr oro, perdería su reputación, por lo menos, y, como al final resultó perdió también su vida.

Uno de los primeros relatos sobre alquimia se lo debemos a Edgar Allan Poe. La obra se titula *Von Kempelen y sus descubrimientos* y que fue publicada en 1848. Aquí nos encontramos con un alquimista afortunado a quien se acusa de falsificador y que, prudentemente, desaparece. Algo similar surgió también, medio siglo después, de la pluma de H. G. Wells, en el *Fabricante de diamantes*. Al igual que el Poe, es un relato corto y describe cómo un alquimista intenta vender, por cien libras, uno de sus diamantes fabricados. El narrador tiene sus dudas, pero antes de que consiga terminar su investigación el hacedor de diamantes es acusado de anarquismo y se da a la fuga.

Julio Verner, en su *Estrella del Sur* (1884), trata de la alquimia en la forma, precisamente, que se hubiera esperado de él. El científico del relato consigue obtener, en realidad, un diamante, aunque luego resulta ser uno natural, colocado en su crisol por un fiel sirviente que no quiere ver a su amo defraudado. *Estrella del Sur* es una novela larga, y Verne describe en ella las minas africanas de tal forma que se hace difícil creer que nunca estuvo allí.

El pungón de oro, está entre los mejores relatos sobre alquimia de los tiempos relativamente recientes. Fue publicado por George Allan England en 1916. El científico de la historia, que es el profesor John Storn, descubre, no el medio de fabricar oro, sino un Rayo-Zeta que transforma en cenizas el oro existente. Basando su raciocinio en que el oro es la raíz de todo mal, y que la pérdida de las reservas mundiales de este metal sería beneficiosa para la humanidad, se dedica a viajar, por Europa y América, destruyendo todo el oro que queda dentro de su radio de acción. Braunschweig, un financiero alemán, es lo bastante astuto como para darse cuenta de que los efectos del Rayo-Zeta desaparecerán con el tiempo, por lo que recoge todas las cenizas y las almacena. Ciertamente vuelven a cambiarse en oro, pero, al hacerlo, generan tanto calor que los desventurados se asan como si fueran pollos. Para entonces, la población del mundo se halla desorientada completamente, y ha tenido que organizarse dentro de unas estructuras distintas a las antiguas de modo que las gentes ni siguiera se molestan en recoger el oro, que queda abandonado donde el alemán lo apiló.

Otra preocupación fundamental de la alquimia se relaciona con la búsqueda del «secreto de la inmortalidad», y aquí encontramos también a un hombre cuya historia tiene algunos puntos de contacto con la de Price: Andrew Crosse, un personaje tímido y retraído, que pasó la mayor parte de su vida en una tranquila casa de campo, en las colinas de Quantock. Se interesaba por la ciencia, especialmente en los estudios sobre la electricidad, pero no tenía ninguna preparación digna de ser mencionada, y era lo que hoy llamaríamos un «inventor aficionado». Sin embargo, una de sus «invenciones» le granjeó una notoriedad de la que muy bien podía haber prescindido. Durante unos cuantos meses del año 1837 fue, quizá, el hombre más temido y odiado de Inglaterra, simplemente por haber afirmado que, partiendo de la materia inerte, podría producir criaturas vivas. El método de Crosse se basaba en dejar pasar una débil corriente eléctrica, mantenida durante mucho tiempo, a través de cierta solución química. Según él, se obtenía como resultado la aparición de ácaros, una especie de insectos, y en los que no parecía notarse diferencia alguna de los nacidos de progenitores normales. Tanto en este caso como en el de Price no es fácil imaginar lo que esperaban salir ganando al intentar un engaño, y Crosse, tan pronto como se encontró con una crítica severa, interrumpió sus experimentos y rehusó decir nada más. La mejor relación de todo el asunto se halla en *Recuerdos científicos y literarios* escritos por C. H. A. Crosse —esposa de Andrew—, publicados en 1857. El comandante Ruperte Gould, lo resumió en su fascinante libro *Rarezas.* Un corto resumen, pero muy exacto, lo da el difunto Cedric Allingham en su *Platillo volante de Marte.*

Puesto que Crosse parece haber sido un hombre sincero, es probable que se engañase a sí mismo, igual que lo hizo con otros; aunque quizá se deba a la casualidad que nadie haya tropezado con su secreto. Según mis conocimientos no existe medio alguno de «fabricar» vida. Podemos hacer una exacta reproducción química de un ser viviente, indistinguible a los análisis normales, pero no podemos hacerla vivir.

Por otro lado, sería peligroso decir que la creación de vida es absolutamente imposible, y las oportunidades que esto brinda a la ficción científica son inmensas. La mejor novela entre las que abordan la creación de vida es, a mi parecer, *El triángulo de cuatro lados*, de William F. Temple, publicada en los años cincuenta. En este relato, un joven científico descubre el medio de obtener copias exactas de objetos ya existentes; en tanto se limita a duplicar las viejas obras maestras del arte todo va bien, pero, cuando el «reproductor» hace surgir a un ser humano, se originan violentas repercusiones. La trama es ingeniosísima y, como el libro está escrito de una manera convincente, mantiene su interés de principio a fin.

El tema de la formación de vida ha entrado, también, a formar parte de los dominios de la escuela tremendista, y esto se puede aplicar igualmente al de la inmortalidad. Jonathan Swift, en el *Viaje de Gulliver a Laputa*, pintó un cuadro depresivo de los ancianos que, padeciendo todas las aflicciones de la senilidad, no podían, en cambio, morir y ha habido, asimismo, muchos relatos de menor importancia basados en la misma idea.

Por último, debemos hacer mención a los libros que tratan de platillos volantes. Sé que éste, es un tema sumamente resbaladizo, porque el hecho de considerar tales libros como fantásticos sorprenderá a muchas personas en diversos sectores. No pretendo acusar a nadie de obrar de mala fe, sin embargo; este asunto hay que dejarlo bien claro.

Los OVNI u Objetos Volantes no identificados, han sido mencionados, de vez en cuando, a lo largo de nuestra historia. Charles Fort, un excéntrico norteamericano ya fallecido, invirtió muchísimo tiempo en recoger información sobre ellos, y escribió cuatro libros que tratan de esta y de otras cosas extraordinarias. De tal forma los redactó, que resultan muy difíciles de leer y casi imposible de interpretar, pero no se puede negar que son fascinantes, y bien pudiera resultar que haya sido Fort el primero en sugerir que los OVNIS son astronaves de otros mundos.

Los primeros informes sobre apariciones de OVNIS, en los que estos objetos no fueran catalogados como pájaros, murciélagos, cristales de hielo o auroras boreales, sino como máquinas voladoras de un tipo desconocido, no se publicaron hasta el año 1947. Su consecuencia lógica fue la aparición de un reportaje relatando una entrevista auténtica con un hombre del espacio, y no pasó mucho tiempo antes de que Mr. Truman Bethurum anunciase que había hecho varias visitas a un platillo, procedente del planeta Clarion, que venía capitaneado por una hermosa mujer llamada Mrs. Aura Rhanes. Su libro *A bordo de un platillo volante* esta subtitulado, previsoriamente, como: «No ficticio. Un relato verdadero de una experiencia personal», y lleva hasta un boceto del platillo en tierra, que no se diferencia casi nada de la concha de una ostra. Clarion no es uno de los planetas conocidos por los astrónomos, y la hechicera Mrs. Rhanes parece un comandante bastante sorprendente para un viaje interplanetario —a menos, claro está, que se pretendiera atraer turistas terrestres—, pero la semilla había sido bien lanzada en un terreno fructífero.

Se publicó, más tarde, una detallada descripción de un platillo volante, que había sido visto en Monte Palomar, en California —aunque el equipo del observatorio, que, como sabe el lector estaba instalado allí, no advirtió nada insólito— y, luego, en 1954, apareció el famoso *Platillo volante de Marte,* de Cedric Allingham. Se crea o no en platillos interplanetarios, no puede dudarse de que este libro, en particular, está hábilmente escrito; sobre todo porque rechaza la telepatía, la astrología, las ciencias ocultas y otros rasgos semejantes de que suelen estar llenos este tipo de libros. Durante el transcurso de una conferencia que Allingham dio en Tunbribge Wells, sostuvo que su libro era una fiel relación de lo que estaba ocurriendo, se mantuvo firme en que había encontrado, efectivamente, un marciano en la costa escocesa, y hasta que había fotografiado el platillo volante en cuestión.

Pero vengamos a los hechos reales: todos los conocimientos que hemos ido acumulando, a lo largo de más de 2000 años, nos enseñan que no puede ni pensarse en la posibilidad de que exista vida inteligente ni en Marte ni en ningún otro planeta de sistema solar, aparte del nuestro, naturalmente. Así que esos maravillosos platillos que vuelan por el espacio, gracias a sus campos artificiales de gravedad, y que aterrizan ocasionalmente para descubrirse a personas elegidas por una Inteligencia Superior, son tan dignos de crédito como los buitres-caballo de Luciano o los hombres-murciélagos de Locke, a no ser, claro está, que procedan de otra galaxia. Si tenemos en cuenta todo esto, debemos buscar una explicación diferente para los fenómenos descritos por Allingham y otras personas.

La cosecha de novelas sobre platillos volantes ha sido inferior a la esperada, quizá porque los novelistas se dieron cuenta de que les sería muy difícil sobrepujar las obras escritas acerca de hechos «auténticos». Uno de los ejemplares mejor conocidos es *La estrella de mal agüero,* escrita por Dennis Wheatley. En ella encontramos un Marte poblado por inteligentes abejorros y gigantes infrahumanos desprovistos de razón, cuya dieta se componía, exclusivamente, de habichuelas.

De todas formas, el interés por los platillos volantes no tiene gran importancia. Actualmente se halla en franca decadencia, aunque continuará existiendo por algún tiempo y pasarán algunos años antes de que los diversos clubs dedicados a su culto lancen sus últimas circulares y memorias.

Las ocurrencias de Locke y el «buscador» de cometas de Barnard no son casos únicos, como es lógico, en la historia científica. No hace mucho tiempo que un industrial, en los Estados Unidos, ha estado muy ocupado vendiendo parcelas de terreno en la Luna, con los correspondientes derechos de caza y pesca, consiguiendo deshacerse de más de cinco mil lotes, de cuatro mil metros cuadrados cada uno, a dólar la pieza. Sin embargo, a duras penas podríamos incluir tales episodios en los límites de la ficción científica, y podemos descartarlos, reflexionando que suelen picar más peces en la Tierra que en la Luna.

XII

MUTANTES Y ROBOTS

El tema de los robots, u hombres mecánicos, no tiene nada de nuevo. Esto no es de extrañar, puesto que no ofrece gran dificultad la construcción de una maquinaria con figura humana. El tema de los «mutantes», por el contrario, es mucho más moderno, pero ha sido tan usado como cualquier otro en el campo de la ficción científica, aparte del tema puramente interplanetario.

¿Qué es un mutante? En latín, *mutare* significa «cambiar», y se puede definir a un mutante como a un ser que difiere de sus padres en alguna característica importante. Por acumulación de pequeñas alteraciones, de generación en generación, llega hacerse patente esta «mutación». Se han llevado a cabo experimentos prácticos con ejemplares pertenecientes a formas elementales de vida, pero en los seres humanos es tan largo el lapso vital de cada individuo que las mutaciones, aunque se estén produciendo, no son perceptibles.

Ante esto, el narrador se ve en la necesidad de acelerar el proceso. Para conseguirlo, el camino más lógico es utilizar los distintos tipos de radiaciones. Todo el mundo conoce los peligros de la radiactividad y puede decirse, con verdad, que lo peor de la bomba atómica de Hiroshima no fue la propia explosión, sino sus efectos retardados, que ocasionaron una espantosa muerte a los hombres, mujeres y niños que habían estado en la zona letal. Aunque no poseamos ninguna prueba positiva de que puedan producirse mutaciones por exposición a los efectos de la radiactividad, hay que tener en cuenta que estamos moviéndonos entre fuerzas que no comprendemos claramente y, por tanto, debemos mantenernos en un estado de prudente duda.

Hasta ahora se han llevado a cabo los experimentos con las bombas atómicas en una escala demasiado reducida para que constituyan una amenaza real, salvo en una superficie relativamente pequeña. La creencia popular de que estos experimentos han afectado las condiciones meteorológicas se basan en hechos no comprobados. (En 1954, Inglaterra tuvo un verano muy fresco y húmedo, poco corriente; en el mismo año, Rusia padeció sequía y una ola de calor, y ambos países echaron la culpa a la primera bomba.) Pero los efectos de la contaminación radiactiva son acumulativos, y, ahora que se efectúan análisis con regularidad, tanto el Este como el Oeste del telón de acero han aumentado ya perceptiblemente el contenido radiactivo de la atmósfera. Asimismo, se ha calculado que la cantidad de bombas almacenadas en la actualidad bastaría para destruir toda la vida sobre la Tierra. Los estadistas, en general, consideran esto como un verdadero progreso.

En 1930, justamente antes de que empezaran a hacerse famosas las revistas de *comics,* John Taine escribió un relato, titulado *La estrella de hierro,* en el que describía la caída en Africa de un extraño aerolito, constituido por una materia bautizada con el nombre de *asterium,* que esparcía radiaciones de carácter dañoso. La radiación no mataba pero producía degeneraciones en el cuerpo humano, de forma que sus víctimas se transformaban, lenta pero inexorablemente, en seres embrutecidos y simiescos. Una expedición de científicos acaba con el peligro, proyectando rayos X sobre el meteorito y haciéndolo volar.

Taine, que era el profesor E.T. Bell, del Instituto Californiano de Tecnología, se hallaba bien equipado para documentar una novela de tales características. Está escrita con habilidad y constituye un buen entretenimiento. Desgraciadamente, poco después apareció en escena la escuela tremendista, y el mutante moderno siempre es repulsivo y sanguinario; generalmente con más de dos orejas y, si es femenino, con varios senos adicionales. Además, los mutantes son, invariablemente, telépatas. Ninguno de ellos puede ser considerado verdaderamente importante, a menos que posea ilimitados poderes telepáticos, pudiéndose contar por millares el número de historietas que se han escrito sobre el tema.

Hay muchos testimonios en favor de la existencia real de la telepatía, aun admitiendo un amplio margen para las coincidencias. Los experimentos sobre percepciones extrasensoriales, dirigidos por el científico americano doctor Rhine, son tan conocidos que estamos dispensados de tratarlos aquí. Pero la transmisión de un pensamiento o de una tonada, o la adivinación correcta de un naipe puesto boca abajo, son cosas de poca importancia. Los telépatas de la ficción científica son verdaderos lectores de mentes, capaces de sondear la de cualquier hombre y extraer de ella todos sus pensamientos. Por lo menos hasta ahora, tales hechos están más allá de nuestra comprensión.

¿Cuál sería la reacción popular si apareciese un auténtico telépata, cuyos poderes excepcionales no pudieran ponerse en duda? Creo que empezaría por una manifestación de recelo, cambiada luego por cierta animosidad y miedo, para terminar en algo parecido a lo que se llamó, en tiempos, una «caza de brujas». Los oradores públicos, pertenecientes o no a los gobiernos, se encontrarían en un aprieto al enfrentarse con un telépata; podría darse el caso de que tuvieran que pasar por la terrible prueba de verse obligados a declarar sus verdaderos pensamientos.

Este tema fue utilizado, exhaustivamente, por Arthur Ronald Fraser, en su obra *El pañero volador,* publicada en 1924. El profesor Colding, que es el protagonista, cansado de la bioquímica, decide cambiar esta actividad por la más oscura vida de un vendedor de paños. Por desgracia para él, posee una «consciencia cósmica», con un sentido de las edades que ha culminado en su persona. Ha de añadirse que puede volar y es, en todos los aspectos, un hombre fuera de lo normal. A causa de sus poderes extraordinarios, y como es inevitable, se ve obligado a sufrir mucho: es perseguido por el populacho y, al final, sucumbe a la violencia.

Muy distinta, aunque con un factor común latente, es la obra de Olaf Stapledoh *El extraño John,* subtitulada: *Un relato en bromas y veras.* Encontramos en ella un muchacho dueño de excepcionales poderes, que consigue reunir otros seres como él y fundar, entre todos, una fantástica colonia en una isla, colonia que, al final, resulta destruida por el miedo y la animadversión de los hombres «normales». Podríamos decir que los miembros de la colonia mueren por propia voluntad, ya que sus facultades podrían haber salvado, de haber querido utilizarlas para resistir, pero, desde su punto de vista, tal acción no hubiera estado justificada. *El extraño John* es un libro notable, que sobresale entre las historias de mutantes y supernormales. Apareció en 1935.

El profesor Codling y el extraño John son seres nobles, a pesar de sus poderes extraordinarios, cosa que no puede decirse de los mutantes de la escuela tremendista. No parece que haya razones suficientes para suponer, necesariamente, que un telépata tuviera que abusar siempre de sus facultades, pero esto no se les ocurre, al parecer, a la mayoría de los escritores, aunque existen, como es lógico, honrosas excepciones.

Con objeto de producir mutaciones se echa mano, muy a menudo, de los rayos cósmicos, y hemos de admitir que estos rayos son todavía un poco misterioso para la ciencia. Sabemos lo que son, y, por cier-

Un astronauta norteamericano realizando un paseo lunar.

to, no son rayos precisamente, sino núcleos atómicos dotados de gran velocidad. Por otra parte, no conocemos nada en absoluto sobre su origen, fuera de que llegan de las profundidades del espacio, y casi la misma ignorancia hemos de confesar respecto a sus efectos sobre los tejidos vivos. Este desconocimiento se debe, en primer lugar, a la imposibilidad de estudiarlos debidamente sobre la superficie de la Tierra, o a poca altura sobre el suelo. Las partículas fundamentales de dichos rayos quedan detenidas por la atmósfera, y no empezamos a encontrarlas por debajo de los 14 kilómetros. Al elevarnos a los 48 kilómetros estamos dentro de la atmósfera, donde existen en mayor cantidad, pero no podemos llevar hasta tales alturas un laboratorio completo. Está comprobado que los rayos cósmicos no son mortales de forma inmediata, puesto que se han enviado animales a la zona donde más abundan han vuelto sin daños, pero una exposición prolongada a sus efectos puede ser peligrosa. Tampoco hay ninguna prueba de que estos rayos no sean capaces de producir mutaciones, más el peso de los testimonios que poseemos inclina la balanza en contra, tanto en esta suposición, como en la anteriormente citada de las radiaciones atómicas.

En los relatos tremendistas de tipo medio solemos encontrar, por ejemplo, el caso de unos hombres que parten hacia Marte o hacia la Luna y, después de sufrir los efectos de los rayos cósmicos, regresan a la Tierra horriblemente deformados y con la mente trastornada. Este resultado parece digno de lástima, y no tiene ninguna justificación.

Muy relacionado con el tema de la telepatía encontramos el de las criaturas extraterrestres, o de otros mundos o de otras dimensiones, capaces de controlar las mentes humanas. Este tema lo hallamos hasta en uno de los relatos de Wells, concretamente en *El nacimiento de una estrella;* claro que Wells utiliza métodos propios para habérselas con la situación, y aunque esta obra no puede codearse con sus mejores fantasías —fue escrita relativamente en los últimos tiempos de su carrera—, está narrada con mucho del vigor que demostró en su primitiva ficción científica. Contrasta de forma clara con un relato de «horror» de transferencias de almas, escrito por M. Renard y publicado en 1923, titulado *Cambio de cuerpos*. En éste tenemos toda una serie de transmigraciones, que alcanzan un notable clímax al final, cuando el alma del villano toma posesión de un automóvil, utilizándolo como cuerpo que la sustente. Un profesor encargado de examinar a aspirantes a conductores me dijo, en cierta ocasión, que no era raro encontrar entre éstos (y especialmente entre el sexo «fuerte») personas que acusen a sus vehículos de estar poseídos por el diablo; de todas formas, considero que esta clase de temas convienen solamente a obras que no pasan de ser una farsa, así que tampoco las clasifico entre las pertenecientes a la verdadera ficción científica.

Los robots debemos agruparlos en un apartado diferente. Aunque sería difícil, arriesgado y aun indeseable cualquier intento de producir mutaciones humanas, un robot no es más que una maquinaria a la que se ha dado forma de hombre y, por tanto, puede ser realmente construida en cualquier momento, incluso puede dotársele de habla, mediante un disco de gramófono o cualquier otra cosa igual de sencilla. De hecho se han fabricado ya muchos robots para el escenario y la pantalla.

Es lógico que en las novelas los robots sean muy avanzados. Se afirma que si un hombre mecánico va siendo perfeccionado más y más, llegaría un momento, al final, en que el «cerebro» adquiriría lo que podría llamarse, de una forma ambigua, «alma»; así que, aunque no pueda sentir, ni comer, ni dormir, el robot dejará de ser una mera máquina y obtendrá una personalidad y un carácter enteramente propios. Sobre este tema se ha escrito algún relato corto de notable calidad; destaca uno en particular, por su inteligente trama, escrito por Peter Phillips, *Cantidad desconocida,* publicado a principios de los cincuenta en una antología de ficción científica.

Por cuanto sabemos hasta ahora, el que una máquina, ya tenga forma de hombre u otra cualquiera, llegue a adquirir un alma es pura fantasía. No obstante, está lejos de ser imposible que los robots sigan perfeccionándose hasta el punto de que puedan realizar tareas útiles —de hecho, éstos existen ya— y aun sostener una conversación inteligente. Ya hay robots que juegan al ajedrez, aunque no sean tan irascibles como el descrito, en 1893, por Ambrose en *El amo de Moxon,* que se disgustaba tanto al recibir un jaque mate que, inclinándose hacia adelante, estrangulaba, con su puño, a su contrincante humano.

El robot parlante no es tan absurdo como pueda parecer. Hasta una calculadora automática se dice que posee, en cierta manera, un cerebro. A cualquiera que hubiese sugerido, hace un siglo solamente, dejar las matemáticas a cargo de una maquinaria, se le hubiera considerado como candidato automático al manicomio más cercano. Cuando se fabriquen los primeros robots que puedan conversar, es posible que produzcan un gran revuelo, y quizá hasta se funde una S.N.P.C.R. (Sociedad Nacional para Prevenir Crueldades contra el Robot); pero, de todas maneras, continuarán siendo máquinas, y en caso de que traspasemos los límites marcados por la ciencia, nos encontraremos que hemos vuelto a la creación de vida y al tipo A de la ficción.

Un argumento que goza de mucho favor es el que trata de robots tan perfeccionados que llegan a ser lo bastante inteligentes como para rebelarse contra sus creadores y asumir, al final, el control de todo el planeta. Mi único comentario a esta hipótesis es que ningún robot desempeñaría las funciones de gobernante del mundo peor de lo que lo ha hecho el *Homo Sapiens.*

Podemos clasificar, naturalmente, al famoso Mr. Hyde, de *El doctor Jekyll y Mr. Hyde,* como una especie de mutante, aunque no sea del tipo corriente.

Uno de los mejores libros que conozco sobre robots es el de Isaac Asimov, *Yo robot,* publicado en 1952. Se trata de una colección de relatos cortos que describen la evolución del robot durante el siglo XXI. Empiezan tratando de los que todavía no hablan, es decir, de los pertenecientes a un tipo evidentemente mecánico, y termina con un ser de apariencia tan humana que nadie puede estar seguro de si es un robot o un hombre. Las novelas de este tema constituyen una especie de puente entre los tipos A y B. No son pura fantasía, pero, por el momento, tampoco son, ni remotamente, posibles.

Un robot con alma no es más probable que los monstruos espaciales de los *comics,* y quizá sea esto una fortuna para simples mortales como nosotros.

XIII

VIAJES A TRAVES DEL TIEMPO

El antiguo sueño de viajar por el espacio se ha convertido en una posibilidad real. En la década pasada el hombre aterrizó felizmente en la Luna, y en la que nos encontramos ha podido visitar Marte. Pero ¿Cuáles son las posibilidades que tenemos de descubrir el procedimiento para viajar a través de esa otra dimensión intangible que es el tiempo?

La artificial escala de tiempo que empleamos se basa en los movimientos de la Tierra. Nuestro planeta gira sobre sí mismo en 24 horas, aproximadamente, y, en torno al Sol, en unos 365 días, lo que nos proporciona nuestras unidades «día» y «año»; el período de revolución de la Luna ha conducido, igualmente, a nuestra concepción del «mes». Se ve con claridad que estas unidades de medida no tienen ningún significado si las aplicamos a todo el universo. Para un marciano, el «año» consistiría en 687 de nuestros períodos de 24 horas, por lo que un habitante de la Tierra de veintiún años sería considerado como un muchacho de Marte de sólo once (en Nueva York existe un reloj regulado para que marque ¡el tiempo medio marciano! Recuerde el lector la famosa frase: «En Nueva York se puede encontrar de todo menos jóvenes vírgenes»); por el contrario, un «día», en Júpiter, es igual a 10 de nuestras horas terrestres. La división que hemos hecho del día en horas, minutos y segundos es todavía más arbitraria, por muy útil que resulte en nuestras actividades cotidianas.

Esto lo demostró Julio Verne en *La vuelta al mundo en ochenta días.* Fileas Fogg acepta una apuesta, comprometiéndose a dar la vuelta al globo en ochenta días exactamente, pero, al viajar de Este a Oeste gana, sin que se dé cuenta, un día. A pesar de todo esto no tiene el menor parentesco con los «viajes a través del tiempo»; es, simplemente, un truco que aprovecha nuestra división convencional del tiempo.

Tampoco tenemos una idea clara de lo que es el «tiempo». ¿Cuándo comenzó el universo? «A juzgar por lo que sabemos sobre la edad de la Tierra, podemos estimar que el universo fue creado hace ocho mil millones de años», nos dice una autoridad en la materia. Pero el universo que conocemos debe de haberse desarrollado tomando como base una materia ya existente, bien en forma de super-átomo, bien en forma de una nube de gas tenue, dispersado por todo el espacio. ¿Cuándo fue creada esta materia? Por mucho que retrocedamos en el tiempo, todavía podemos imaginar un período anterior. Aceptar una «creación» de la nada tampoco lo evita. ¿Cuándo comenzó a ser la nada?

El problema es demasiado fundamental para que lo aprecien nuestras débiles mentes; y, asimismo, somos incapaces de imaginar un período de tiempo que no tenga fin.

Viajar a través del tiempo parece, a primera vista, totalmente imposible, pero provee de un campo inmenso al escritor de ficciones científicas, y los métodos utilizados en cada relato son ingeniosísimos. La mejor de tales narraciones es, indudablemente, *La máquina del tiempo*, escrita por Wells en 1895. Wells usó de este invento, que posibilitaba los viajes en el tiempo, para imaginar las condiciones sociales en la Tierra del futuro, pero el libro pertenece indiscutiblemente a la ficción científica. Es una obra notable y posee un doble mérito, ya que fue la primera novela escrita por un autor todavía desconocido.

Al igual que en sus fantasías posteriores, Wells habla muy poco de la construcción y el funcionamiento de su máquina maravillosa. Nos dice solamente cómo el viajero del tiempo se coloca en su asiento, gira algunos conmutadores y se lanza hacia el futuro:

«Temo no poder transcribir las peculiares sensaciones que se experimentan al viajar por el tiempo. Son excesivamente desagradables. Parece como si estuviera uno en el tobogán, cayendo y cayendo sin poder detenerse. También sufrí la horrible angustia de que esperaba un choque inminente. Al ponerse en marcha la máquina, la noche alternaba con el día, haciendo el efecto del revoloteo de una negra ala. La confusa visión del laboratorio pareció desvanecerse, y vi al Sol pasar velozmente a través del firmamento, recorriéndolo en un minuto, y cada minuto marcaba un día...»

Por fin, el viajero del tiempo llega a la Tierra del futuro, donde ve que la humanidad ha acabado por dividirse en dos razas distintas. Existen los encantadores y vanos Eloi, el pueblo del día, y las espantosas criaturas de la noche, los Morlocks. El cuadro de la humanidad decadente, desprovista de toda ambición o coraje, no es nada agradable, pero nos queda, queramos o no, la molesta impresión de que podría convertirse en realidad.

El viajero del tiempo no ha terminado aún su jornada. Consigue escapar de los Morlocks avanza por edades sin cuento, hasta que llega a un período en el que los hombres han desaparecido de la Tierra y sólo habitan el mundo agonizante unas monstruosas criaturas en forma de cangrejos. No nos maravilla que retroceda, a fin de emprender un segundo viaje y desaparecer, para siempre, en el futuro..., o en el pasado.

Fantástica, quizá, pero de una fantasía pocas veces sobrepasada, *La máquina del tiempo* permanece como una obra clásica en su género. Consagró a

Wells ante sus contemporáneos y preparó el camino para otras novelas que iban a surgir de su pluma.

Tampoco debemos olvidar el «nuevo acelerador» que describe en su obra *Doce hirtorias y un sueño*. En ella encontramos una notable droga, inventada por el profesor Gibberne, que posee la virtud de retardar el paso del tiempo para cualquiera que beba una ampolla de esta sustancia, de manera que cada segundo le parecerá que tiene la extensión de dos minutos. Este cuento nos muestra a un Wells humorista, y es uno de las raros ejemplos de relatos de ficción científica verdaderamente divertidos.

Casi todos los escritores que intentaron emular *La máquina del tiempo* fracasaron lamentablemente; en gran parte, porque pretendieron introducir detalles científicos de la máquina, destruyendo así la ilusión de verosimilitud. No es lo mismo imaginar una astronave, ya que, en este caso, y por avanzada que ésta sea, tenemos los datos fundamentales a nuestro alcance; pero el fundamento de cualquier máquina del tiempo está completamente más allá de la más avispada imaginación.

Algunos autores, abandonando los inventos mecánicos, se decidieron por la «curvatura del tiempo», un término deliciosamente ambiguo que, en realidad, puede utilizarse para designar cualquier cosa. Supongamos al tiempo como si fuera una «corriente que fluye sin cesar», y dibujémosla con una línea recta, igual que en el diagrama, con un intervalo entre el acontecimiento A y el acontecimiento B. Si curvamos la línea como en el segundo diagrama, podemos llevar a A más cerca de B, de modo que, haciendo una trampa a la naturaleza, nos fabricamos una especie de atajo. En teoría, hemos resuelto el problema del viaje a través del tiempo en una sola y fácil lección. Lo malo es que no tenemos la más remota idea de cómo puede hacerse tal cosa, aunque, forzando muchos puntos, supongamos que es completamente realizable.

De todos modos, las diversas curvaturas del tiempo

resultan un método útil para que nuestros intrépidos héroes salgan hacia atrás y hacia adelante, se desayunen en el período Tudor y tomen la comida de las dos servidos por un robot del año 3000 después de Cristo. Lo que suele acontecer es que el viajero se quede retenido, por algún accidente, en un período de la historia para el que no está debidamente preparado, y en el que tiene que pasar el resto de su vida. Unas máquinas del tiempo son puramente mecánicas, como lo era la de Wells; en otros relatos sobre curvaturas del tiempo se utilizan ondas mentales, y aun en otros se emplean principios solamente inteligibles para lectores especializados en revistas del género. Sin embargo, se han publicado relatos verdaderamente buenos. Años atrás, *The Observer*, en su edición dominical, celebró un concurso entre escritores de relatos cortos de ficción científica, narraciones que han sido luego publicadas formando una colección, bajo el título de *2.000 d. de Cristo*, y el cuento ganador fue uno que trataba de viajes en el tiempo, escrito en un estilo semihumorístico que llegó como una brisa refrescante entre el general tremendismo.

Otro método de alcanzar el futuro es el de colocar al viajero del tiempo en un estado de vida latente. Así lo hizo Wells en *Cuando el durmiente despierta*, publicado por primera vez en 1899, y luego revisado en 1910 y editado con el título *El durmiente despierta*. Pero, a mi parecer, el relato cumbre sobre este tema es *El hombre vestido de amianto*, escrita por Stephen Leacock.

Leacock, en la vida corriente, era un profesor de economía política, muy serio y respetado, de la Universidad de McGill, de Canadá, que siempre será recordado por sus libros humorísticos, tales como *Novelas desatinadas, Winnie el Simpático, Detrás del más allá, Rayos de Luna del gran Lunático* y *Lapsus literarios*. Cada uno de ellos causó un huracán de risas alrededor del mundo, y hoy, lo mismo que cuando fue escrito, provoca en el lector una explosión de júbilo. Su relato del futuro aparece en *Novelas desatinadas*, y bien pudiera ser una parodia de *La máquina del tiempo,* de Wells.

Comienza el relato describiendo los esfuerzos del narrador para «quedarse dormido durante doscientos o trescientos años y despertar, luego, en el maravilloso mundo del futuro». Su método para alcanzar este estado de suspensión vital consiste, simplemente, en dedicarse a comer pasteles y buñuelos; más tarde se decide por la lectura de una serie de «tebeos» y, al fin, recurre al desesperado expediente de sumergirse en la página editorial del semanario londinense *Times:*

«Suponía un claro y franco suicidio, pero lo hice... Podía darme cuenta de cómo me iban abandonando los sentidos. Al fin, caí aletargado, en un profundo e incomensurable sopor en el que hasta el mundo exterior parecía adormecido. Débilmente pude advertir el paso de los días, luego de los años, y, al fin, la lenta marcha de los siglos...»

El cuadro de la Tierra del futuro, pintado por Laecock, difiere del de Wells. Los hombres han aprendido a eliminar la muerte, la necesidad de comer y toda alteración; de manera que, prácticamente, son los dueños de cualquier acontecimiento posible; el trabajo no existe y, habiendo enfrentado mutuamente las fuerzas de la naturaleza, han acabado con los cambios climatológicos; el cielo es ahora de un color gris, y el mar de color melado y de consistencia gelatinosa; la instrucción se adquiere por medio de operaciones, de forma que los vientres están llenos, literalmente, de conocimientos; las disputas internacionales —si llegan a ocurrir— se deciden por medio de una máquina de juego automática; los vestidos son de amianto, y las cuestiones sexuales, junto con los viajes, las diversiones y otros rasgos del agitado siglo se relegan al olvido.

Pueden contarse con los dedos de la mano los relatos científicos que sean realmente graciosos, pero, cualquiera que quisiese emular las glorias de Verne y de Wells debería leer, como una parte de su educación literaria, *El hombre vestido de amianto*. Aun así y todo, como ocurre tan a menudo en las obras de Leacock, posee un substrato de práctico sentido común.

Otro método, utilizado con frecuencia por escritores menos originales, es el de permitir a su héroe que viva solamente durante unos agitados espacios de consciencia, separados por vastos períodos de quietud, en los que permanece sumergido en un estado de vida latente. Esta acción de «saltarse el tiempo» tiene resultados interesantes puesto que, sin más que entrar en un frigorífico, para pasar en él cincuenta o sesenta años de un tirón, puede experimentarse el placer de verse presentado a sus propios tataranietos. En cierta ocasión leí una novelita corta que desarrollaba esta idea de una manera muy ingeniosa, pero, por desgracia, estaba escrita en un estilo literario muy pobre, y ni siquiera consigo acordarme del nombre del autor. No hay ni que decir que el jugueteo con el tiempo sólo se hace en una dirección, y siempre existe el problema de dar verosimilitud, para un lector de 1977 d. de Cristo, a un relato situado en el año 3000 después de Cristo.

Una buena historia de viajes a través del tiempo, fue *El hombre-reloj,* de E. V. Odle, editada en 1923. En ella encontramos a un ser del año 8000 d. de Cristo, que llega de pronto a nuestro siglo, involuntaria e impensadamente. Nos enteramos que viene de una época en la que los hombres han aplicado máquinas a sus cuerpos, con objeto de incrementar la eficiencia humana, y que su repentino salto hacia atrás en el tiempo fue debido a un fallo en su reloj. La historia termina cuando está a punto de volver al año de donde vino y se dirige a despedirse de sus amigos de 1923... pero su reloj no andaba aún bien, y «no pudieron encontrarse por un error de varios días».

Los relatos de viajes a través del tiempo llegaron a ser muy comunes a finales de la década de los cincuenta. Edward Hamilton publicó, en aquellos años, dos de excepcional interés. En *La Ciudad del fin del mundo*, una bomba superatómica, en un lejano futuro, barre por completo una ciudad del medio Oeste americano; mientras que en *Los reyes de las estrellas*, un científico del año 200000 d. de Cristo se las compone para permutar su mente con la de un vulgar empleado americano del siglo xx. R. C. Rayer, en *El mañana se aparece algunas veces*, ha escrito el «tiempo reversible». Todas estas narraciones son fantásticas y del tipo A, pero tuvieron éxito porque están muy bien escritas. Hago constar, de nuevo, que yo sería el último en condenar cualquier obra de ficción científica simplemente por «ser» del tipo A.

También se usa, de vez en cuando, otro método: el de moverse con grandísima rapidez, de manera que el propio tiempo quede retardado. Existen pruebas científicas positivas de que pueden ocurrir esta suerte de cosas, de manera que el tema es perfectamente legítimo..., aparte de las dificultades prácticas de alcanzar una velocidad parecida a la de la luz.

La primera insinuación sobre esta propiedad del tiempo partió de Alberto Einstein. Einstein, el Newton del siglo xx, será recordado por los científicos en tanto dure la raza humana, aunque su muerte, en 1954, produjese menos sensación que el sexto matrimonio de una actriz de Hollywood, que tuvo lugar en el mismo mes.

La idea de Einstein quedó resumida por el autor en una famosa quintilla:

Había una joven llamada Bright,
que viajaba mucho más de prisa que la luz.
Un día partió
por el camino de la Relatividad
y volvió la noche anterior.

Es interesante especular acerca de lo que le ocurriría a un cohete que viajase a mayor velocidad que la luz, en el supuesto, claro está, de que pudiéramos encontrar algún medio para evitar el incremento de masa. ¿Viajaría hacia atrás en el tiempo, de forma que los pasajeros volvieran para encontrarse con el trompeteo de un mamut o el alarido de un escolosaurio? La repentina materialización, por ejemplo, de un astronauta, con su traje acondicionado para el vacío, entre las filas de los atenienses en Maratón, sería muy buen tema para una historia divertida.

También son comunes los relatos localizados enteramente en el futuro. El libro *A la luz de la Tierra,* de Arthur Clarke, es un ejemplo excelente. La Luna proporciona el escenario y la acción se desarrolla en un futuro, no demasido lejano, en el que el mundo lunar ha sido ya colonizado, pero, como todos los detalles científicos están descritos con la mayor exactitud posible, el lector se queda con la impresión real de lo que será la vida en la Luna. A pesar de todo esto, las historias del futuro se dedican generalmente a describir las tan trilladas hazañas de los capitanes del espacio, que navegan entre planetas inverosímiles, viajando a «mucha más velocidad que la luz», codeándose con malignos seres arácnidos, hombre-planta e intangibles telépatas, mientras que la tímida rubia resulta pertenecer al Cuerpo de Policía Intergaláctica. En la obra de Ray Bradbury, *541° Fahrenheit* (llevada a la pantalla en 1966 por el director de cine francés François Truffaut), entramos en una edad de pesadilla, donde los bomberos están mas ocupados en destruir libros que en apagar llamas.

Uno de los primeros relatos a través del tiempo debe haber sido las *Memorias del año dos mil quinientos*, de Louis Mercier, que aparecieron en la remota fecha de 1771, y en las que el protagonista se duerme y despierta en el París del año 2500 d. de Cristo. *El reinado de Jorge VI, 1900 1925, de* Samuel Madden, fue publicado ocho años antes, pero a duras penas puede considerársele como de ficción científica. Es muy difícil, desde luego, decidir lo que es o no ficción científica. Puede comprobarse esto, aun tomando por ejemplo la obra de George Orwell, *1984.*

Una teoría original presentada en 1954 por F. Hoyle, de Cambridge, alteró, en su tiempo, el esquema general del futuro. Hoyle evita la dificultad de «comienzo y fin», al suponer que la materia está siendo creada constantemente. En las teorías anteriores se compara al universo con un reloj que va parándose poco a poco. Hoyle prefirió compararlo con un reloj al que se está dando cuerda constantemente. Claro que él no sugería que una estrella o un planeta surgían repentinamente de la nada. La creación de la materia se realiza de un modo demasiado lento para que llegue a detectarse, ni siquiera con el más sensible instrumento que el hombre sea capaz de imaginar jamás, pero la naturaleza no tiene prisa nunca.

La teoría de Hoyle está totalmente por probar y, de hecho, es probable que nunca pueda demostrarse, así que no sabemos si es falsa o verdadera. Sea lo que fuere, se trata de una posibilidad seductora y puede que nos lleve un día a una mejor comprensión del «tiempo», en cuyo caso no tardarán en explotarla los novelistas.

De todas maneras existe una cosa cierta: tanto si nos gusta como si no, nosotros estamos atados al siglo XX. No tenemos ningún escape para huir de los atascos de todo tipo, de las fábricas, de las bombas de cobalto y de todas las otras bendiciones de la civilización que hemos levantado.

Hasta ahora hemos tratado, principalmente, de los viajes a través del espacio y del tiempo y de varias criaturas que pueden encontrarse en Venus y Marte..., por no decir nada de los planetas Marduck, Voracia, Plenj y Thoss. Nuestro antiguo amigo, el monstruo del espacio, era sólido por los cuatro costados, naturalmente, y capaz de descuartizar, con sus zarpas, hasta al más endurecido astronauta; y lo mismo podría decirse de los marcianos más extraños, cuya mayor habilidad consistía en transformarse de una bondadosa abuela, en un escorpión sanguinario. Veamos ahora las historias que utilizan los viajes mentales y las que tratan de los espíritus incorpóreos en general.

A las criaturas que viven en el espacio, a duras penas podría considerárselas descorporeizadas, aunque ciertamente sean «desplanetareizadas». Un reciente ejemplo es el *ixtl,* creado por A. E. van Vogt, que en el espacio interestelar gasta su tiempo en busca de *guul,* mientras que, en el mismo libro, *El viaje del espia del espacio,* somos presentados a un *coeurl,* que busca *id.* También hay un *anabis* que existe en un estado sin forma y ocupa una galaxia entera. De esto sólo hay un paso a la Inteligencia Incorpórea, la mente libre de todo lastre de existencia física, y, por desgracia, la escuela tremendista ha extendido a este tema su usual y firme presa. Ya han visto la luz varios relatos de marcianos que carecen enteramente de cuerpo, pero les ha fallado verosimilitud. Yo mismo escribí uno en cierta ocasión, pero tuve el suficiente sentido común de quemarlo inmediatamente después de haber escrito el último párrafo.

Hace dos décadas, la mayor parte de los *comics* estaban infestados de criaturas que constaban solamente de cerebro, y, de vez en cuando, aún vuelven a aparecer. Bastante más puede decirse del «grupo mental», en el que una multitud de partículas está controlada por un solo cerebro, aunque las propias partículas puedan moverse independientemente. Este tema está completamente desarrollado en dos de los libros interplanetarios escritos por Olaf Stapledon, *El fabricante de estrellas* y *Los últimos y los primeros hombres;* pero, como éstos se hallan encasillados en el grupo más importante de «relatos con mensaje», será mejor trasladarlos a otro capítulo. También hay descripciones de una única Mente Universal, abarcadora de todo, de la que cada uno de nosotros es una parte. Esto, sin embargo, nos lleva peligrosamente cerca de los confines de la religión oficialmente aceptada, y, por otra parte, queda más allá de los propósitos del presente libro.

El problema de los vuelos interestelares se halla muy ligado al de los seres incorpóreos. Puede que no resulte clara, a primera vista, esta relación, pero si reflexionamos un momento advertiremos que el transportar a un hombre o a una astronave a través de los millones y millones de kilómetros que separan a nuestro sistema solar de la estrella más cercana, está muy cerca de lo imposible; así que, de no confinarse el escritor a las cercanías de nuestro planeta, se encuentra a pique de tomar drásticas medidas para libertar a su héroe de cualquier estorbo físico. El viaje por procedimientos sobrenaturales, decididamente, no es de buena ley, y nos hace retroceder a Kepler y Duracotus, por lo que nos queda, como única solución, la de hacer el viaje utilizando el poder de la mente.

El aislamiento absoluto en el que se encuentra nuestro sistema solar es algo que nos resulta difícil de comprender. Los viajes entre los planetas son mucho más fáciles de imaginar, e incluso se ha podido llegar ya a dos de ellos. Júpiter y los otros planetas gigantes quedan dentro de nuestro alcance, y hasta Plutón, a una distancia de casi cinco mil millones de kilómetros, no se encuentra tan apartado que sea imposible de alcanzar.

No ocurre lo mismo con las estrellas. Moviéndonos a la mayor velocidad que podamos nunca alcanzar, un viaje a la estrella más cercana duraría millares de años. Aunque como ya se explicó en la primera parte de este libro, suponiendo que algún día podamos viajar a la velocidad de la luz, tardaríamos en llegar a dicha estrella tantos años como años-luz nos separen de ella. Además, también hay que contar con las complicaciones de los efectos Einstein.

Una estrella es un Sol, y tiene una temperatura elevadísima, que no permite el aterrizaje ni de la más resistente astronave. Tampoco existen garantías de que sean un hecho general, en el universo, los sistemas planetarios. Las investigaciones recientes indican que pueden ser menos raros de lo que se pensó, pero, por ahora, sólo se conoce el caso de una estrella provista de un planeta. Se trata de la 61 del Cisne

En la isla de Merrit, el edificio más grande del mundo dedicado al montaje de vehículos espaciales.

(llamada así porque cuando Flamsteed, confeccionó su famoso catálogo, la asignó este número en la constelación del Cisne), y de la que se ha comprobado que tiene un pesado compañero planetario, de dieciséis veces, por lo menos, la masa de Júpiter. No puede vérsele directamente, ya que no posee luz propia; sin embargo su fuerza de atracción es tal que hace «oscilar» ligeramente la propia estrella 61 del Cisne, y esta oscilación se puede apreciar tras un período de observación de varios años.

No habría otro objeto para partir hacia cualquier estrella determinada, que la esperanza de encontrar una Tierra acondicionada girando a su alrededor. Si llegamos a la estrella Alfa de Centauro y no encontramos ningún planeta apropiado, tendríamos que optar entre volvernos o arriesgarnos a probar con otra estrella, lo que implica otro viaje de varias décadas. En resumen, la idea del viaje interestelar por medios físicos es demasiado ridícula, aunque haya científicos que la defiendan contra viento y marea, para tomarla en serio.

La mayor parte de los escritores de novelas del tipo A se evaden de este problema mediante la cobarde solución de inventar «supermotores» que aceleran el cohete hasta que alcanza diez o veinte veces la velocidad de la luz, sin más sacudida que la de un ascensor eléctrico. Con tocar simplemente una palanca, el joven e intrépido comandante puede lanzar al buque «Vega», de la Policía Intergaláctica, en ronda por el cosmos, con tanta facilidad como una abeja ronronea de flor en flor. Sin embargo, hemos de admitir que, aunque sea lamentable, no hay ni que pensar en la existencia de supermotores, inframotores ni cualquier otro chisme por el estilo, y que el autor honrado no tiene más salida que hacerse el provinciano y quedarse dentro de los límites de nuestro sistema solar. Claro que agotará en seguida los planetas disponibles, pero eso no tiene remedio.

Un invento que se usa de vez en cuando es el «Arca de Noé» espacial. Se trata de una nave esférica, capaz de llevar una colonia completa, compuesta de hombres, mujeres y animales. El viaje hasta la 61 del Cisne puede hacerse en unos mil años, lo que obliga a los pasajeros a efectuarlo en un estado de vida latente o, si no, a resignarse a morir en el camino. En el segundo caso, sus hijos tendrán que deshacerse de sus cuerpos, y luego ellos a su vez sufrirán la misma suerte. Al final, los remotos descendientes de la tripulación primitiva llegarán a un nuevo mundo, y seguramente habrán olvidado el objeto original de su viaje, resultando que todo este asunto carecería de sentido. Sería algo así como si una expedición partiera bajo el mando de Hernán Cortés y terminara a las órdenes de Pérez de Tudela. Desde un punto de vista social, supongo que sería posible escribir un relato que valga la pena, pero aún no lo he encontrado.

Así pues, nos quedamos limitados a los viajes no físicos. Nunca he puesto en claro si la mente puede viajar a velocidades instantáneas, en caso de que se denominara a esto viajar, pero el artificio de cerrar los ojos y «pensarse a uno mismo» en la Cisne 61 apenas es recomendable, sobre todo si tenemos en cuenta que no es fácil que nos esté esperando allí un cuerpo donde habitar. Es mejor el intercambio de personalidad con un ser extraterrestre, pero esto se halla más relacionado con un viaje a través del tiempo (como en *Los reyes de las estrellas,* de Hamilton) y, por otra parte, la curvatura hipotética del espacio posee las mismas desventajas que su contrapartida en el tiempo.

Siempre he admirado, por su sencillez, el método que usó Edgar Rice Burroughs en su *Princesa de Marte.* El héroe de la historia, John Carter, simplemente se duerme en la tierra y se despierta en el planeta rojo, sin que, al parecer, hubiera experimentado el menor daño en su repentino viaje por el espacio a través de millones de kilómetros. El regreso es igualmente súbito y ocurre en un momento de lo más conveniente, puesto que Carter ha encontrado a una damisela marciana en la que ha puesto sus intenciones, que son (claro está) de lo más honorables. Puede permitirse este sistema en un libro para jóvenes, como lo era el de Burroughs, pero no puede usarse en una literatura dirigida a personas mayores.

Se han dado casos de hombres y mujeres que creían, sinceramente, en su propio poder para viajar sin esfuerzo a otros mundos, tanto mental como físicamente. Enmanuel Swedenborg fue probablemente el primero y seguramente el más famoso. Afirmaba que podía hablar con los ángeles y que había viajado, no sólo por todo el ámbito del sistema solar, sino también por el más extenso de la galaxia, aprendiendo, entretanto, muchas cosas interesantes. Supo, por ejemplo, que Saturno es el planeta más alejado del Sol, y que los hombres de la Luna respiran con el abdomen, en vez de con los pulmones, mientras que los saturnianos sufren de exceso de luz, debido al resplandor combinado de sus numerosos satélites... Es del todo imposible compaginar estos datos con los resultados de las investigaciones modernas, de forma que hemos de suponer que los mentores de Swedenborg eran ángeles con poca formación, que habían tenido una asistencia escolar bastante deficiente. Fontenelle y St. Pierre insistían en que los venusianos dedicaban todo su tiempo a hacerse el amor; en tanto que los mercurianos se habían visto tan afectados por el intenso calor del Sol, que éste les ha vuelto tontos. Un escritor del siglo XVIII declaraba que en Mercurio había árboles de carne y que un viajero espacial que tuviese hambre, todo lo que había de preparar era extender el mantel y dejar a los pájaros del contorno que le hiciesen la recolección.

Aún no han desaparecido por completo los viajes de este tipo. Hace ya algunos años, una suma sacerdotisa del templo de Them, erigido en Londres, concedió una entrevista a un periódico, en la cual afirmaba haber estado en la Luna, que resultaba ser «una estación emisora de toda clase de vibraciones..., cuyo intenso silencio era aterrador». Puedo citar también un hecho que le ocurrió a un íntimo amigo mío. En 1971 dio éste una conferencia en la Facultad de Ciencias de la Información en Madrid, y se pasó media hora probando (o así lo creía) que no es posible la vida inteligente en los otros planetas. Al final de la charla, el decano de la Facultad se puso en pie y le dio las gracias por haber expuesto sus opiniones, equivocadas del todo, naturalmente, respecto a Marte y Venus..., ya que él había estado allí la noche anterior y se hallaba en muy buenas relaciones con la población local.

Para los fundadores de la ciencia-ficción, los viajes a la Luna fueron los más sugerentes.

Esta pequeña historia de lo que es y ha sido la literatura de ficción científica, quedaría incompleta si no dedicáramos un extenso comentario a la obra de Julio Verne tantas veces citado a lo largo de estas páginas.

El interés que despertaron en principio las obras de Kepler, Godwin y Cyrano apenas dio señales de vida durante el siglo XVIII y los comienzos del XIX. Se publicaron unos cuantos libros que pueden calificarse, legítimamente, como de ficción científica; pero la difusión que obtuvieron fue muy limitada, y hoy son casi desconocidos. Finalmente, en el año 1865, aparecieron dos obras de gran importancia: *De la Tierra a la Luna,* de Julio Verne, y el *Viaje a Venus,* de Achille Eyraud.

Tanto Verne como Eyraud eran franceses y ambos se hallaban dotados de una rica imaginación, pero esto es en lo único que se parecen. Eyraud, si hemos de decirlo francamente, era un escritor mediocre, y su libro no se reimprimió jamás, por lo que ahora se le considera como una rareza bibliográfica. Por el contrario, Verne es hoy tan popular como lo fue en su tiempo. Escribió docenas de libros que aún se leen con interés, y no deja de emocionarse uno cuando pasa la vista por las páginas de sus «viajes extraordinarios», que manaban de su pluma como puede hacerlo el agua de un grifo. Todas sus obras son diferentes, cada una de ellas tienen sus características especiales, y a la potencia descriptiva de Verne ha de añadirse el vigor que poseen sus personajes.

Escribió tres novelas de tema interplanetario: *De la Tierra a la Luna,* seguida, unos años después, por su continuación, *Viajes alrededor de la Luna,* y, bastante más tarde, apareció *Hértor Servadac.* Los dos primeros libros forman, en realidad, una sola novela, en tanto que el tercero es completamente distinto y no llega, ni con mucho, a alcanzar la misma calidad.

Julio Verne nació en Nantes, a orillas del Loira, el 8 de febrero de 1828. Su padre era un abogado serio y respetable, cuyo único deseo consistía en que el muchacho siguiera sus propios pasos. Pero Julio Verne tenía otros proyectos. Ya a los diez años su imaginación era poco común, a lo que se añadía un extraordinario deseo de ver mundo. Su primera intentona acabó de mala manera. Una mañana se escapó de su casa y se dirigió a los muelles, donde estaba anclado el «Coralie», velero transoceánico de tres mástiles, que se aprovisionaba para un viaje a la India. No sabemos cómo se las arregló para sobornar a un grumete y ocupar su puesto, pero el caso es que, cuando el «Coralie» se hizo a la mar, Julio iba con él. Sus padres no tardaron en saber lo que había pasado, así que, al entrar el barco en el puerto de Paimboeuf, en la tarde del mismo día, ya estaba allí esperándole el Verne padre. En dicho lugar y hora concluyó el viaje de Julio, aparte de una buena paliza y de pasar algún tiempo a pan y agua; pero el ansia de viajar no le abandonó. Por eso sorprende, precisamente, que años después, siendo ya mundialmente famoso y no teniendo necesidades económicas, jamás se le viera vagabundear de una a otra parte del mundo, como cabría haber esperado. Sin embargo, los viajes que llevó a cabo en su imaginación le transportaron no sólo a los más apartados rincones de nuestro planeta, sino que le permitieron ir más lejos todavía.

A los veinte años marcha a París para empezar su carrera de abogado. Podemos decir que fue una fortuna que no llegara a tomar en serio ni siquiera los puntos más sutiles de las leyes, ocupando su tiempo en escribir dramas y cuentos para revistas, algunos de los cuales consiguió ver publicados. Su perpetua pasión eran los libros y, en cierta ocasión, vivió de ciruelas pasas durante tres días, ya que necesitaba ahorrar dinero para comprarse una hermosa edición de las obras de Shakespeare. Las cosas se le pusieron difíciles, y tuvo que descubrir, a su costa, que no sólo de literatura vive el hombre:

«Los calcetines que llevo puestos, son como una tela de araña en la que hubiera estado viviendo un hipopótamo —escribía a su padre—. Ni siquiera tío Prudent, cuya capacidad para eso es bien notoria, podría presentar un par de calcetines con unos agujeros tan grandes como los que tienen los míos. Jamás se ha visto a los agujeros reproducirse con tan asombrosa fecundidad. ¡Aunque la realidad se adhiere todavía a mis pantorrillas, los pies pisan en el vacío!»

Tuvo su primera racha de suerte al conseguir el puesto de secretario en el Théâtre Lyreque. Se casa aproximadamente por estas fechas y, para poder ir viviendo, entra en una firma de la Bolsa de París. Abandona, del todo, los proyectos de una brillante carrera de abogado, a pesar de que, por entonces, era relativamente desconocido como escritor. Aún no habían aparecido sus «viajes extraordinarios».

Tiene especial interés un ensayo que Verne escribió en aquel período. Trataba de Edgar Allan Poe, el extraño genio de la literatura americana. Verne no regateó méritos a Poe, como creador de lo horripilante y lo sobrenatural pero le hizo una objección muy significativa. Una de las obras de Poe, publicada en 1835, era *La sin igual aventura de Hans Pfaall,* en la que el protagonista va a la Luna montado en un globo. Señalaba Verne que Poe había quitado verosimilitud a la narración por haber utilizado métodos de vuelo a todas luces inadecuados, pues, ya entonces, se consideraba disparatado todo proyecto de trasladarse en globo a otros planetas. Claro está que

Poe no intentaba que su relato se tomara en serio, pero, de todas formas, no dejaba de ser un error. En resumen, lo que Verne se preguntaba era esto:

¿«Por qué no se molestó Poe en comprobar y corregir sus datos? De haberlo hecho así, su historia no sólo no hubiera perdido nada, sino que, por el contrario, hubiera ganado mucho.»

Esta actitud crítica dio a Verne su grandeza. Incluso en aquellos de sus viajes escritos con menor cuidado, se esforzaba por presentar los hechos dentro de un marco lógico, y nunca descendió a la ficción de los monstruos de ojos de insecto y de rayos de la muerte. Es cierto que cometió errores y que, de vez en cuando, admitió teorías insostenibles, pero su obra, en conjunto, está maravillosamente lograda y ha de considerarse a este escritor como el verdadero creador de la ficción científica del tipo B. Es más fácil creer en el cañón interplanetario de Verne, que en la pantalla antigravitatoria de H. G. Wells. Ninguna de las dos cosas es practicable, pero una de ellas es científica y la otra no.

En 1861, acompañado por su amigo Hignard, emprendió Verne un viaje por mar a Noruega y, a la vuelta, pudieron divisar Islandia en la lejanía; esta isla había de ser el punto de partida de una de las mejores novelas de Verne. Poco después de regresar, nació su único hijo, un niño. Aunque a nadie se le ocurriría dudar del amor de Verne por su hijo, de tal forma interrumpían su trabajo los llantos de la criatura que, por espacio de un año, aproximadamente, se pasó muchas horas en un club para escritores de temas científicos. Allí conoció a Félix Tournachon, más conocido por el seudónimo de Nadar, que era uno de los hombres más populares del París de 1860.

Nadar se interesaba profundamente por los problemas de la aeronáutica, y discutía sus ideas con Verne, contagiándole, de paso, su entusiasmo. Cada uno resolvió el problema de acuerdo con las características de sus respectivos temperamentos. Nadar, el hombre práctico, construyó y tripuló un enorme globo, el «Géant»; por su parte, el igualmente famoso «Victoria», de Verne, sólo existía en el papel, aunque no por eso fuese menos popular que el otro. Mientras Nadar dibujaba planos, Verne escribía. Las conclusiones a que llegó se plasmaron en el primero de sus «viajes», *Cinco semanas en globo.*

Parece ser que Verne había perdido, casi por completo, la esperanza de darse a conocer como escritor, y se cuenta que, en cierta ocasión, echó todos sus manuscritos al fuego, y sólo se salvaron de una destrucción segura gracias a la rapidez con que su mujer los rescató. Le parecía que sus ideas estaban siempre demasiado retrasadas y, lleno de amargura, escribía a su padre: «Tengo la seguridad de que, aunque descubriera un nuevo planeta, saltaría éste hecho pedazos con tal de demostrar que me había equivocado.» Pero a finales del otoño de 1862, fue a ofrecer la última novela que había escrito a un editor parisino, Hetzel, lo que resultó ser el paso decisivo de su carrera literaria.

Hetzel, que era un editor progresista, se alegraba sobremanera cuando podía descubrir un escritor con talento. Hizo algunas observaciones al manuscrito de Verne; éste lo revisó y, al volvérselo a mostrar, la alegría de Hetzel no tuvo límites. Era evidente que, *Cinco semanas en globo* se salía de lo común, y, autor y editor, se apresuraron a firmar un contrato. Verne escribiría anualmente dos libros, durante un período de veinte años, o bien cuarenta libros en menos tiempo. Verne se vio transportado al séptimo cielo. Dimitió de su puesto en la Bolsa, y algunas de las cosas que dijo en el discurso de despedida valen la pena de ser recordadas:

«Acabo de escribir una novela de un nuevo género, exclusivamente de mi invención. Si tiene éxito, será un filón de oro. En tal caso no daré tregua a la pluma ni un solo momento, mientras que vosotros continuaréis comprando acciones el día antes de que bajen y vendiéndolas el día antes de que suban. Me despido de la Bolsa. ¡Buenas noches, *mes enfants!*»

Duquesnel, que se hallaba entre los presentes y que, cuarenta años después, escribió un artículo sobre esta despedida, añade:

«¿Tomaron en serio estas palabras los que allí estaban reunidos? Es lo mismo. Verne nos estaba diciendo la verdad... Un oscuro escritor, pero de alma genial, había creado la novela de tema científico.»

Cuando el globo de Nadar se elevó en el Campo de Marte, la sensación que produjo fue enorme, pero acaso fuera mayor la causada por el libro de Verne. El éxito obtenido fue clamoroso: no sólo lo leyeron los escolares, para quienes estaba escrito, sino también sus padres, no tardando en verse traducido a todas las lenguas europeas y, luego, a casi todas las del mundo. El subtítulo encierra el contenido del argumento: *Un viaje de exploración y aventuras por el Africa Central*. No puede considerarse como ficción científica, propiamente dicha, la historia del vuelo del doctor Samuel Fergusson y sus compañeros a través del continente negro, pero la tendencia científica es manifiesta. Hetzel apremió al joven autor para que escribiera una segunda obra siguiendo las mismas líneas. A Verne no le hacía falta que le forzaran para hacerlo así, de manera que, desde aquel momento, redactó libro tras libro, todos innovadores y originales, en los que brilla una gran calidad literaria.

Dos años más tarde escribió su primera novela que pudiéramos llamar de ficción científica pura: el *Viaje al centro de la Tierra*. Si ha de valer en algo mi opinión, este libro es uno de los mejores que escribió Verne. La novela se inicia con el descubrimiento, por el profesor Otto Lidenbrock, mineralogista alemán, de un antiguo documento escrito en letras rúnicas por Arne Saknussemm, un alquimista del siglo XVI. Axel, sobrino del profesor, lo descifra en los siguientes términos:

«Desciende, audaz viajero, por el cráter de la cumbre nevada del Snaeffels, cuando se proyecta la sombra del Scartaris antes de las calendas de julio, y llegarás al centro de la Tierra, como he llegado yo.»

El Snaeffels es un volcán apagado de Islandia, la isla entrevista por Verne en su viaje con Hignard, y Lidenbrock se da cuenta, inmediatamente, que debe tratarse de la boca del cráter indicada por la sombra del Scartaris al mediodía. El y Axel emprenden el viaje sin demora. En compañía de un islandés, Hans Bjelke, bajan por el insondable orificio, dando comienzo a lo que Axel llama el «viaje verdadero».

Verne no se limita a relatarnos una aventura sobre especulaciones geológicas. En sus andanzas bajo la corteza terrestre, nuestros exploradores descubren un mar subterráneo, en el que viven plesiosaurios e ictiosaurios, aquellos horribles monstruos marinos que, en la Era Mesozoica, poblaron los océanos; también hallan un bosque petrificado, un cráneo humano y, en último lugar, aunque no lo sea en importancia, un rebaño de mastodontes vivos, custodiado por un ser «de casi cuatro metros de altura. Su cabeza, del tamaño de la de un búfalo, desaparecía entre hirsutos mechones... Blandía en la mano una rama descomunal: ¡digno cayado de aquel pastor antediluviano!». Pero el narrador es demasiado hábil para permitir que sus viajeros puedan hacer algo más que echar una fugaz ojeada a la extraña criatura, y el lector llega a dudar de si Lidenbrock y Axel la vieron realmente. Al final, los exploradores son arrojados a la superficie por el respiradero de un volcán en activo, el Estrómboli.

Hoy sabemos que no se puede hacer un viaje de esta naturaleza. La Tierra no es un cuerpo enteramente sólido y frío; a medida que se desciende, la temperatura va elevándose 0,5 grados por cada 15 metros. Ciertamente que el aumento o disminución de la temperatura no es constante, y que ésta, posiblemente, no exceda de unos miles de grados en los estratos más profundos; pero el estudio de las ondas sísmicas ha señalado la existencia de un núcleo central, quizá de unos 6.500 kilómetros de diámetro, que debe hallarse, prácticamente, en un estado líquido. No es concebible que en aquellas grandes profundidades pueda existir la vida, como tampoco el mar subterráneo de Lidenbrock.

Todavía están envueltos en el misterio los orígenes de la Tierra. Tiempo atrás se creyó que nuestro planeta, y los mundos que le rodean, se desprendieron del Sol merced a la acción atractiva que, sobre la sustancia de éste, ejerció en tiempos remotísimos una estrella errante; hoy, sin embargo, ha tenido que abandonarse tan sugestiva teoría, y es más probable que la Tierra proceda de la materia arrastrada por el Sol cuando éste pasara a través de una «nube» interestelar. De todas formas, en su estadio más primitivo, la Tierra era en extremo calurosa. Aún subsiste parte de aquel calor y, aunque el núcleo central no llegue a alcanzar la temperatura que se pensaba, todavía dista mucho de haberse enfriado.

Los terremotos, claro está, producen unos resultados catastróficos; pero, si los estudiamos desde un punto de vista científico, también podemos obtener de ellos algunos datos. Cuando tienen lugar algunas de estas sacudidas, se originan tres tipos de ondas en el esferoide terrestre: ondas superficiales; ondas londitudinales, similares a las producidas en una barra maciza si la golpeamos por un extremo, y ondas transversales, semejantes a las que se forman en una estera cuando la sacudimos. Tanto las ondas longitudinales como las transversales pueden pasar a través de un medio sólido, pero sólo las longitudinales logran atravesar un líquido: las transversales son incapaces de hacerlo. Al comprobar que las transversales no consiguen pasar al otro lado del núcleo central de la Tierra, cabe pensar, lógicamente, que este núcleo ha de tener una naturaleza no muy diferente a la de un líquido.

Estamos, pues, en condiciones de imaginar un cuadro bastante razonable de la constitución interna del mundo que habitamos. La corteza terrestre, hasta una profundidad de 60 a 80 kilómetros, está compuesta por rocas, en especial de formación granítica en la parte inferior y sedimentaria en la superior. Bajo esta corteza se extiende otra capa, principalmente compuesta por una roca llamada peridotita, y que alcanza un espesor de unos 1.000 kilómetros; más abajo, existe otra de una materia también pétrea, con un grosor de 3.000 kilómetros y, bajo ésta, encontramos ya el núcleo principal. Todo indica que este núcleo está formado por hierro o ferroníquel, si bien quedan por explicar algunas de sus características.

Hemos de tener en cuenta que, cuando Verne escribió su historia, era muy poco lo que se sabía de todo esto. Sir Humphrey Davy, uno de los más grandes científicos del siglo XIX, tenía una opinión muy distinta a la teoría que hemos expuesto. Creía que la Tierra estaba formada de una manera muy parecida a la descrita por los viajeros de Verne, y, por cierto, buen cuidado tuvo éste de exponer las teorías de Davy en la primera parte de su libro. Estaba en su completo derecho de escoger la teoría que mejor le sirviera para su obra, máxime si esta teoría estaba respaldada por una autoridad en la materia, como lo era Davy. De hecho no sonaba a disparatada la idea de un viaje subterráneo, desde el Snaeffels al Estrómboli.

Este libro tuvo una acogida aún más clamorosa que la de *Cinco semanas en globo,* y que la del resto de la primera producción de Verne. Animado por este éxito, el novelista decidió aventurarse por lugares más lejanos. Después de haber descendido a las entrañas de la Tierra, se elevaría a los espacios: haría una visita a la Luna.

Era inevitable que, más pronto o más tarde, la fértil mente y la viva imaginación de Verne le impulsasen hacia la novela de tipo interplanetario; pero, como de costumbre, su buen sentido no permitió a la imaginación que se desbocase. No era el hombre más indicado para recurrir a espíritus, trombas marinas o gansas, y tampoco iba a seguir el ejemplo de Poe, echando mano a un globo. Por consiguiente le quedaban dos posibilidades: el cañón interplanetario y el cohete. Prefirió la primera, y, aunque esto fue un error grave, procuró, por todos los medios, que la construcción y manejo del arma tuviesen los mayores visos de verosimilitud.

El primer problema importante era el de la velocidad que debía tener el proyectil en el momento del disparo. Verne la fijó en 11,263 kilómetros por segundo, y no le faltaban serias razones para hacerlo así. Hoy en día, casi todo el mundo —por lo menos la mayoría de los chicos— sabe de lo que estamos hablando cuando empleamos el término «velocidad de escape», pero es de tal importancia el principio que lleva implícito en sí, que se hace necesario decir unas palabras al respecto.

La fuerza de la gravedad nos tiene encadenados a la Tierra. Es una fuerza que, en realidad, no comprendemos. Sin embargo, sabemos como actúa, y sir Isaac Newton, en sus inmortales *Principia,* expuso la forma en que se atraen mutuamente todos los cuerpos. Cuanto mayor sea la masa de un cuerpo, tanto mayor será la atracción que ejerza, y Nevil Maskelyne, que fue astrónomo real, acostumbraba a «pesar» la Tierra partiendo de la atracción de la montaña escocesa de Schiehallion. Después de medir la desviación que causaba la masa del monte en una plomada, y teniendo en cuenta la densidad media de los materiales constituyentes de la montaña, llegaba a obtener una cifra muy aproximada de la masa real de todo el planeta. Es evidente que la Tierra, con su enorme volumen, debe poseer una enorme fuerza de atracción.

Pero, aunque la fuerza de atracción de la Tierra sea poderosa, no lo es en grado infinito. Esto se comprueba de una manera muy sencilla. Si se arroja una moneda al aire, subirá hasta alcanzar cierta altura y luego empezará a caer; si se lanza con un impulso más fuerte, llegará aún más arriba antes de caer hacia el suelo. Si hacemos abstracción de la resistencia del aire, podemos imaginar una moneda lanzada con una velocidad inicial de 11,263 kilómetros por segundo. En este caso, llegará a una altura infinita, es decir, que no volverá a caer. La Tierra no podrá atraerla de nuevo, y la moneda se perderá en el espacio para convertirse en una diminuta partícula independiente. Por esta razón la velocidad de escape de la Tierra es de 11,263 kilómetros por segundo.

Ahora comprendemos por qué dotó Julio Verne a su proyectil de tal velocidad. Si éste hubiese partido de una velocidad inferior, habría caído de nuevo en la Tierra, pero, a 11,263 kilómetros por segundo, reunía las condiciones suficientes para llegar a la Luna. Todo esto lo expone Verne por boca de Impey Barbicane, presidente del Gun Club de Baltimore:

Como ha escrito Julio Verne:

«He considerado todos los aspectos del problema, y, basándome en cálculos irrefutables, puedo asegurar que cualquier proyectil, lanzado a una velocidad inicial de 11,263 kilómetros por segundo, y apuntando convenientemente a la Luna, debe alcanzar, forzosamente, su objetivo. En consecuencia, distinguidos colegas, tengo el honor de proponerles la realización de este sencillo experimento.»

Julio Verne murió en 1905, honrado y llorado por innumerables gentes de todos los países del mundo. Es uno de los hitos de la literatura francesa, y acaso no haya tenido igual como narrador. No sería exacto decir que él fuera el creador de la novela de tema científico, pero sí que le dio su forma actual, y es tan grande su influencia que se hace difícil calcularla. Si hubiera echado mano de los recursos propios de un escritor menos dotado y hubiera poblado los planetas con seres extraños, no habría ocupado el lugar que ocupa; pero su amor por el detalle, su insistencia en la verosimilitud científica y su correcto sentido del humor, que nunca desciende a lo vulgar, le levantan muy por encima de sus imitadores.

Terminar esta pequeña historia de la ficción científica —incompleta, por supuesto— con la figura de Verne, no es casual en absoluto; según mi opinión el camino descubierto por Verne no ha sido continuado por ningún escritor de ficción científica posterior a él, salvando honrosas excepciones, naturalmente.

INDICE

Esta obra ha sido confeccionada por el
CIRCULO DE AMIGOS DE LA HISTORIA
según maquetas originales de
Editions Ferni, Genève.
Ha sido compuesta en tipo Helvética
del cuerpo 9
Las ilustraciones han sido especialmente
seleccionadas para esta edición.
La presente tirada está exclusivamente
reservada a los suscriptores.

ES PROPIEDAD DE
Círculo de Amigos de la Historia, S. A., Editores
Calle Valportillo Primera, n.º 81
Polígono Industrial - ALCOBENDAS (Madrid)

Impreso y encuadernado: Litografía A. Romero
Avda. Angel Romero s/n.
Sta. Cruz de Tenerife

ISBN. 84-225-0156-2 (Colección completa)
ISBN. 84-225-0158-9 (Volumen III)
D.L. TF-93-1978

Impreso en España